KB263385

한국 신화의 원류

김화경

지식산업사

한국 신화의 원류

초판 1쇄 발행 2005. 7. 20.
초판 2쇄 발행 2006. 10. 15.

지은이   김 화 경
펴낸이   김 경 희
펴낸곳   (주)지식산업사
주 소   서울시 종로구 통의동 35-18
전 화   (02)734-1978(대)
팩 스   (02)720-7900

인터넷한글문패 지식산업사
인터넷영문문패 www.jisik.co.kr
       전자우편 jsp@jisik.co.kr

등록번호 1-363
등록날짜 1969. 5. 8.

ⓒ 김화경, 2005
ISBN 89-423-4825-4 93380

책값은 뒤표지에 있습니다.

이 책을 읽고 지은이에게 문의하고자 하는 이는
지식산업사전자우편으로 연락 바랍니다.

책 머리에

민간에 전승되는 이야기에 흥미를 느끼면서, 이것을 전공한답시고 보낸 세월이 어느덧 이순(耳順)의 고갯마루를 넘는 나이에 이르렀다. 돌이켜 보면 한국의 신화를 정리하기 위하여 바쁜 나날을 보냈지만, 이루어 놓은 성과는 거의 없다고 해도 지나친 말이 아니다.

그래도 이 신화 자료들을 체계화하려고 나름대로는 최선의 노력을 다해왔다. 그리하여 1980년대는 구조주의의 공부에 몰두했었고, 1990년대는 민족학(民族學)의 공부에 전념하다시피 하였다. 이와 같은 방법론을 공부한 것은 필자 나름의 필요에 따라서였다. 곧 활발하지 못했던 무가(巫歌)를 신화학의 처지에서 정리하기 위해서는 구조적인 분석 방법이 합당한 것 같았고, 한국 신화의 원류를 밝히는 데 민족학에 사용되었던 문화사론적인 연구 방법이 제격인 것 같았다.

그 연구 성과가 바로 이 책이다. 이것은 한국의 신화 자료가 어디로부터 어떤 문화와 함께 한반도로 들어왔는가 하는 문제를 해명하기 위해 마련되었다. 물론 이와 같은 테마를 염두에 두고 그 동안에 몇 편의 논문을 써서 학계에 발표를 해왔기 때문에, 이들 논문을 체계적으로 정리한 책이라고 말하는 것이 더 적절할지도 모른다.

4

어쨌든 먼저 한국 기층 문화의 성립과 관련이 있는 것으로, 땅에서 인간이 나왔다고 하는 출현 신화와 곡식의 씨앗을 가져다 준 곡모신 신화, 타살된 시체로부터 곡식의 씨앗을 얻었다고 하는 시체 화생 신화가 있다는 것을 알아냈다. 그 동안 한국의 학계에서는 이들 신화에 대해서 거의 관심을 기울이지 않았다. 그래서 다소 무리한 추론이 전개되었을는지도 모른다.

하나의 새로운 가설을 제시하는 일이 정말로 어렵다는 사실을 절감하였다. 그리고 이 과정에서 일본 학자들의 편향된 한국 신화에 대한 시각을 바로잡는 데 나름대로 최선을 다했다. 특히 출현 신화에 관한 연구는 일본의 학자들이 도외시하던 자료를 찾아내어 그 관계를 해명하려고 했다는 것을 밝혀둔다.

그 다음으로 지배 계층의 교체 과정을 서술하는, 한 무리의 신화들을 고찰하였다. 여기에 들어가는 자료들로는 해부루의 동부여 양도 신화와 송양왕의 비류국(沸流國) 양도 신화, 비류(沸流)의 미추홀 양도 신화를 들 수 있다. 이들 신화는 뒤에 들어온 집단에게 평화적으로 나라를 물려주고, 건국의 주체가 비정상적인 탄생 이야기를 가지고 있지 않다는 공통된 특징이 있다는 것을 알아냈다.

마지막으로 지배 계층의 자료에 들어가는 것으로는, 왕권의 기원을 하늘에서 찾는 천강 신화와 햇빛의 감응으로 건국주가 태어났다고 하는 일광 감응 신화, 그리고 짐승을 조상으로 하는 수조 신화(獸祖神話), 알에서 태어난 존재가 왕권을 장악하는 난생 신화 등이 있다는 것을 해명하였다.

이들 가운데서 천강 신화와 일광 감응 신화는 상당량의 선행 연구들이 있었다. 그렇지만 미시나 아키히데(三品彰英)가, 한국에서는 그 예를 찾지 않았던 수조 신화에 대한 연구를 덧보태어 한국 문화 속에 남아있는 수렵·유목 문화적인 요소를 찾아내려고 하였다.

또 난생 신화의 연구에서는 종래의 가설, 즉 난생 신화는 남방에서 전래되었을 것이라는 미시나의 견해를 극복하려고 노력하였다. 이렇게 한 까닭은, 그의 연구가 일제 강점기에 행해졌던 분할 통치를 뒷받침하려는 저의를 지니고 있었기 때문이다. 그런데도 우리 학계에서는 이에 대한 검증과 비판을 하지 않은 채, 난생 신화의 남방 기원설을 그대로 수용해 왔다. 이제 우리도 좀더 치밀하게 일본학자들의 연구 결과를 검토해야 하지 않을까 한다.

이 책은 이상과 같은 일련의 과정을 거쳐 집필되었다. 이 과정에서 다소 논리의 비약이 있고, 자료의 이용에도 문제가 있다는 것을 솔직히 인정한다. 하지만 이런 문제점에 대해서는 같은 길을 걷고 있는 선후배들의 기탄없는 질정을 겸허하게 받아들여, 수정을 할 생각이다.

끝으로 본 연구 계획을 평가하여 연구비를 지원해 준 한국학술진흥재단의 관계자들께 감사의 뜻을 전한다. 그리고 어려운 여건 속에서도 흔쾌히 출판을 허락해 주신 지식산업사의 김경희 사장님께 충심으로 고마운 뜻을 전하며, 또 원고를 치밀하게 읽고 꼼꼼하게 교정을 해주신 출판사 편집부의 김상연 님에게도 감사의 마음을 전한다.

2005년 7월 7일
영남대학교 인문관 연구실에서 필자 씀

한국 신화의 원류 · 차 례

본 연구는 한국학술진흥재단의
인문사회분야 지원사업(074-AS2003)으로 이루어졌음.

제1장
서 론

1. 연구 목적

신화란 무엇인가? 이 물음에 대한 답은 그렇게 간단하지가 않다. 그래서 신화에 대한 정의가 신화학자들만큼이나 많이 내려져 왔다고 해도 결코 지나친 말이 아니다. 하지만 이들 가운데 종교학자의 한 사람인 엘리아데M. Eliade의 정의는 신화를 이해하는 데 많은 도움을 준다.

신화는 신성한 역사를 이야기하는 것이다. 그것은 처음 세상이 시작되었을 때, 곧 태초의 신화적인 시대에 일어난 일들을 이야기하고 있다. 바꾸어 말하면 신화는 초자연적인 존재의 행위를 통하여 우주라고 하는 온전한 실재(實在)를 말하는 것이거나, 하나의 섬, 식물, 특정한 사람의 행동, 제도와 같은 부분적인 실재이거나, 그 실재가 어떻게 하여 존재하게 되었는지를 말하고 있다. 그리하여 신화는 항상 창조를 설명하며, 어떤 존재가 어떻게 하여 만들어졌는가 하는 존재의 시초를 말하고 있다. 따라서 신화는 실제로 일어난 것, 완전히 나타나 있는 것만을 이야기한다고 할 수 있다.
　신화의 주인공은 초자연적인 존재이며, 그들은 본디 태초의 절대적인 시대에 행해졌던 행위에 따라 알려지고 있다. 그래서 신화는

그들의 창조 활동을 드러내고, 그 업적의 신성성이나 초자연성을 계
시한 것이다. 요컨대 신화는 성스러운 것이거나 초자연적인 것의 다
양하면서도 때로는 극적인 세계의 출현을 서술한다. 이 성스러운 것
의 돌발적인 출현이 진정으로 세계를 만들고, 그것을 오늘날에도 있
게 만들었다는 것이다. 더욱이 신화는 사람이 오늘날과 같이 죽을
수밖에 없고, 성적(性的)이고 문화적인 존재가 된다는 것은 초자연적
인 존재가 개입한 결과로 본다.[1]

　엘리아데의 이같은 정의는 그 자신이 말한 바 있는, "신화는 항상
실재reality에 관여하고 있기 때문에 신성한 이야기, 진정한 역사로
생각해야 한다"는 인식에 바탕을 두고 있다.

　이러한 엘리아데의 정의는 우리에게 중요한 점을 시사해 준다. 곧
신화란 태초의 신화 시대에 절대적인 존재Supreme Being의 행위에
관한 이야기이므로, 인류 사회에서 신성한 이야기 내지는 진정한 역
사로 인식되어 왔다는 것이다.

　이렇게 말하면, 오늘날과 같이 과학 문명이 발달한 시대에도 이야
기의 신성성을 인정하는 사람들이 있을까 하는 의문이 제기된다. 이
런 의문을 가지는 것은 어쩌면 당연한 귀결이라고 하겠다. 그렇지만
아무리 과학 문명이 발달했다고 하더라도, 이 세상에는 과학의 합리
적인 사고로 설명할 수 없는, 수많은 현상들이 존재한다. 그 때문에
사람은 신의 존재를 믿게 되었고, 나아가서는 종교의 세계에 의지하
게 되었는지도 모른다.

　또 이 지구 위의 모든 사람들이 한결같이 발달된 과학 문명의 혜
택을 누리고 있는 것도 아니다. 이직까지도 이 지구 위에는 전통적
인 생활 양식을 고수하는 전통사회traditional society가 많이 남아 있

---

1) M. Eliade : 1963, 5–6쪽.

다. 그런 사회에서 살아가는 사람들은 지금까지도 어떤 이야기의 신성성을 믿고 있다. 아니 믿는 수준에 머무는 것이 아니라, 그 이야기가 그들의 생활에 전범(典範)이 된다고까지 생각하고 있다. 따라서 신화란 바로 이와 같은 이야기들을 가리키는 말이라고 할 수 있다.

신화가 이처럼 신성한 이야기로 인식되는 것이라면, 거기에는 그 신화를 가지고 있는 민족의 신성한 과거가 녹아 있다고 보아도 좋지 않을까 한다. 다시 말해 신화에는 그 민족이 신성하다고 생각하던, 지난날의 어떤 사건이나 사물들이 서술되어 있다는 것이다.

이런 지적은 한국의 신화에도 예외 없이 적용된다. 곧 한국의 신화에도 우리 조상들이 과거에 신성하다고 생각했던 어떤 것이 투영되어 있다고 할 수 있다. 그러므로 한국의 신화를 통해서 과거에 우리 조상들이 어떤 것을 신성하게 여겼는지를 알아볼 수 있다는 해석이 가능해진다.

그런데 이렇게 신성하게 인식되는 신화가 어느 날 하루아침에 만들어지지 않는다는 데 유의할 필요가 있다. 바꾸어 말하면 어떤 이야기가 그것을 가진 민족에게 신성하다고 인식되려면 적어도 상당한 세월의 흐름이 전제되어야 한다. 이 기간 동안에 그 이야기를 지닌 민족의 의식 구조와 문화가 작용하여 그것에 신성성이 확보되어 왔다고 보아야 한다는 것이다.

융C. G. Jung은, 이처럼 신성성이 확보된 신화에는 그 민족이 가지는 집단 무의식의 원형archetype이 녹아 있다고 보았다. 말하자면 신화에는 개인적인 경험에서 파생되는 무의식이 아니라, 그 집단이 유전적으로 물려받은 무의식의 본질적인 어떤 요소가 들어 있다는 것이다.[2] 이와 같은 정신분석학자들의 견해를 빌리지 않더라도, 신화 속에 그 민족이 과거에 지녔던 문화적인 요소가 남아 있다는 것

---

2) C. G. Jung, 林道義 역 : 1999, 12–13쪽.

은 너무도 자명하다. 이 때문에 신화를 가지고 민족 문화의 원형이나 그 형성 과정을 재구성하려는 노력들이 부단히 계속되어 왔다.

특히 한국의 경우, 건국 신화(建國神話)나 왕권 신화(王權神話)[3]들이 역사책 속에 단편적으로 실려 있어, 신화가 역사와 긴밀한 관계를 지녔음을 드러내고 있다. 그리하여 신화를 통해서 한국 민족이나 그 문화의 기원을 밝히려는 연구들이 주류를 이루어 왔다. 그리고 이제까지 이루어진 이같은 연구들이 한국 신화의 어떤 특징을 밝혀내는 데 일정하게 이바지하였음도 부정할 수 없는 사실이다.

그러나 위에서도 지적했듯이, 한국의 신화 자료는 역사책 속에 단편적으로 기록되었다는 특징을 지니고 있다. 이러한 자료의 한계는 한국 신화의 연구를 그만큼 제약해 왔다고 해도 지나친 말이 아니다. 좀더 구체적으로 말한다면, 자료들 자체가 체계적으로 정리되지 못하고 단편적으로 전해져 왔다. 이로 말미암아 각 신화에 대한 개별적인 연구는 어느 정도 수행되었으나, 한국 신화가 가지는 전체적인 특성은 뚜렷하게 밝혀지지 않았다고 할 수 있다.

이와 같은 문제점을 극복하려면 한국 신화에 있는 공통적인, 어떤 특성을 찾아내야만 한다. 바꾸어 말하면 여러 편으로 나누어 전해지는 각각의 신화 자료들 속에서 어떤 공통되는 특성을 찾아내어 그것이 생긴 까닭은 무엇이며, 또 그런 신화들이 어디에서 들어왔는가 하는 문제들을 밝힌다면, 한국 신화의 새로운 패러다임을 만들 수도 있다는 것이다.

그렇다고 지금까지 이러한 연구가 전혀 행해지지 않았던 것은 아니다. 일제(日帝)의 강점기에 이루어진 일본 학자들의 연구에서 이와 같은 연구의 흔적을 찾을 수 있다. 그 대표적인 예가 미시나 아키히

---

3) 건국 신화와 왕권 신화를 명확하게 구분한다는 것은 그렇게 중요한 일이 아닐지도 모른다. 굳이 구분을 한다면 앞의 것이 나라를 세운 건국주에 얽힌 이야기이고, 뒤의 것은 왕권의 기원과 거기에 연루된 이야기라고 할 수 있다.

데(三品昌英)의 문화권역설(文化圈域說)에 바탕을 둔 '한국 기층 문화의 이원적 성격론'이다.

그는 우선 한국 민족의 뿌리를 남(南)퉁구스계인 북쪽의 예맥족(濊貊族)과 남쪽의 한족(韓族)으로 양분하였다.[4] 그런 다음, 이를 증명하려고 신화적인 자료들을 이용하였다. 곧 한국의 북부 지방에는 북방 대륙 계통(系統)의 수조 신화(獸祖神話)[5]와 만몽(滿蒙) 계통의 감응 신화(感應神話)가 분포되어 있고, 남부 지방에 남방 해양 계통의 난생 신화(卵生神話)와 방주 표류 신화(方舟漂流神話)가 분포되어 있다는 것을 지적하였다.[6] 미시나의 이와 같은 연구는 한국 민족이 형성되는 초기 단계부터 뚜렷하게 구별되는, 두 개의 이질적인 종족으로 이루어졌음을 강조하기 위한 것이었음은 두말할 나위 없다.

그렇다고 해서, 이런 주장이 전적으로 틀렸다고 하기는 어렵다. 문화란 것은 끊임없이 이동하고 접합하며 동화하기 마련이다.[7] 따

---

4) 三品彰英 : 1972, 213–214쪽.

　최근에 중국 당국이 '동북 공정(東北工程)'이라고 하여, 고구려사를 중국의 변방 민족사에 편입시키려고 하고 있다. 이것 또한 일제 어용 사학자들의 주장을 자기들의 편의에 따라 적당하게 이용하려고 하는 중대한 역사적 왜곡임에 틀림없다. 이와 같은 주장들이 주변 국가들로부터 제기되는 가장 중요한 까닭 가운데 하나로, 우리가 우리 역사를 제대로 연구하지 않고 있다는 것을 들 수 있다. 이런 뜻에서 한국의 역사와 문화에 대한 정부 당국의 정책적인 지원이 있어야 하고, 학자들도 인기에 영합하는 연구에만 몰두할 것이 아니라 민족의 정통성과 주체성을 찾는 연구에 전념하여야 한다는 것을 지적해 둔다. 이성규 : 〈중 고문헌에 나타난 동북관〉 2003년 12월 6일자 《조선일보》 해설기사 참조.

5) 그는, 한국에는 수조 신화가 없는 것으로 보고, 이런 특징을 북방 대륙과 한국의 문화적인 차이로 설명하였다. 즉 북방 대륙은 수렵·유목 사회였는다면, 한국은 농경 사회였다는 것이다(三品彰英 : 1971ⓐ, 436–441쪽). 그러나 한국에도 단군 신화나 야래자(夜來者) 설화에서 보듯이 여러 종류의 수조 신화가 전해져 왔다는 점에서 그의 연구는 재고되어야 한다는 것을 지적해 둔다.

6) 三品彰英 : 1971ⓐ, 310–537쪽.

7) C. Ember & M. Ember : 1977, 192–195쪽.

라서 한국의 기층 문화(基層文化)도 여러 곳에서 들어온 다양한 요소들이 녹아들고 통합되어 이루어졌다고 보는 것이 타당할지도 모른다. 하지만 우리는 미시나의 이러한 주장 속에는 결코 간과할 수 없는 저의가 숨겨져 있다는 데 주의하지 않으면 안 된다. 특히 일본 제국주의자들은 그들의 한국 강점(强占)을 정당화하려고, 한국 문화에 대한 왜곡을 서슴지 않았다는 점을 명심해야 한다.

실제로 그는, 한국의 경우에는 신화를 대상으로 하여 그것을 가졌던 민족과 그렇지 않은 민족으로 구분하려고 하였다. 이와 달리 일본의 경우에는 그렇게 보지 않고, 하나의 민족으로 이루어졌다고 보았다. 그렇지만 일본의 신화에는 분명하게 구분되는 세 계통의 신화들이 있다. 즉 다카미무스히노카미(高御産巣日神)와 아마테라스오미카미(天照大御神)를 최고의 신격으로 하는 다카마노하라계(高天原系) 신화와, 스사노오노미고토(須佐之男命)를 최고의 신격으로 하는 이즈모계(出雲系) 신화, 그리고 이름이 명확하게 드러나지 않는 바다의 신을 최고의 신격으로 삼는 지쿠시계(筑紫系) 신화가 그것이다.[8] 이들 가운데서 다카마노하라계와 이즈모계는 도저히 같은 계통의 신화로 볼 수가 없다. 왜냐하면 앞의 것이 천신(天神) 계통의 신들로 유목·수렵 문화와 관계가 있는 데 견주어, 뒤의 것은 지신(地神) 계통의 신들로 농경 문화와 긴밀한 관계를 맺고 있기 때문이다.[9]

그런데도 미시나는 이것들이 민족적으로 나뉘는 것이 아니라, 그것들이 전승되던 지방의 문화적 특질에 따라 만들어진 것으로 보았다.[10] 그러면서 그는 "천황(天皇)이 통치하는 야마토(大和)는 다카마노하라와 관련이 있지만, 이즈모는 저승의 세계[根國]에 연결되는 나라였다. 그러므로 다카마노하라 신화 속에 들어간 이즈모 신화(出

---

8) 松村武雄 : 1958, 27쪽.
9) 김화경 : 2002, 79–287쪽.
10) 三品彰英 : 1971ⓑ 17쪽.

雲神話)의 여러 요소, 이를테면 다카마노하라에서 스사노오노미고토 이야기라든지, 이즈모의 국가 양도 신화에서 오쿠니(누시)노미고토(大國主神)의 경우는 이즈모 특유의 전승이라고 하기보다는 야마토 사람들이 신화를 구성하는 과정에서 수용하여 윤색하거나 조작한 이야기로서, 이런 뜻에서 야마토 궁중의 사람들이 만들어낸 신화라고 해도 좋을 것이다"[11]라는 견해를 제시하였다. 이렇게 되면 그의 연구가 무엇을 지향하고 있었던가 하는 것이 너무도 분명하게 드러난다. 곧 그는 한국이 다민족으로 이루어진 국가인 데 견주어, 일본은 단일 민족으로 이루어진 국가라는 것을 강조하려고 했다는 해석이 가능해진다.

두루 알다시피 한국은 응집력이 매우 강한 문화적 특성을 지니고 있다. 이와 같은 특성은 오늘날까지 전해지는 여러 민속 현상들을 통해서도 증명된다. 예를 든다면, 동제(洞祭)를 지낼 때나 공동 노동을 할 때는 거의 모든 마을 사람들이 다 같이 참가를 하였다. 또 향촌 사회(鄕村社會)에서 유행한 공동 노동체로 두레와 같은 것이 있었다. 이처럼 응집력이 강한 문화적 특성은 일제의 한국 지배를 어렵게 만들었다. 실제로 세계의 식민지 역사에서 한국만큼 줄기차게 저항한 민족은 없었다. 한국 민족은 식민지로 전락되기 전부터 시작하여 그 속박에서 벗어날 때까지 유·무형의 저항을 거듭하였다.

이러한 민족을 다스리려면 그 힘을 분산시킬 필요가 있었을 것이다. 그리하여 그들은 그 힘을 분산시키기 위한 방편의 하나로 분할 통치(分割統治)라는 지배 정책을 마련하였던 것이다. 말하자면 응집력이 강한 한국의 문화적 특성을 해체시키고, 지역·계층 사이의 갈등을 조장하려고 했던 것이다. 이와 같은 일제의 지배 정책을 뒷받

---

11) 같은 책, 19쪽. 三品彰英은 이러한 주장을 하면서 이것이 일본 민족의 우수성을 드러내는 것이라고 하여, 상당한 자부심을 느끼는 듯한 표현을 하고 있다.
　　三品彰英 : 1970 26-35쪽.

침하려던 것이 미시나 아키히데가 제시한 것과 같은 한국 기층 문화의 이원적 성격론이었다고 할 수 있다.

그리고 이 가설을 더욱더 구체화한 것이, 그들이 줄기차게 주창하였던 '한국 문화의 남방 기원설'(南方起源說)이었다. 이것은 남방에서 들어온 해양 문화 내지는 농경 문화가 한국 문화 형성에 절대적으로 이바지하였다는 것으로 요약된다. 이런 주장 속에는 그들이 지금까지도 미련을 버리지 못하고 있는 '임나일본부설(任那日本府說)'의 존재를 인정하려는 망령이 깃들어 있음은 두말할 나위 없다. 거듭 말하면 한국의 기층 문화가 성립되는 데는 일본을 포함하는, 남방의 해양 문화와 농경 문화가 일정한 구실을 하였다는 것을 강조함으로써, 임나일본부설의 타당성을 증명하려고 하였던 것이다.

이와 같은 어불성설의 억설(臆說)은, 그 뒤에 한국 쪽의 괄목할 만한 연구 성과들에 따라 어느 정도 극복되어 가고 있다. 그 가운데서도 김석형(金錫亨)의 《고대 조일 관계사(古代朝日關係史)》는 이 방면의 연구에서 가장 뛰어난 업적 가운데 하나로 평가받아 마땅하다. 그는 이른바 일본 안의 '삼국 분국설(三國分國說)'을 주장함으로써, 일본 학자들의 임나일본부설이 얼마나 허구에 찬 주장이었던가를 실증적·논리적으로 증명하였다.12)

그러나 국사학계에서 이러한 연구 성과가 있었음에도 민속학계에서는 아직까지도 한국 문화의 남방 기원설에 연연해하는 학자들이 있다는 데 문제의 심각성이 있다. 그런 연구의 단적인 예가 최길성(崔吉城)의 《한국 무속의 연구》이다. 그는 이 연구에서, "한국 중부 지방의 무속은 극동에서 북방의 전형적인 샤머니즘의 남방 한계선이 되는 셈이다. 그런데 한국 남부와 오키나와(冲繩) 지방의 사제가

---

12) 이 책은 1988년 북한 자료의 해금(解禁) 조치에 따라, 서울에서 《고대 한일 관계사》란 책 이름으로 출판되었다. 김석형 : 1988, 299-356쪽.

더욱 뿌리깊이 사회적으로 토착되어 있는 점으로 보아 북방의 샤머니즘이 그런 사회 위로 유입된 것이 아닐까?"[13]라면서, 한국의 남부 지방에는 오키나와로부터 올라온 남방의 샤머니즘이 선재(先在)하였던 것으로 보았다. 이와 같은 그의 견해는 일본 학자들의 남방 기원설을 충실하게 받아들인 결과라고 보지 않을 수 없다.

뿐만 아니라 한국의 난생 신화 또한 남방에서 들어왔다고 하는 주장도 마찬가지이다. 김재붕(金在鵬)은 〈난생 신화의 분포권〉이란 논문에서 한국의 고대 건국 신화에 나오는 모든 난생 모티프가 남방에서 들어온 것이라고 하여, 미시나 아키히데(三品彰英)의 견해를 그대로 받아들였다.[14] 그 결과, 오늘날의 한국 학계에서는 난생 신화가 남방에서 들어온 것으로 널리 인식되기에 이르렀다.

이상과 같은 문제점은, 한국의 학자들이 일본 학자들의 주장에 들어 있는 저의를 제대로 파악하지 못했을 뿐 아니라, 또 그들의 주장이 가지는 타당성의 여부를 철저하게 검증하지 않은 탓에서 비롯되었다고 할 수 있다. 그래서 본 연구에서 필자는 신화학의 측면에서 이루어진, 이와 같은 잘못된 연구 결과들을 바로잡으려고 한다.

이러한 연구 목적을 제대로 이룩하려면 우선 한국의 신화에 있는 공통적인 특징들을 찾아내고, 그러한 특징을 가진 신화들이 어디에서 들어온 것인가 하는 문제를 밝혀야 한다. 그렇게 함으로써 어떤 종류의 문화들이 어디로부터 들어와 한국 문화의 형성에 이바지하였는가 하는 문제를 밝힐 것이다. 이렇게 해서 얻어지는 성과는 물론 하나의 대담한 가설에 지나지 않는다. 하지만 그 예상되는 성과를 간략하게 요약하면 다음과 같다.

먼저 한국 기층 문화의 형성과 관련이 있는 신화들로 (1) 땅에서

---

13) 최길성 : 1978, 21–22쪽.
14) 김재붕 : 1971, 39–53쪽.

사람들이 나왔다고 하는 출현 신화 emergence myth와, (2) 곡식의 씨 앗을 가져온 곡모신 신화(穀母神神話), 그리고 (3) 시체에서 곡식의 종자를 얻었다는 시체 화생 신화(屍體化生神話) 등이 있다. 이들 신 화와 관련이 있는 문화는 밭곡식을 재배하는 농경 문화였을 것으로 추정되지만, (1) 출현 신화와 (2) 곡모신 신화를 가졌던 집단의 농경 과, (3) 시체 화생 신화를 가졌던 집단의 농경은 그 형태가 달랐을 것으로 상정된다.

다음으로 이러한 기층 문화에 변화를 가져온, 또 다른 농경 집단 이 있었을 것으로 본다. 여기에서 또 다른 농경이란 벼를 재배하던 문화를 가리키는 것으로, 이 문화를 가졌던 집단은 탄생담(誕生譚)이 없는 왕권 신화를 지니고 있었다.

마지막으로 벼를 재배하던 농경 문화의 집단을 정복하고 새로운 지배 계층으로 군림한 세력이 가졌던 일군(一群)의 신화들이 존재한 다. 이들은 그들의 조상이 하늘에서 내려왔다는 천강 신화(天降神話) 와, 자기 조상이 햇빛의 감응으로 태어났다고 하는 감응 신화(感應 神話)를 지니고 있었으며, 먼저 살고 있던 집단을 힘으로 제압할 수 있는 수렵·유목 문화를 가지고 있었다. 그리고 짐승을 조상으로 받 드는 수조 신화(獸祖神話)를 가진 집단도 있었으며, 그들 역시 수 렵·유목 문화를 가겼을 것으로 상정된다. 또 천강 신화나 감응 신 화를 가진 집단들처럼 정복 과정을 거치지 않고, 먼저 살고 있던 세 력과 타협하여 왕권을 장악한 어로 문화(漁撈文化) 집단들이 가졌던 난생 신화도 지배 계층의 문화로 자리잡았을 것으로 추정된다.

2. 기존 연구 성과의 검토

한국의 근대 학문이 다 그러하듯이, 신화도 일제(日帝)의 침략과 더불어 일본의 학자들이 연구하기 시작하였다. 앞에서도 지적한 것처럼, 신화를 비롯한 역사나 문화에 대한 일본학자들의 연구는 일제의 식민지 지배 정책과 밀접한 관련이 있었다.

지배 정책의 수립 과정에서 한국의 신화를 가장 먼저 연구한 사람은 하야시 다이스케(林泰輔)였다. 그는 1893년 《동경 인류학 잡지(東京人類學雜誌)》에 〈조선 고대 제왕(帝王)의 난생 전설〉[15]이란 글을 실어, 한국에 난생의 이야기들이 전해져 왔음을 학계에 알렸다. 그리고 츠보이 구메조(坪井九馬三)는 1905년 《제국문학(帝國文學)》에 〈조선의 신화〉[16]라는 글을 실어, 한국의 신화 자료를 일본에 소개하였다.

또 한국의 역사에 관심을 가졌던 이마니시 류(今西龍)는 1908년에 같은 《동경 인류학 잡지》에 〈신라시대에 토기에 새겨진 신화〉[17]라는 논문을 발표하였고, 1910년에는 《역사지리(조선편)》에 〈단군 설화에 대하여〉[18]를 발표하였다. 그리고 1915년에는 《예문(藝文)》에 〈주몽 전설과 노달치(老獺稚) 전설〉[19]을 실어, 한국의 신화와 주변 민족의 그것을 견주었다.

그런데 하야시나 이마니시가 고찰의 대상으로 삼았던 자료들은 전부가 신화적인 성격을 지니는 이야기들이었다. 그럼에도 그들은 신화와 설화, 전설이란 용어를 뒤섞어 사용하였다. 이처럼 용어의 혼란을 보인 것은 한국 설화의 본질에 대한 인식이 부족한 탓도 있으나, 주몽(朱蒙)이 역사상의 인물이라면 단군은 설화상의 인물이라는 인식이 작용하였을 가능성이 짙다.[20]

---

15) 林泰輔 : 1893, 334–336쪽.

16) 坪井九馬三 : 1905, 81–100쪽.

17) 今西龍 : 1908, 135–139쪽.

18) 今西龍 : 1910 참조.

19) 今西龍 : 1915, 89–112쪽.

20) 김화경 : 2002, 23쪽.

실제로 나가 유키오(那珂通世)는 1894년에 《사학잡지(史學雜誌)》에 발표한 〈조선 고사고(朝鮮古史考)〉[21]에서 단군 신화의 부정적인 면을 드러냈고, 이마니시 류도 1929년에 《청구설총(靑邱說叢)》에 〈단군고(檀君考)〉[22]라는 글을 실어 이러한 시각을 그대로 유지하였다. 이와 같은 일본 학자들의 주장은 단군을 설화상의 인물로 여김으로써, 한국 역사의 여명(黎明) 연대를 후대로 끌어내리려는 저의에 바탕을 둔 것이었음이 분명하다.

이에 견주어, 한국의 최남선(崔南善)은 일본 학자들의 이런 주장을 극복하고 단군 신화의 긍정적인 측면을 드러내는 데 적극적으로 노력하였다. 그는 1926년에 《동아일보(東亞日報)》에 〈단군 부인(否認)의 망(妄)〉이란 짧은 글을 실어 일제가 획책한 단군 부정의 부당함을 지적하였다. 그런 다음에 그는 같은 《동아일보》에 〈단군론(壇君論)〉을 비롯하여, 〈단군 신전(壇君神典)의 고의(古義)〉와 〈민속학상으로 보는 단군 왕검(王儉)〉 등을 연재하기도 하였다. 그리고 1928년에는 《별건곤(別乾坤)》에 〈단군 급(及) 기 연구(其研究)〉를 실어, 단군 신화를 신화와 종교, 역사, 사회, 경제사, 언어적인 측면에서 고찰하였다. 그리하여 "단군 고기에 나오는 규범적 칭위(稱謂)와 역사적 지리는 다 확실한 사실의 근거 우(又) 배경을 가진 것"이고, "단군 왕검이란 깃은 요(要)하건데 천제사(天帝子)로 신정을 창시(刱始)하던 고 군장(古君長)의 칭호로 개인으로 억념(憶念)될 때는 진역(震域) 인문의 조(祖)인 어른"[23]이라는 결론을 이끌어냈다.

또 최남선은 1930년에 방송된 〈조선의 신화와 일본의 신화〉에서 한·일 양국의 신화를 서로 견주어 보았고, 1939년에 《매일신보(每日申報)》에 연재한 〈조선의 신화〉에서는 한국의 신화가 천자계(天子

---

21) 那珂通世 : 1894, 37–58쪽.

22) 今西龍 : 1970, 1–130쪽.

23) 육당전집편찬위원회 편 : 1973ⓐ, 250쪽.

系)와 해신계(海神系)로 구분된다는 것을 밝혔다.[24] 이러한 연구들은 그가 일본학자들의 주장이 지니는 허구성을 밝히려는 적극적인 노력이었다는 점에서 높이 사야 마땅하다.

이와 같은 일련의 연구 과정을 거친 다음, 한국의 신화를 본격적으로 연구한 사람으로는 일본의 미시나 아키히데(三品彰英)를 들 수 있다.[25] 그는 1931년에 《청구학총(靑丘學叢)》에 발표한 〈탈해 전설고(脫解傳說考) : 동해 용왕 신앙(龍王信仰)과 왜국(倭國)〉[26]을 비롯하여, 1932년과 1933년에는 같은 《청구학총》에 〈후쓰노미타마고(布都之御魂考) : 이즈모계 신화(出雲系神話)와 부여계 신화(扶餘系神話)〉를, 1933년에는 《사림(史林)》에 〈고대 조선에서 왕자 출현의 신화와 의례에 관하여 : 일선(日鮮) 강림 신화의 연구〉를 발표하였다. 그리고 이들 연구 성과를 취합하여 1937년에는 《건국 신화론고(建國神話論考)》를, 1948년에는 《신화와 문화 경역(文化境域)》이라는 저서를 출판하였다.

그의 이러한 연구는 크뢰버 A. L. Kroeber를 중심으로 한 아메리카의 역사학파로부터 영향을 받은 것으로, 신화를 대상으로 하여 문화층과 문화 영역을 설정하려고 하였다는 점에서 특이하다고 하겠다. 이 방법론을 원용한 《신화와 문화 경역》에서는 신화에 등장하는 인물의 탄생 모티프를 중심으로 하여, 한국의 신화를 남방계(南方系)와 북방계(北方系)로 나누었다. 그런 다음에 앞의 자료로는 난생 족조 신화(卵生族祖神話)와 방주 표류 신화(方舟漂流神話)를 들었고, 후자의 자료로는 감응(정)형 신화[感應(精)型神話]를 들었다.

---

24) 육당전집편찬위원회 편 : 1973ⓑ, 16–35쪽.
25) 일본에서 이루어진 미시나 아키히데 이후의 한국 신화에 대한 연구사의 정리는, 요다 치요코(依田千百子)의 〈조선 신화 연구 약사〉를 참조하였음을 밝혀 둔다. 依田千百子 : 1991, 9–17쪽.
26) 三品彰英 : 1931, 71–100쪽.

이와 같은 미시나의 연구가 한국 신화의 계통적인 연구에 커다란 발자취를 남긴 것은 사실이다. 특히 단순한 전파 중심주의가 아니라, 제의(祭儀)와 신화의 관련, 문헌 자료의 검토, 생업 형태 및 사회의 발전과 신화의 변화를 대응시켜 고찰하는, 다각적인 방법론을 끌어옴으로써 그 뒤의 연구자들에게 적지 않은 영향을 끼쳤다.[27]

그러나 앞에서도 지적한 것처럼, 그의 연구는 한국 민족의 형성을 남방계와 북방계로 양분하려는 저의를 드러낸 것이라고 하지 않을 수 없다. 왜냐하면 만몽 계통의 감응형 신화는 남(南)퉁구스계인 예맥족(濊貊族)이 가졌던 것이었고, 남방 해양 계통의 난생 족조 신화와 방주 표류 신화는 한족(韓族)이 가졌던 것으로 보았다.[28] 이러한 이원적인 태도는 남북의 이질적인 종족이 뒤섞여 한국 민족이 이루어졌다는 가설에 바탕을 둔 것이었다. 따라서 이와 같은 연구는 일제가 지향한 분할 통치에 이론적인 바탕을 마련하기 위한 것이었다고 하지 않을 수 없다. 실제로 그가, 한국 문화가 일본의 그것에 견주어 후진성과 정체성을 면하지 못하고 있다는 것을 두드러지게 부각시키려고 했다는 것도 이와 같은 추정을 뒷받침한다.[29]

이런 뜻에서 미시나의 연구는 철저하게 검증되고 비판되어야 마땅하다. 하지만 아직까지 이러한 시도는 제대로 이루어지지 않고 있다. 그래서 본 연구에서는 그의 연구를 더욱 깊이 있게 검증하려고 한다.

어쨌든 이렇게 처음부터 왜곡된 시각에서 시작된 한국의 신화에 대한 연구는 한국의 독립과 함께 새 전기를 맞이하게 되었다. 특히

---

27) 依田千百子 : 1991, 9-10쪽.

28) 三品彰英 : 1948, 263-271쪽.

29) 미시나는 1940년에 쓴 《조선사 개설》에서 한국사의 자율성을 완전히 부정하고, 반도(半島)의 부수성(附隨性)과 주변성(周邊性), 다인성(多隣性) 등을 강조한 타율성 이론을 제시한 바 있다.
　　三品彰英 : 1940, 1-11쪽.

1965년에 북한에서 출판된 홍기문(洪起文)의 《조선 신화 연구》30)는 한국 신화의 연구에 새로운 지평을 열었다고 할 수 있다. 그는 이 연구에서 먼저 건국 신화들을 세 개의 갈래, 즉 부여와 고구려, 백제의 신화를 한 계열의 자료로 보았고, 신라의 혁거세와 탈해, 알지의 신화를 한 나라의 세 층계로 보았으며, 발해와 가야, 탐라의 신화를 분산된 각 갈래로 나누어 고찰하였다. 그리고 단군 신화에 대한 집중적인 검토와 함께, 한국의 신화를 연구하는 데 도움이 되는 보조 자료들을 제시하였다.31)

이와 같은 홍기문의 연구는 임종상(林鐘相)이 논평한 것처럼, 한국의 건국 신화들을 종합적으로 연구하여 이를 체계화하고자 한 첫 시도였다. 그리하여 건국 신화들의 유형과 공통성을 찾아내려고 노력함으로써, 한국 민족은 예로부터 단일한 민족이고 그들이 창조한 문화도 공통된다는 것을 밝히려고 하였다.32) 이런 점에서 홍기문의 연구는 일본 학자들의 잘못된 주장을 바로잡으려고 했다는 점에서 높이 평가되어야 할 것이다.

한편 남한에서는 이보다 앞선 1961년에 장주근(張籌根)에 의해 문헌 신화와 구전 신화를 총체적으로 정리한 《한국의 신화》가 출판되었다. 그는 이 책에서 건국의 시조신(始祖神)들뿐만 아니라, 제주도에 전승되는 무속 신화에 대해서도 그 나름의 해석을 시도하였다.33) 그리고 이어서 1995년에는 《한국 신화의 민속학적 연구》를 통하여, 민속학적 측면에서 신화 자료들을 분석·정리하였고,34) 1998년에는 《풀어 쓴 한국의 신화》를 간행하여 이제까지의 연구 성과들을 종합

---

30) 이 책은 1965년에 평양의 사회과학원 출판사에서 출간되었다. 그 뒤에 북한 자료의 해금 조치로 1989년 서울의 지양사에서 간행되어 남한의 학계에 소개되었다.
31) 홍기문 : 1989, 13-272쪽.
32) 임종상 : 1989, 282쪽.
33) 장주근 : 1961 참조.
34) 장주근 : 1995 참조.

하고 정리하여 펴냈다.[35]

한편 현용준(玄容駿)은 1963년에 〈무속 신화(巫俗神話) 본풀이의 형성〉과 〈본풀이의 형식과 내용〉이란 논문을 발표하였다. 그런 다음 그는 〈한국 신화에서 본 세계 구조〉와 〈한국 신화의 구조에 관한 일고〉, 〈한국 신화와 제의〉 등과 같은 논문을 내놓은 뒤, 1992년에는 이들을 묶어 《무속 신화와 문헌 신화》라는 한 권의 저서로 출간하였다.[36] 그리고 그는 한국 신화와 일본 신화의 비교를 시도하여,[37] 주변 민족들의 신화에 대한 관심을 넓히는 데 이바지하기도 했다.

또 김열규(金烈圭)는 서구의 여러 가지 방법론들을 원용하여 1975년에 《한국 민속과 문학 연구》를 발표하였다. 그는 이 연구에서 의례학파(儀禮學派)의 이론을 가져와, 한국 문학과 민속학의 긴밀한 관계를 밝혔고,[38] 또 한J. C. von Hahn과 켐벨Joseph Camphell, 랭크 Otto Rank, 레글란Lord Raglan 등이 추출한 영웅담의 유형적 특성을 한국의 서사 문학 자료들에 접합하여 한국적 유형을 추출하기도 하였다. 그리고 1977년에는 《한국 신화와 무속 연구》를 간행하여, 종교학적 측면에서 한국의 신화가 시베리아의 샤머니즘과 연계되어 있다는 것을 밝혔고,[39] 의례적인 관점에서 한국의 신화와 제의 사이의 관계를 논하기도 하였다. 이 밖에 그는 레비스트로스C. Lévi-Strauss의 병립적 구조paradigmatic structure의 방법론을 원용하여 민담과 조선 소설의 구조를 추출한 작업이 그 뒤의 연구에 적지 않은 영향을 끼치기도 했다.[40]

그리고 서사 무가를 본격적으로 고찰하고, 나아가서 한국의 문헌

---

35) 장주근 : 1998 참조.
36) 현용준 : 1992 참조.
37) 玄容駿 : 1977, 1–24쪽.
38) 김열규 : 1975, 2–23쪽.
39) 김열규 : 1977, 8–34쪽.
40) 김열규 : 1975, 43–52쪽.

신화까지도 연구 영역을 확대시킨 서대석(徐大錫)의 연구를 들지 않을 수 없다. 그는 1980년에 프로프V. Propp의 순차적 구조 분석의 방법론을 적용하여 제석(帝釋) 본풀이의 여러 이본(異本)들을 비교 분석한 《한국 무가의 연구》를 발표하였다.[41] 그리고 문헌 신화에도 관심을 기울여 연구를 계속해 온 서대석은 2001년에 그 사이의 연구 성과들을 모아 《한국 신화 연구》를 세간에 내어놓음으로써,[42] 한국의 신화들을 총체적으로 연구하는 기틀을 마련하는 데 기여하였다.

한편 나경수(羅景洙)는 1993년에 한국 건국 신화들의 문화사적 위상과 상징 체계 및 세계상을 파헤친 《한국의 신화 연구》를 발표하여,[43] 건국 신화의 연구 영역을 확대하였다. 그리고 재중 동포(在中同胞) 학자인 문일환(文日煥)도 같은 해에 《조선 고대 신화 연구》를 출판하였다. 그는 이 연구에서 난생 신화와 천강 신화, 용신 신화, 수혈 신화(竪穴神話), 암석 신화 등의 발생과 원류 문제를 밝히려 했다.[44] 또 윤철중(尹徹重)은 1997년에 신화적 인물이 한국에 찾아온 도래 신화(渡來神話)들만을 대상으로 하여 《한국 도래 신화의 연구》를 출판함으로써,[45] 한국 신화에 포함된 특징적인 신화소(神話素)만을 연구하는 계기를 마련하기도 하였다.

이와 같은 연구들에 자극을 받은 필자도 1983년에 발표한 〈온조 신화(溫祚神話)의 연구〉[46]를 비롯하여, 〈신라 건국 설화의 연구〉[47]와 〈수로왕 신화(首露王神話)의 연구〉,[48] 〈고구려 건국 신화의 연

---

41) 서대석 : 1980, 참조.

42) 서대석 : 2001, 참조.

43) 나경수 : 1993, 78–211쪽.

44) 문일환 : 1993ⓐ, 47–87쪽.

45) 윤철중 : 1997 참조.

46) 김화경 : 1983, 121–144쪽.

47) 김화경 : 1984, 1–20쪽.

구〉,49) 〈석탈해 신화(昔脱解神話)의 연구〉50) 등과 같은 일련의 연구를 진행하였다. 필자는 일본학자들의 한국 신화에 대한 왜곡된 연구를 바로잡으려고, 주로 그들이 사용했던 문화사적인 연구 방법을 끌어왔음을 아울러 밝혀 둔다.

또 최근에는 조현설(趙炫峼)이 한국의 신화를 동아시아 여러 나라들의 신화들과 비교 연구한, 《동아시아 건국 신화의 역사와 논리》를 발표해 학계의 관심을 끌고 있다. 특히 그는 중국의 문헌 자료들뿐만 아니라 구전 자료들까지 이용함으로써 한국 신화 연구를 위한 보조 자료들을 다양화했다는 점에서, 중요한 구실을 하였다고 하겠다.

이제까지 살펴본 한국 문학을 전공한 학자들의 연구와 구분되는 국사학자들의 연구가 있다. 이들 가운데 김철준(金哲埈)은 1971년에 문화인류학의 방법론을 원용한, 〈동명왕편(東明王篇)에 보이는 신모(神母)의 성격〉51)이란 논문을 발표하였다.

이런 학풍을 이어받은 김두진(金杜珍)은 1999년에 《한국 고대의 건국 신화와 제의》라는 저서를 출판하여 학계의 눈길을 끌었다. 그는 이 저서에서 문화사적 연구 방법론과 의례학파의 연구 방법론으로, 한국의 고대 건국 신화들을 재구성하려고 하였다.52)

또 이종욱(李鐘旭)은 2004년에 《한국사의 1막 1장 건국 신화》란 저서를 펴냈는데, 기록으로 전해지는 고대 국가의 건국 신화들을 총체적으로 살펴보고 있다. 그리하여 그는 이들 신화 자료를 이용하여 한국의 초기 국가들이 이루어지는 과정을 재성구하려고 했다.53)

한국사, 특히 한국의 고대사를 연구하는 처지에서 이루어진 이와

---

48) 김화경 : 1989, 133-151쪽.

49) 김화경 : 1998ⓐ, 27-47쪽.

50) 김화경 : 2000ⓐ, 205-227쪽.

51) 김철준 : 1975, 35-43쪽.

52) 김두진 : 1999 참조.

53) 이종욱 : 2004 참조.

같은 연구들이 한국 신화의 역사적인 성격을 밝혔다는 데서 신화의 연구사에서 매우 중요한 의의를 가지고 있다. 하지만 신화는 어디까지나 신화이다. 그러므로 먼저 신화학의 처지에서 그 자료들을 검토하여 역사적인 요소들을 추출한 다음, 그것이 가지는 역사적 성격을 밝혀야 하지 않을까 한다. 이런 뜻에서 한국사학과 신화학의 학제간 연구가 절실히 요청된다고 하겠다.

한편 미시나 아키히데가 죽은 뒤에도 일본에서는 한국 신화에 대한 연구가 계속되어 상당한 성과를 거두고 있다. 그 가운데서도 오바야시 타료(大林太良)의 연구는 한국 신화의 연구에 매우 중요한 구실을 하였다. 그는 1973년에 출판한 《도작(稻作)의 신화》에서 일본에 전승되고 있는 시체 화생 신화(屍體化生神話)와 수락신 신화(穗落神神話), 프로메테우스형 곡물 신화, 유미동 전설(流米洞傳說) 등의 계통을 재구하였다. 오바야시는 이 과정에서 문화사론적인 연구 방법론으로 이들 일본 신화에 등장하는 모티프들이 한국과 중국에는 어떤 내용으로 전해지고 있으며, 그것들이 어떤 문화와 복합되었는가 하는 문제를 고찰하였다.[54]

그리고 그는 문화사적인 처지의 연구에 머물지 않고, 구조적인 연구 방법론으로써 한국의 신화를 분석하기도 하였다. 그리하여 1975년에 발표한 《일본 신화의 구조》에서는 백제의 비류(沸流)·온조(溫祚) 전설이 일본의 진무(神武) 동정 전설(東征傳說)과 비슷한 구조로 되어 있다는 사실을 밝혀냈다. 또 오바야시는 1984년에 펴낸 《동아시아의 왕권 신화》 가운데 〈고대 일본·조선의 최초 3왕의 구조〉란 논문을 통해서, 일본의 진무(神武)와 스신(崇神), 오신(應神) 세 천황이 고구려의 동명(東明)과 유리(瑠璃), 태무신왕(太武神王) 및 신라의 세 성씨 시조인 박혁거세(朴赫居世)와 석탈해(昔脫解), 김알지(金閼

---

54) 大林太良 : 1973ⓑ, 23-389쪽.

智)와 마찬가지로 사회적 3기능과 우주 3계(宇宙三界), 곧 하늘과 땅, 물을 대표하는 공통성을 지니고 있다는 사실을 밝혀냈다.[55]

이와 같은 오바야시 타료의 연구와는 달리 마쓰마에 다케시(松前健)는 신화와 역사 사이의 관계를 중시하는 처지에서 연구를 진척시켰다. 특히 그의 연구는 한·일 신화의 비교와 한국계 신화 전승의 연구로 크게 나뉜다. 특히 1986년에 간행된 《야마토 국가(大和國家)와 신화 전승》이란 저서에 실린 〈일본 신화와 조선〉이란 논문에서는, 한신(蕃神) ― 외국에서 들어온 신 ― 의 일본화 과정과, 왕가(王家)에 전해지는 용사(龍蛇)의 후예로서 한국계 문화가 일본에 토착화해 가는 과정을 고찰하였다.[56] 그리고 〈신화의 이야기 방식에서 본 일본과 한국의 전승〉이란 논문은 현지 조사에 바탕을 둔 연구로, 한국의 무당굿에서 구송(口誦)되는 신화 이야기들 가운데는 기기 신화(記紀神話) 등 문헌 신화 이전에 일본 촌락의 사제(司祭)나 무격(巫覡), 이야기꾼 등이 이야기하던 옛날의 방식과 공통적인 요소가 있고, 또 한국과 일본의 신화에는 신화의 내용말고도 기능적인 면에서도 비슷한 것이 있다는 사실을 지적하였다.[57]

그리고 요다 치요코(依田千百子)는 1991년에 출판된 《조선 신화 전승의 연구》에서 비교 신화학적인 처지에서가 아니라, 한국의 신화 자료들만을 대상으로 한 연구 성과들을 발표하였다. 그녀가 발표한 〈조선 왕권 신화의 구조〉와 〈고구려 최초 3왕 전설의 구조〉, 〈조선 중세의 왕권 신화〉 등의 논문은 오바야시 타료의 구조 분석의 방법론에 영향을 받았으면서도, 필자 나름의 독특한 견해를 제시하고 있어 눈길을 끈다.[58]

---

55) 大林太良 : 1984, 267-303쪽.
56) 松前 健 : 1986, 262-276쪽.
57) 依田千百子 : 1991, 13쪽.
58) 같은 책, 67-155쪽.

이제까지 주로 저서들로 발표된 건국 신화 내지 문헌 신화들에 대한 연구 성과를 간략히 살펴보았다. 여기에서 알 수 있듯이 각 신화들의 개별적인 연구는 상당히 많이 이루어졌다. 하지만 이들 각 신화가 서로 어떤 관계에 있으며, 또 이것들이 신화학에서 어떤 위치를 차지하고 있는가 하는 문제는 아직까지 제대로 밝혀지지 않고 있음을 알 수 있다.

3. 연구의 방법

본 연구는 위에서 제시한 가설을 증명하려고 다음과 같은 순서로 진행시키기로 한다. 먼저 신화들이 가지는 특성에 따라, 한국의 자료들을 몇 개의 범주로 나눈다. 그런 다음, 이 신화들의 문화적 특성을 찾아낼 것이다.

이런 작업은 신화가 단순한 이야기가 아니라, 신화의 창출에는 그것을 가지고 있던 집단의 문화가 적지 않은 영향을 미쳤을 것이라고 생각되기 때문이다. 실제로 신화가 이루어지는 데는 여러 가지 요인이 작용하기 마련이다. 이러한 요인들 가운데 하나가 그들이 가진 문화이다. 그래서 신화가 어떤 문화의 산물인가를 밝히는 작업을 수행하기로 하였다.

그리고 이와 같은 작업을 바탕으로 하여, 이들 신화가 어디로부터 들어왔는가 하는 문제를 밝힐 것이다. 하지만 이들 신화의 원류를 밝히는 작업이 그렇게 간단한 것만은 아니다. 우선 인류의 보편적인 심성(心性)에서 만들어진 이야기들이 있다는 것을 고려하지 않으면 안 된다. 예를 든다면 콩쥐·팥쥐의 이야기는 한국에만 있는 것이 아니라, 세계적으로 널리 퍼져 있다. 따라서 이런 경우에는 착한 자가 보상을 받고 악한 자가 처벌을 받아야 한다는, 사람의 공통적인 심성에 따라 만들어졌다고 볼 수밖에 없다.

또 민족학(民族學)에서 말하는 가능성 제한의 원리라는 것이 있다. 사람이 누리는 다양한 문화에는 논리적으로 그 가능성이 제한되어 있다는 것이다. 가령 아이들의 혈통(血統)을 따질 때는 네 가지의 경우를 상정할 수 있다. 즉 어머니 쪽의 혈통으로 보는 경우와 아버지 쪽의 혈통으로 보는 경우, 아니면 어머니나 아버지 어느 쪽의 혈통으로도 보지 않는 경우, 또는 어느 쪽의 혈통으로 보아도 좋은 경우 등이 그것이다. 이와 같은 경우에는 그 형태가 닮았다고 하더라도 역사적인 관계에 따른 것이 아니라, 우연의 결과나 독립적인 발생으로 보아야 한다는 것이다.

그러나 신화나 전설의 모티프에서는 그 가능성에 제한이 없을 정도로 그 수가 많다. 그러므로 비록 비슷한 문화의 발전 단계를 거치거나 비슷한 생활 양식을 가지고 있다고 하더라도, 독립적으로 같은 모티프의 신화가 창출된다는 보장을 할 수가 없다. 그렇기 때문에 신화들을 견주어 문화 집단들 사이에 있었던 역사적인 관계를 밝힐 수 있을 뿐만 아니라, 신화의 계통을 밝힐 수도 있다는 것이다.[59]

그래서 본 연구에서는 한국 신화의 원류를 밝힐 목적으로, 문화사적인 연구 방법론을 원용하기로 한다. 그 사이에 설화를 비교 연구할 목적으로 여러 가지의 방법론들이 개발되어 왔다. 즉 설화가 수행하는 기능을 견준다든지 또는 거기에 들어 있는 구조를 추출하여 견주는 것, 그리고 설화의 문화적 성격을 견주는 것 등이 그것이다.

이들 가운데서 본 연구에서 원용하려고 하는 문화사적인 연구 방법은 19세기 후반부터 역사 민족학historical ethnology의 분야에서 사용되기 시작한 것으로, 이미 손진태(孫晉泰)가 한국 설화의 연구에도 적용한 바 있다. 그는 1927년 8월부터 15회에 걸쳐 《신민(新民)》

---

59) 大林太良 : 1973ⓐ, 12쪽.

이란 잡지에 〈조선 민간 설화의 연구 : 민간 설화의 문화사적 고찰〉
이라는 일련의 논문을 발표하였다. 이 논문에서 손진태는 설화의 문
화사적 연구를 "한 개의 민족 설화가 어떻게 어느 곳에서 발생하여
어느 시대에 어떠한 까닭으로 어느 곳으로 전파된 경로를 고구(考
究)하는 방법"60)이라고 밝히고 있다.

손진태의 설명에서 알 수 있는 것처럼, 설화를 문화사적인 처지에
서 자리 매김하는 이 방법론은 발생과 전파의 문제에 깊은 관심을
드러내고 있다. 그래서 설화의 하위 장르 가운데 하나인 신화의 이
동을 증명하는 데 주의해야 할 방법론상의 문제점을 지적한 에렌라
이히 P. Ehrenreich의 설명을 들어보기로 하겠다.

이러한 이동의 증명은, 신화의 제 모티프들이 일치하는 것으로부
터 이끌어내는 것이다. 하지만 그것은 이 일치가 정말로 같은 것인
가 또는 친연적인 것인가 하는 것이어서, 단지 외관상으로만 비슷한
것이 아닌 경우에 제한(制限)되는 것이다. 그러나 참으로 일치하는가
아닌가 하는 문제는 대개의 경우 포괄적인 비교의 결과를 종합할 때
분명하게 되는 것이다.

이 과정의 일부를 이루는 것이 일정한 제 모티프들의 계기 관계
(繼起關係), 또는 특징적인 결합의 증명이다. 다만 이것이 이를테면
일몰(日沒)이라든가 달의 차고 기움과 같은, 단순히 일반적으로 눈으
로 볼 수 있는 자연의 현상에 바탕을 두고 있는 것은 그렇지가 않다.
이와 같은 경우에는 아주 특수한 유사성의 존재를 증명하는 것이 필
요하다. 이때는 두 지점에서 극히 복잡한 사고의 결합 상태와 제 모
티프들이 나타나는 것만이 차용(借用)을 확증할 수 있는 것이지만,
그렇게 하는 것은 종종 여러 가지가 대단히 착종(錯綜)되어 있는 경

---

60) 손진태 : 1947, 2쪽.

우인 것이다.[61]

이곳에서 에렌라이히가 지적하고 있는 원칙은 천체 신화론(天體神話論)적인 사례들을 들고 있어, 그 집필 연대가 상당히 오래 되었음을 말해준다. 하지만 기본적으로는 오늘날에도 통용될 수 있는 일반적인 것들이라고 할 수 있다. 즉 문제의 신화에서 인정되는 여러 모티프들의 특징적인 계기 내지는 결합이 두 지역의 신화에서 확인되는 경우에는 양자 사이의 발생적 관련이 증명된다. 그리고 이 여러 모티프들의 계기와 결합이 그 주제의 본성에 기반을 둔 것이 아닌 특이한 것이 아니어서는 안 된다고 하는 원칙이다. 이것은 역사 민족학의 방법론에서 그레프너 P. Graebner 이후 중요시되어 온 형태적인 기준 및 양적인 기준과 근본적으로는 공통되는 생각인 것이다.[62]

그러나 이와 같은 견해가 단지 하나의 모티프만으로는 문화사적인 가설을 세울 수 없다는 것을 뜻하지는 않는다. 그것이 아주 특징적인 모티프인 경우, 또 그것이 의미 있는 분포를 보이는 경우에는 그것으로부터 가설을 세울 수 있음을 말해주고 있다. 그렇지만 그 어느 쪽이든 자료로부터 문화사적인 가설을 이끌어내는 가장 중요한 단서는 물론 모티프의 분포 상태임에는 변함이 없다.[63]

설화의 민족학적인 연구에서, 특정한 형식 내지는 모티프가 연속적인 분포를 보이는 경우는, 그렇지 않은 경우보다 해석이 더 쉬운 것은 사실이다. 그렇지만 실제로 설화를 연구할 때 어떤 가설을 세울 만큼 충분한 양의 자료들을 확보한다는 것은 그렇게 쉬운 일이 아니다. 특히 한국 설화의 연구에서 이 방법론을 원용하려고 하는 경우에는 더욱더 그러한 것 같다. 왜냐하면 우선 국내의 설화 자료

---

61) 大林太良 : 1979ⓑ, 11쪽.
62) 같은 책, 12쪽.
63) 같은 곳.

들도 제대로 조사되지 않았다. 게다가 문화적으로 한국과 긴밀한 관련이 있다고 생각되는 중국이나 만주, 시베리아 등지의 자료들 또한 그다지 많은 양이 보고되지 않고 있기 때문이다.

물론 최근 들어 중국의 학계에서는 문헌 설화의 정리와 구전 설화의 수집에 상당한 노력을 기울이고 있다.[64] 그러나 이들 자료는 학자들의 개인적인 관심에 따라 조사되고 수집된 것이어서, 체계적으로 정리되지 못했다는 문제가 있음을 지적하지 않을 수 없다.

그러므로 주변 민족들의 자료에서 한국 설화의 원향(原鄕) 내지는 원형을 찾을 수 없는 경우에는 일반적으로 널리 인정되고 있는 민족지학(民族誌學)의 자료들을 이용할 수밖에 없다. 구비문학과 민족지학의 관계에 대해서는 러시아의 저명한 민속학자인 프로프 V. Propp가 〈구비 문학의 특질〉이란 논문에서 이미 밝힌 바 있어 좋은 참고가 될 수 있다.

그는 이 논문에서 "역사적 학문은 발전의 사실뿐만 아니라 그 설명까지도 요구한다"는 전제를 세웠다. 그런 다음, "민중의 물질적 생활과 사회 조직의 최고 형태를 연구하는 학문이 민족지학이다. 그러므로 현상의 발생과 그것에 따르는 것을 연구하는 역사적 구비 문학은 민족지학에 바탕을 두고 있다. 이러한 연구가 역사적 연구의 요체(要諦)인 것이다. 그렇기 때문에 구비 문학과 민족지학의 사이에는 밀접한 관계가 있는 것이다"라 하여 이들의 관계를 적시하고, 나아가서 "민족지학 자료의 원용은 협의의 발생뿐만 아니라 초기의 발달 연구에도 중요한 것이다. 왜냐하면 장르와 줄거리, 모티프의 발생뿐만 아니라 그 뒤의 운동과 변화 또한 물질적·사회적인 생활에 기대고 있기 때문이다"[65]고 하여 민족지학의 자료를 이용해야

---

64) 中國少數民族文學學會 編 : 1986 ; 李福淸 : 1988 ; 劉城淮 : 1988, 1992 참조.
65) V. Propp, 齊藤君子 譯 : 1983, 36-37쪽.

하는 이유와 그 성과를 지적하였다.

　따라서 본고에서 시도하는, 한국 신화의 원류를 밝히려는 문화사적인 연구는 주변 민족들의 자료와 민족지학의 자료들을 이용하여 하나의 가설을 제시하는 수준에 머물 수밖에 없는 한계를 솔직히 인정하지 않을 수 없다. 그렇지만 이제까지 연구에서 몇 개의 특정한 신화들을 제외하고는 이 방면의 연구가 그다지 진척되지 않았으므로, 본 연구가 한국 신화의 연구 폭을 넓히는 계기가 되고, 또 민족 문화의 형성 과정을 재구하는 데도 이바지하였으면 한다는 바램을 덧붙여 둔다.

제2장
기층 문화 형성의 신화

1. 출현 신화의 연구

1.1 출현 신화

　어떤 민족의 문화든지 단일한 요소로 이루어지지는 않는다. 문화란 것은 부단히 이동하고 접합하며 동화하기 마련이다. 이처럼 여러 문화가 복합되어 이루어지는 민족 문화에서 그 밑바탕이 되는 것을 기층 문화(基層文化)라고 한다.

　한국의 기층 문화가 이루어지는 데는 농경 문화가 적지 않은 구실을 하였을 것으로 추정된다. 그런데 한국의 신화들 가운데서도 이와 같은 농경 문화의 흔적을 더듬을 수 있는, 일련의 자료들이 존재한다. 먼저 이 유형에 들어가는 자료로 땅에서 사람이 나왔다고 하는 출현 신화(出現神話)를 들 수 있다.

　출현 신화는 대지모신 Great Mother 사상과 긴밀하게 연계된 것이다. 지모신(地母神)은 인류 역사에서 가장 먼저 성립된 신(神)들 가운데 하나이다. 고고학의 발굴로 말미암아, 이미 구석기 시대에 풍요(豊饒)와 다산(多産)을 상징하는 비너스 상이 만들어졌다는 사실이 증명되었다. 이와 함께 지모신에 대한 숭배가 시작되었고, 나아가서는 그녀에 연루된 신화도 창출되었을 것으로 추정하고 있다.[1]

이렇게 하여 만들어진 출현 신화는 어느 의미에서 신화의 가장 원초적인 형태를 유지한다고 할 수 있다. 하지만 한국에서는 이 유형의 신화에 대한 연구가 거의 이루어지지 않고 있다. 그래서 널리 알려진 출현 신화의 하나인 제주도의 삼성 시조 신화(三姓始祖神話)부터 소개하기로 한다.

[자료 1]

(1) 고기(古記)에 이르기를, 태초에는 사람이 없었는데, 세 신인(神人)이 땅―주산(主山)의 북쪽 기슭에 움이 있어 모흥(毛興)이라고 하는데, 이곳이 그 땅이다―에서 솟아났다. 맏이를 양을나(良乙那), 둘째를 고을나(高乙那), 셋째를 부을나(夫乙那)라고 했는데, 이들 세 사람은 궁벽한 곳에서 사냥을 하며 가죽옷을 입고 고기를 먹으면서 살았다.

(2) 그러던 어느 날, 자줏빛 흙으로 봉해진 나무 상자[木函]가 동해 바닷가에 떠오는 것이 보였다. 그들은 나아가서 그것을 열어 보았다. 그 안에는 돌로 만들어진 함[石函]이 있었는데, 붉은 띠를 두르고 자줏빛 옷을 입은 사자(使者)가 따라와 있었다. 또 돌로 된 함을 여니, 그 속에는 푸른 옷을 입은 처녀 세 명과 망아지와 송아지, 그리고 오곡의 씨앗이 들어 있었다.

이에 사자가 말하기를, "저는 일본국의 사자입니다. 우리 임금님께서 이 세 따님을 낳으시고 말씀하시기를, 서쪽 바다 가운데 있는 큰산에 신의 아드님 세분이 강탄하시어 바야흐로 나라를 세우고자 하나 배필이 없다고 하시면서, 신에게 명하여 세 따님을 모시라고 하시기에 왔습니다. 마땅히 배필을 삼아 대업을 이루십시오" 하고

───────────────

1) M. Eliade : 1978, 20-22쪽.

사자는 홀연히 구름을 타고 가 버렸다.

(3) 세 신인은 나이 순에 따라 나누어서 장가를 들고, 물이 좋고 땅이 기름진 곳으로 나아가 집으로 거처할 곳을 정하였다. 양을나가 거처하는 곳을 제1도(第一都)라 하고, 고을나가 거처하는 곳을 제2도라 하였으며, 부을나가 거처하는 곳을 제3도라고 하였다. 비로소 오곡의 씨앗을 뿌리고 소와 말을 기르게 되니, 날로 백성들이 부유해져 갔다.[2]

이것은 《고려사(高麗史)》에 전해지는 제주도의 삼성 시조 신화이다. 《고려사》말고도 《신증 동국여지승람(新增東國輿地勝覽)》과 《탐라지(耽羅誌)》, 《해동역사(海東繹史)》 등에도 이 유형의 신화들이 실려 있는데, 그 내용에서는 별다른 차이를 보이지 않고 있다.

이러한 이 신화는 (1) 세 신인(神人)들의 강탄과 (2) 배필들의 도래, (3) 결혼과 생업의 시작 등 세 개의 단락으로 나뉜다. 여기에서 세 성씨의 시조들이 땅에서 솟아났다[聳出]는 것에 대해, 미시나 아키히데(三品彰英)는 "양씨(梁氏)의 시조인 양을라의 양(良) = 양(梁)은 훈독(訓讀)으로[tor]이고, 을(乙)은[r]음을 나타내어 양을 훈독한다는 것을 표시하며, 나(那)는 음을 차용한 것으로[na]이다. [tor]에는 돌과 옛말의 촌락이란 뜻이 있고, 또 [na]에는 태어나다·나오다라는 뜻이 있으므로, [tor-na]는 돌·대지 그 자체를 뜻하였던가 돌에서 태어난 것을 의미하였던가"[3]라는 해석을 하였다. 하지만 이처럼

---

2) "古記云 大初無人物 三神人從地聳出 其主山北麓有地穴曰毛興是其也 長曰良乙那 次曰高乙那 三曰夫乙那 三人遊獵荒僻 皮衣肉食 一日 見紫泥封藏木函浮至于東海 濱 就而開之 函內又有石函 有一紅帶紫衣使者 隨來 開石函出現靑衣處女三 及諸駒 犢五穀種 乃曰我是日本國使也 吾王生此三女 云西海中獄 降神子三人 將欲開國 而 無配匹 於是命臣 侍三女以來爾 宜作配 以成大業 使者忽乘雲而去 三人以年次 分 娶之 就泉甘土肥處 射失卜地 良乙那 居曰第一都 高乙那所居曰第二都 夫乙那所居 曰第三都 始播五穀 且牧駒犢 日就富庶." 정인지 공찬 : 1972, 296쪽.

구차한 해석을 하지 않더라도, 이들이 '땅에서 솟아났다'는 표현은 사람이 대지에서 나왔음을 말해준다는 것을 쉽게 알 수 있다.

이렇게 대지에서 세 성씨의 시조들이 태어났다고 하는, 이 삼성 시조 신화에서는 일본에서 온 배필들을 맞아들이는 것으로 씌어 있다. 실제로 이들 세 처녀가 이르렀다고 하는 남제주군 성산면 온평리에는 지금까지도 이 유형의 이야기가 전해지고 있다. 그리고 그녀들이 이르렀다는 해변과 그 당시에 만들어졌다는 말의 발자국, 또 결혼을 하였다는 연못, 첫날밤을 지냈다는 동굴 등이 남아 있어 사실성(事實性)을 더해주고 있다.4)

또 이 신화에서는 세 성씨의 시조들이 이처럼 일본에서 온 처녀들과 결혼함으로써, 그들의 생활에 중요한 변화가 일어난 것으로 적혀 있다. 즉 오곡의 씨앗을 뿌리고 소와 말을 길렀으며, 정착 생활을 하게 되었다는 것이다. 이와 같은 신화적 기술은 제주도의 자연 환경을 그대로 반영하는 것이라고 하겠다. 바꾸어 말하면 사면이 바다로 둘러싸인 제주도로서는 외부 세계로부터 문화의 전래가 불가피했음을 드러내는 것이라고 할 수 있다.

그런데 땅에서 태어난, 세 성씨의 시조들은 처음에 "궁벽한 곳에서 사냥을 하며 가죽옷을 입고 고기를 먹으면서 살았다"는 것이다. 이것은 이 신화를 가진 집단이 수렵(狩獵)이나 유복 문화(遊牧文化)와 관련이 있는 것이 아닐까 하는 의심을 불러일으킨다.

그러나 출현 신화는 대지를 어머니로 생각하는 농경 문화의 산물이 분명하다. 곧 대지의 우묵한 곳을 여성의 자궁(子宮)으로 상정하고, 여기에서 사람이 태어났다는 신화적 사유를 반영하는 것이다.5)

---

3) 三品彰英 : 1970, 12.

4) 玄容駿 : 1978, 14쪽.

5) 이와 같은 C. H. Long의 견해가 반드시 타당하다고 볼 수 없다고 하는 주장도 있다(大林太良 : 1966, 103쪽). 그러나 필자의 생각으로는 우물이 여성 원리와 결부된

따라서 이런 기술은 이 신화가 문자로 정착되는 과정에서 첨가되었을 가능성을 배제할 수 없게 된다.

이와 같은 이 신화에 대해 오바야시 타료(大林太良)는 "이 신화 모티프의 문화사적인 자리 매김은 아마도 동지나해(東支那海)의 연안 문화(沿岸文化)에서 찾을 수가 있을 것이다"[6]는 견해를 피력한 바 있다. 그렇지만 이 신화의 계통을 밝히려면 먼저 한국에 전해지는 문헌 신화의 자료들을 검토할 필요가 있다. 이 유형에 속하는 문헌 신화로는 동부여의 금와왕(金蛙王) 탄생 신화가 있으므로, 그 내용을 간단히 살펴보기로 하겠다.

[자료 2]

(1) 이 일(주몽이 고구려를 건국하는 일 — 인용자 주)에 앞서 부여의 왕 해부루(解夫婁)는 늙도록 아들이 없었다. (그리하여 그는) 산천에 기도를 드려서 대(代)를 이을 아들을 구하였다.

(2) 왕이 탄 말이 곤연에 이르러 큰 돌을 보고 마주 대하여 눈물을 흘렸다. 왕이 괴이하게 생각하여 사람들을 시켜서 그 돌을 옮기게 하였다. (그랬더니 거기에는) 어린아이가 금빛의 개구리 모양을 하고 있었다(한편으로는 개구리를 달팽이라고도 한다). 왕은 기뻐하여 말하기를, "이것은 바로 하늘이 내게 아들을 준 것이다"라고 하면서 그를 거두어 길렀다.

(3) (왕은) 그 아이의 이름을 금와라 하고, 그가 장성하자 태자로 삼았다.

(4) 그 뒤에 재상 아란불(阿蘭弗)이 말하기를, "일전에 하느님이 내

것이라고 한다면, 움도 여성 원리와 결합될 수 있는 것이 아닐까 한다.
6) 大林太良 : 1986, 138쪽.

려오시어 저에게 이르기를, '앞으로 내 자손으로 하여금 이곳에 나라를 세우게 하고자 하니, 너희들은 여기에서 피하여 가거라. 동쪽 바닷가에는 가섭원이라고 하는 땅이 있는데, 토양이 기름져서 오곡을 심기에 적합하므로 도읍을 정할 만하다'고 하였습니다"라고 했다.

(5) 아란불이 드디어 왕에게 권하여서 그 곳으로 도읍을 옮기게 하였는데, (그렇게 하여 세운) 나라의 이름을 동부여라고 불렀다.

(6) 그의 옛 도읍지에는 어디에서 왔는지를 알 수 없는 사람이 나타나서 스스로 천제의 아들 해모수(解慕漱)라고 하면서, 거기에 도읍을 정하였다.

(7) 해부루가 죽으매 금와가 왕위를 이었다.[7]

이것은 《삼국사기(三國史記)》 권13 고구려 본기 시조 동명성왕(始祖東明聖王) 조에 실려 있는 동부여(東夫餘)의 금와왕 탄생 신화인데, 이 이야기의 주인공은 금와가 아니라 해부루이다. 해부루는 단락 (4)에서 보는 것처럼, 아란불을 통해서 이루어진 하느님의 계시(啓示)에 따라 그들이 살고 있던 도읍지를, 토양이 기름져서 농사짓기에 적합한 동해안의 가섭원이라는 곳으로 옮겨가는 것으로 되어 있다.

이처럼 거주지를 옮기는 해부루는 자신의 왕권을 물려줄 후사(後嗣)를 가지지 못하고 있었다. 이 때문에 그는 다른 문화를 가진 집단에서 후계자를 찾지 않으면 안 되었다. 이것이 서술된 곳이 단락(2)이다. 이 단락에서는 해부루의 뒤를 이어 왕위에 오른 금와가 비정

---

7) "先是 扶餘王解夫婁 老無子 祭山川求嗣 其所御馬至鯤淵 見大石相對流淚 王怪之 使人轉其石 有小兒金色蛙形(蛙一作蝸) 王喜曰 此乃天賚我令胤乎 乃收而養之 名曰金蛙 及其長立爲太子 後其相阿蘭弗曰 日者天降我曰 將使吾子孫 立國於此 汝其避之東海之濱有地 號曰迦葉原土壤膏腴宜五穀 可都也 阿蘭弗遂勸王 移都於彼 國號東扶餘 其舊都有人 不知所從來 自稱天帝子解慕漱來都焉 及解夫婁薨 金蛙嗣位"
김부식 : 1982, 145쪽.

상적으로 태어났다는 것이 두드러지게 부각되었다. 이러한 신화적 기술은 후계자의 탄생담에 신비성과 이상성(異常性)을 부여하려는 의도의 소산으로, 자신들이 장악한 왕권의 정통성과 정당성을 확보하는 데 그 목적이 있었음은 두말할 나위도 없다.[8]

이처럼 통치 계층의 지배 논리가 작용되어 만들어진 것이 금와의 탄생에 연루된 이야기이다. 그의 탄생은 금와가 금빛을 띤 개구리의 형상을 하고 나왔다는 것이 핵심을 이룬다. 금빛이 하늘에서 기원한 왕권을 상징하는 색깔이고[9], 개구리는 다산(多産)의 생산성을 표상하는 동물이므로,[10] 금와 또한 농경 문화와 밀접한 관계가 있는 인물이라는 것을 쉽사리 짐작할 수 있다.

그러나 이렇게 본다고 하더라도, 그가 돌 아래에서 나왔다고 하는 표현을 어떻게 처리할 것인가 하는 문제는 여전히 해결되지 않는다. 이 문제에 대해서, 문일환은 "어린아이가 출생을 하면 이내 돌로 그 머리를 눌러서 납작하게 만든다. 그렇기 때문에 지금 진한(辰韓) 사람들의 머리는 모두 납작하다"고 하는 진한의 편두(編頭) 풍습과, "돌을 쌓아서 봉분(封墳)을 만들었다"고 하는 고구려의 묘제(墓制)를 관련시켜 영혼 불멸의 관념을 믿는 암석 문화에 연원을 둔 암출 신화(岩出神話)라는 견해를 제시한 바 있다.[11]

이 신화가 진한 지역에서 행해지던 편두 풍습의 기원을 이야기해 주는 설명 신화explanatory myth일 개연성은 부정하지 않는다. 더욱이 오늘날까지 구전되는 설화들 가운데는 주인공이 바위에서 나왔다고 하는 암출 설화가 있다는 것도 사실이다.[12] 그렇지만 돌 아래

---

8) 김화경 : 1983, 125쪽.
9) A. M. Hocart : 1927, 80쪽.
10) 황패강 : 1992, 30쪽 개구리조 참조.
11) 문일환 : 1993ⓑ, 181–184쪽.
12) 암출설화의 주인공이 대부분이 영웅들이라는 사실도 많은 것을 시사한다.
  최상수 : 1958, 143–144쪽.

서 나왔다고 하는 모티프를 고구려의 묘제와 연관시켜 금와의 탄생
담을 암출 신화라고 보는 것은 지나친 논리의 비약이 아닐 수 없다.
  이 자료에는 해부루가 사람들을 시켜서 돌을 옮기게 하여(使人轉
其石), 금와를 얻었다는 것이 분명하게 밝혀져 있다. 이것은 금와가
커다란 돌이 놓여 있던 곳, 곧 우묵하게 들어간 땅으로부터 태어났
다는 것을 뜻한다. 그렇다면 그의 탄생담은 사람이 대지에서 태어났
다고 하는 출현 신화의 범주에 들어간다고 보는 것이 자연스러울 것
이다. 그리고 지금까지 전승되고 있는 암출 설화도 출현 신화의 후
대적 변형일 가능성이 짙다는 것을 덧붙여둔다.
  금와왕과 마찬가지로 대지에서 태어난 신화적 인물로는 알영(閼
英)이 있다. 알영은 신라를 세운 박혁거세(朴赫居世)의 배필이 된 신
화적 인물이다. 그녀의 탄생에 관해서는 다음과 같은 이야기가 전해
지고 있어 관심을 끈다.

  〔자료 3〕

  (1) 이 날(박혁거세가 하늘에서 내려온 날 — 인용자 주) 사량리의
알영정(閼英井) — 또는 아리영정이라고도 한다 — 가에 계룡(鷄龍)이
나타나 왼쪽 갈비뼈에서 여자아이를 낳았는데 — 또는 용이 나타나
죽었는데, 그 배를 갈라서 여자아이를 얻었다고도 한다 —, 자태와
얼굴은 유달리 고왔으나 입술이 닭의 부리와 같았다.
  (2) 장차 월성의 북쪽 냇가에 가서 목욕을 시켰더니 그 부리가 떨
어졌다. 그로 말미암아 그 내를 발천이라고 한다.13)

13) “是日沙梁里閼英井(一作娥利英井) 有鷄龍現而在脇誕生童女(一云 龍現死而剖其腹得
    之) 姿容殊麗 然而唇似鷄觜 將浴於月城北川 其觜撥落 因名其川撥川”
    최남선 편 : 1946, 45쪽.

이 자료는 (1) 알영의 탄생과 (2) 왕비가 되기 위한 의례 등 두 개의 단락으로 나뉜다. 단락 (2)에는 미시나 아키히데(三品彰英)가 지적한 것처럼, 알영이 신처(神妻) 내지는 왕비가 되기 위한 의례의 과정이 서술되고 있다. 바꾸어 말하면 이 단락에서는 알영이 신성한 냇가에서 목욕을 하면서 성천(聖川)의 신령을 몸에 받아 왕비가 될 자격을 획득하는 과정이 이야기되고 있다는 것이다.[14]

그리고 그녀가 태어난 과정이 서술되고 있는 단락 (1)에는 알영이 우물가에 나타난 계룡(鷄龍)에서 태어났다는 것과, 그녀가 죽은 용에서 태어났다고 하는, 또 다른 하나의 이설(異說)이 실려 있다. 이처럼 이상한 강탄(降誕)을 한 알영에 대해서, 미시나는 이 신화를 가진 집단이 수도 경작(水稻耕作)의 농경민이었을 것이라는 전제를 세운 다음에, "알영은 우물 속의 용으로부터 태어난 지모신(地母神)이며 우물이나 용은 수신(水神)을 나타내는 것이다"[15]고 하여, 그녀가 지모신적 성격과 수신적 성격을 아울러 지니고 있는 존재로 파악하였다.

그러나 이 신화를 가지고 수도 경작의 농경 문화와 관련시키는 그의 견해는 납득하기 어려운 데가 있다. 이 자료에서 계룡이 나타났다고 하는 알영정은 표현 그대로 우물이었다. 한국어에서 '우물'이라는 단어는 표준어인 이 말 이외에도 '움물'과 '웅굴' 등의 방언을 가지고 있다. 최명옥(崔明玉)의 견해에 따르면, 이와 같은 방언들을 가지고 그 원형을 재구하는 경우에는 이것들의 음운 변화(音韻變化) 현상을 전부 설명할 수 있어야 하기에 '움홀'이 될 수밖에 없다고 한다.[16]

또 오늘날 사용되고 있는 '우물'이란 단어의 뜻을 보더라도 우물

---

14) 三品彰英 : 1975, 442쪽.
15) 같은 책, 440.쪽
16) 최명옥 : 1982, 76–80쪽.

에 있는 물은 '우물 물'이라고 말한다. 따라서 우물 그 자체는 물을 뜻하는 것이 아니라, 땅이 우묵하게 들어간 상태나 장소를 뜻하는 말임이 확실하다고 하겠다. 이런 뜻의 우물은 본디 재생rebirth이라든가 원기 회복refreshment[17] 등을 표상하고 있을 뿐만 아니라, 그 모양이 자궁과 비슷하여 여성 원리(女性原理)와 불가분의 관련이 있는 것으로 보고 있다.

그러므로 알영정에 나타난 계룡으로부터 태어났다고 하는 알영의 탄생담은, 우물이란 것이 땅이 우묵하게 들어간 상태나 장소를 뜻하고 또 계룡(鷄龍)이란 것이 신라 사람들의 계신(鷄神) 숭배 사상에서 추상적으로 만들어진 신성수(神聖獸)라는 점을 고려할 때,[18] 대지로부터 사람이 나왔다고 하는 출현 신화의 변형으로 보아도 크게 무리는 없을 것이다.

김철준은 이와 같은 탄생 과정을 거친 알영이 농업신(農業神)의 성격을 지녔을 것이라는 견해를 내놓았다. 이것은 《삼국사기》의 신라본기 시조 혁거세 거서간 17년 조에 나오는 "왕이 6부를 돌아다니며 위문하는데, 왕비 알영도 따라갔다. (왕비는 백성들에게) 양잠을 장려하고 농토를 알뜰하게 이용하도록 하였다"는 기록에 바탕을 둔 것이다. 그의 주장에 따르면, 김부식(金富軾)의 가부장적인 유교 윤리관 때문에 알영이 지닌 농업신의 성격이 탈락되고, 17년 조의 기사로 대체되었다는 것이다.[19] 이러한 김철준의 견해는 출현 신화

---

17) G. Jacobs edi : 1962, well조 참조.

18) "其國敬鷄神而取尊 故載翎羽而表飾也"이라는 기록이 《삼국유사(三國遺事)》에 있는 것(최남선 편 : 1946, 188쪽)으로 보아 신라에서는 닭을 숭배하는 사상이 일찍이 있었던 것 같다(김철준 : 1952, 27-28쪽 참조). 여기에 하(夏)나라 때부터 조상 숭배와 다산(多産)과 관계가 있는 동물로 믿어지던 것이 뒤에 가서는 황제를 상징하는 양(陽)의 남성 원리를 나타내는 것으로 바뀐, 용(龍)이 결부되어 계룡이 만들어진 것이 아닌가 한다.
   出石誠彦 : 1949, 527-528쪽.

가 농경 문화와 연관되어 있다는 것을 시사하고 있어 눈길을 끈다.

그런데 출현 신화는 문헌들 속에서만 발견되는 것이 아니라, 구전 자료들 속에서도 발견된다. 현용준이 제주시 건입동의 남무(男巫) 이 달춘으로부터 조사한, 북제주군 구좌읍 김녕리 소재의 궤눼깃당 당신(堂神) 본풀이가 이에 해당된다. 참고로 그 전반부만을 인용하면 다음과 같다.

[자료 4]

㉠ 소천국은 알손당(下松堂里) 고부니마들에서 솟아나고, 백주또는 강남 천자국의 백모래밭[白沙田]에서 솟아났다. 백주또가 사람으로 태어나 열다섯 십 오 세가 되어, 가만히 천기(天機)를 짚어 떠보니 천정 배필될 짝이 조선국 제주도 송당리에 태어나 사는 듯하였다. 백주또는 신랑감을 찾아 제주도로 들어와 송당리로 가서 소천국과 백년가약을 맺게 되었다. 부부는 아들 다섯 형제를 낳고 여섯째를 포배 중인 때였다. 백주또는 많은 자식을 먹여 살릴 것이 걱정이 되었다.

㉡ "소천국님아, 아기는 이렇게 많아 가는데 놀아서 살 수 있겠습니까? 이것들을 어떻게 길러냅니까? 농사를 지으십시오."

부인의 말에 ㉢ 소천국은 오붕이굴왓(松堂里의 지명)을 돌아보았다. 피씨 아홉 섬지기나 되는 넓은 밭이 있었다. 소를 몰고 쟁기를 지워서 밭을 갈러 갔다. (이하 생략)[20]

(밑줄은 필자가 친 것임)[21]

---

19) 김철준 : 1975, 40-41쪽.

20) 현용준 : 1976, 236쪽.

21) 앞으로 인용하는 자료의 밑줄은 특별한 언급이 없는 한, 필자가 친 것임을 미리 밝혀 둔다.

이 자료는 문헌 신화로 전해지는 삼성 시조 신화[22]와 거의 같은 구조로 되어 있는 것으로, ㉠에서 보는 것처럼 하송당리의 당신으로 좌정한 소천국과, 송당리의 당신으로 좌정한 백주또가 땅에서 태어났다는 것이 핵심적인 내용을 이루고 있다.

이 본풀이에서는 이렇게 대지에서 용출(聳出)한 두 존재가 저마다 다른 기능을 수행하는 것으로 되어 있다. 곧 앞의 것이 "배운 것은 본디 사냥질이었다. 백주또와 갈리자 총열(銃身)이 바른 마상총(馬上銃)에 귀양통·남날개를 둘러메고 산야를 휘돌며 노루·사슴·산돼지를 잡아먹었다. 사냥을 다니다가 해낭곳굴왓에서 정동칼쳇 딸을 만나 첩으로 삼고, 고기를 삶아 먹으며 새 살림을 차렷다"[23]는 것은 그의 수렵신적인 성격을 드러내고 있다.

이에 견주어 뒤의 것은 ㉡에서와 같이 농사짓기를 권장하는 주체로, 농경을 주관하고 풍요를 담당하는 농경신이었을 것으로 추정된다. 그렇다면 ㉢에서 소천국이 오붕이굴왓에 파종하는 피씨도 그녀가 주었다고 볼 수 있다. 바꾸어 말하면 백주또는 곡모신(穀母神)적인 성격을 지녔을 것이라는 추정을 가능하게 한다는 것이다.

그런데 [자료 4]의 원본에서는 "논씨(볍씨)도 아옵 섬지기 [九石落] 피씨 [稷種]도 아옵 섬지기 시니(있으니) 쉘 몰고(소를 몰고) 잠대(쟁기)를 지와서 소천국이 밧(밭)을 간다"[24]고 하여 볍씨가 등장한다. 그렇지만 이곳에서 말하는 볍씨는 밭을 간다는 표현으로 미루어 보아, 논벼가 아닌 밭벼였음이 분명하다.

또 진성기가 북제주군 애월읍 곽지리의 남무(男巫) 이상문으로부터 채록한 자료에서는 "지장씨(기장씨) 아홉 말지기 풋씨(팝씨) 아홉

---

22) 삼성 신화에 관한 연구로는 현용준 : 1992, 180–226쪽 ; 장주근 : 1994, 101–114쪽 ; 이청규 : 1994, 129–138쪽 등이 있다.

23) 현용준 : 1976, 241쪽.

24) 현용준 : 1986, 636–637쪽.

말지기 콩씨가 아홉 말지기를 갈며는"[25]이라고 하여 밭곡식이 중심을 이루고 있다. 이것은 대지에서 태어난 곡모신이 밭곡식을 재배하는 문화와 관련이 있다는 것을 나타내는 것이 아닐까 한다.

하지만 이렇게 보는 경우에도 문제가 없는 것은 아니다. 소천국과 백주또는 다 같이 땅에서 태어난 존재이다. 그런데도 앞의 것이 수렵신적인 성격을 지니고 있는 데 견주어, 뒤의 것은 농경신 내지는 곡모신적인 성격을 지니고 있다는 것을 어떻게 설명할 것인가 하는 문제가 남게 된다.

그러나 본디 출현 신화는 밭곡식 재배의 농경 문화와 복합된 것이다. 그러던 것이 뒤에 들어온 유목·수렵 문화의 영향을 받아, 이와 같은 변화가 일어났을 가능성이 높다. 만약에 이러한 추정이 타당한 것이라고 한다면, 단군 신화(檀君神話)에서 혈거신(穴居神)으로 숭앙되던 웅녀(熊女)가 지닌 수렵 문화의 성격은 말할 것도 없이, [자료 1]의 제주도 삼성 시조 신화에 드러난 수렵 문화의 성격도 쉽게 밝힐 수 있을 것이다.[26]

이제까지 고찰에서 알 수 있는 것처럼, 한국의 출현 신화는 일찍이 문자로 자리잡았다. 그리고 동부여와 신라의 왕권 신화로 전승되었을 뿐만 아니라, 지금까지도 무가(巫歌)의 일부로 구전되고 있다는 사실을 확인하였다. 따라서 한국의 출현 신화가 동지나해의 연안 문화와 관련이 있다는 견해의 타당성 여부를 검증하려면 이 신화의 계통을 더듬어 보는 것이 좋지 않을까 한다.

---

25) 진성기 : 1991, 410쪽.

26) 단군 신화에서 곰이 쑥과 마늘을 먹으면서 혈(穴) 속에서 3·7일 동안 견뎌서 여자로 변신했다는 것과 제주도의 삼성 신화에서 세 신인(神人)이 땅에서 용출하였다는 것은, 이것들이 출현 신화의 하나라는 것을 말해주고 있다. 그런데 이들이 수렵과 밀접한 관계가 있는 존재로 그려져 있는 것으로 봐서, 뒤에 들어온 수렵 문화의 영향을 받았기 때문이 아닌가 한다. 최남선 편 : 1946, 34쪽 ; 동아대학교 고전연구실 편 : 1987ⓑ, 373-374쪽.

1.2. 문화사적 의의와 그 원류

앞에서 한국의 출현 신화들이 밭곡식을 재배하는 농경 문화와 복합되어 있다는 사실을 밝혔다. 그렇지만 이런 추론은 한국의 자료들만 가지고 한 것이어서, 그 타당성 여부를 검증하지 않으면 안 된다. 그래서 먼저 출현 신화의 범주에 들어가는, 다른 자료들이 어떠한 문화와 복합되어 있는가 하는 문제부터 살펴보기로 한다.

[자료 5]

사람 ― 사람이라고 하지만, 오늘날의 사람과는 구별되는 벌레에 가까운 종족이었다 ― 들은 붉은 색깔의 첫 번째 세상과 푸른 색깔의 두 번째 세상, 노랑 색깔의 세 번째 세상을 지나서, 표면이 흑백의 혼합 색깔로 된 네 번째 세상으로 나왔다. 그러나 여기에는 어떤 생명체도 없었고, 단지 눈 덮인 네 개의 산봉우리만 사방에 보일 뿐이었다.

그들은 두 명의 염탐꾼을 동쪽으로 보냈다. 하지만 이틀 뒤에 돌아온 염탐꾼들은 동쪽 봉우리는 너무도 멀어서 갈 수가 없었고, 또 생명체가 지나간 흔적도 발견할 수 없었다고 하였다. 그 뒤에 남쪽과 서쪽으로도 염탐꾼들을 보내 보았으나, 마찬가지였다.

그래서 마지막에 북쪽으로 염탐꾼들을 보냈다. 염탐꾼들은 돌아와서 이번에는 경작된 터전에서 촌락을 이루어 살고 있는, 앞머리를 사각으로 자른 이방인(異邦人)의 일족(一族)을 발견했다고 했다. 그러면서 그들의 추수 모임에 참석했던 이들은 친절하게 환대를 받았고, 많은 음식을 제공받았다고 하였다.

그 다음날 그들은 염탐꾼들이 발견했던 키사니족 Kisáni ― 푸에블로 Pueblos라고 불리었다 ― 을 방문했다. 키사니족은 그들에게 먹을 것으로 옥수수와 호박을 주었고, 또 새로운 친구들로 인정하여 뒤에 얼마간 먹을 수 있는 양식을 제공하였다. 그들은 회의를 열어 풍속을 개선하기로 결의하였고, 키사니족을 노하게 하는 어떠한 일도 하지 않았다. 키사니족의 영토에는 비나 눈이 오지 않았지만, 농작물들은 관개 시설(灌漑施設)을 이용하여 재배되고 있었다.

어느 날 현재 나바호Naxaho의 신(神)인 비치스 도트리츠Bĩtsís Dotlĩ'z를 비롯한 네 명의 신들이 그들을 방문하여 무엇인가를 알려주었다. 그렇지만 사람들은 그것을 이해하지 못했다. 신들은 나흘이나 연거푸 찾아왔다. 결국 신들이 하고자 하는 말은 사람들이 음란하고 불결하기 때문에, 새로운 창조물을 만들어야 한다는 것이었다. 그러면서 신들은 12일 뒤에 다시 올 터이니, 몸을 깨끗이 하고 기다리라고 하였다.

그들은 목욕 재계를 한 뒤에, 신성한 사슴 가죽과 곡식(옥수수) 이삭 두 개를 준비하였다. 신들은 사슴 가죽을 깔고, 곡식 이삭을 놓아두었다. 그리고 백색 곡식 이삭에는 백색의 독수리 깃털을, 황색의 곡식 이삭에는 황색의 독수리 깃털을 덮었다. 이렇게 한 다음에 사람들을 물러서게 하고, 바람이 거기에 들어가게 하였다.

바람이 불자 곡식의 백색 이삭은 남자로 변했고, 황색 이삭은 여자로 변했다. 이들에게 생명을 준 것은 바람이었다. 이 사람들의 후손인 나바호족은 손가락 끝에서 바람의 흔적을 볼 수 있다고 한다. 또 바람이 그치면 그들은 죽는다는 것이다. 이리하여 만들어진 남녀가 부부가 되어 사람을 낳았다고 한다.[27]

이것은 미국의 서남부에 살고있는 나바호족Navaho의 시조 신화이다. 그들은 본디 유목민으로, 복수(複數)의 호간[28]으로 이루어진

---

27) C. H. Long : 1963, 150-154쪽.

소가족(小家族) 단위의 취락 생활을 하고 있었다. 이런 생활을 하고 있던, 그들의 신화는 스승인 늙은 샤먼shaman으로부터 젊은이들에게 구전되고 있다. 이렇게 전해지는 신화는 다른 문화 집단에서 신성하게 다루어지는 문서들과 마찬가지로, 공경하는 마음을 가지고 다루어진다는 특징을 지니고 있다.

그러므로 나바호족의 신화는 그들의 역사이면서, 또 그들에게 올바른 길을 인도하는 것이기도 하다. 그 때문에 그들은 백인들로부터 갖은 수난을 겪으면서도,[29] 자신들의 신화를 간직해 왔던 것인지도 모른다. 다시 말해 어려운 삶을 꾸려나가면서도 나바호족은 그 신화를 통해서 자신들의 정체성을 확보해 왔다고 보아도 좋을 것이다.

이러한 이 신화의 궁극적인 주제는 땅속에서 나온 사람들이 푸에블로족Pueblo으로부터 곡식의 씨앗을 얻었다. 신들이 이 곡식의 씨앗을 이용하여 이들과 구별되는 새로운 남녀를 만들었는데, 그들이 곧 나바호족의 조상이 되었다는 것으로 요약된다.

따라서 대지에서 출현한 사람들과 나바호족과는 뚜렷하게 구분된다. 신들이 이처럼 구별되는 사람을 만든 것은 땅에서 나온 사람들이 지금의 사람들과 달랐고, 또 음란하고 불결하였기 때문이었다. 이와 같은 신화적 문맥은 나바호족이 다른 인디언들과는 구분되는 민족, 곧 득별한 민족이란 것을 드러내기 위한 하나의 방편이었을 가능성이 높다.

---

28) 호간이란 조그만 돔 형태의 건물로 조화를 이룬 생활, 곧 나바호족이 말하는 '아름다운 무지개'의 생활이라고 하는 소우주(小宇宙)를 표상하는 것이다. 김화경 : 2003, 143쪽.

29) 본디 뉴멕시코주와 유타주, 콜로라도주가 만나는 디네프타프 지역에 살고 있던 나바호족은 1864년 키트·카슨이 이끄는 부대에게 강제로 추방되어 뉴멕시코주와 텍사스주가 만나는 삼나 요새(要塞)까지 쫓겨나면서 많은 희생자를 냈다. 그러다가 1868년에 겨우 오늘날의 보호지역인 디네프타프로 다시 돌아오게 되었다. 김화경 : 2003, 143쪽.

그런데 이와 비슷한 이야기가 푸에블로 인디언들 사이에도 전승되고 있어서, 관심을 끈다.

[자료 6]

아워나윌로나 Awonawilona는 글자의 뜻 그대로 '모든 것을 포함한 존재'를 나타낸다. 남성이자 여성인 이 신은 제 의지로 스스로의 생명을 창조하였다. 이 신이 제 모습을 태양의 형태로 바꾸고 태고(太古)의 바다에 수태(受胎)를 하게 하자, '번식을 하는 안개의 성장하는 물줄기'가 이 신으로부터 흘러나왔다. 끊임없이 흐르는 물줄기 위에 녹색 찌꺼기가 생기고 굳어져 갔다. 그리고 그것이 '대지의 어머니 신(母神)'인 아위델린 츠타 Awitelin Tsta와 '천공(天空)의 아버지 신(父神)'인 아포얀 타치 Apoyan Tachi로 나뉘었다. 이 신성한 부부신으로부터 세상의 모든 생물은 목숨을 얻게 되었다.

생명의 씨앗은 아위델린 츠타의 4개의 자궁 속에서 태동했다. 각 자궁 속에서 미완성의 생물들이 생겨났는데, 그것들은 어둠 속에서 서로 기어다녔으며 따뜻한 햇빛을 받으려고 파충류처럼 몸을 구부렸다 폈다 하였다. 그런 생물들 가운데는 제일 앞서고 가장 현명한 사람인 포샤이양키오가 있었다. 그는 거기에서 벗어날 방법을 생각했다. 그는 길을 발견하고, 햇빛이 보일 때까지 밖을 향하여 기어 올라갔다. 포샤이양키오는 세계의 바다 얕은 여울에 조용히 서서, 아위델린 츠타의 4개의 자궁 속에 아직도 유폐되어 있는 생물들을 해방시켜 주도록 태양신에게 탄원을 했다.

그래서 아워나윌로나는 생식의 장소(자궁)로 신성한 쌍둥이를 파견하였다. 그 쌍둥이는 벼락으로 지모신(地母神)인 대지를 가르고, 빛을 내면서 대지의 밑에 있는 거미집의 거물 위로 내려갔다. 신성한 쌍둥이는 대지의 자궁 속에서 생물들에게 어떻게 탄생에 대비해야 하는가를 가르쳤다. 포샤이양키오가 태양신에게 구원을 요청한 생물들의 대부분은 그처럼 신성한 쌍둥이에 의해서 자궁 위쪽의 출구로 인도되었다. 그러나 실패도 적지 않아서 어떤 것들은 탈출하지 못하고 다시 아래로 떨어졌고, 어떤 것들은 괴물이나 불구자, 천치(天痴)가 되어 나중에 자궁에서 나왔다.

최초의 사람들도 바깥세상의 빛에 이르렀을 때는 기괴한 모습이었다. 그들은 자궁의 세계에 적응하느라고 비늘과 짧은 꼬리, 부엉이의 눈과 커다란 귀, 그리고 물갈퀴가 달린 발을 가지고 있었다. 그들은 울부짖는 공포 속에서 최초의 일출(日出)을 맞이하였다. 주술사 야나울루하의 노력에도 불구하고 사람들이 지상에서 생활하는 데 익숙해지기까지 그 과정은 참으로 더딘 것이었다.[30]

이것은 푸에블로 인디언에 속하는 주니족 Zuni의 신화이다. 이 신화에서는 모든 생명체가 대지의 어머니 신[母神]인 아위델린 츠타의 자궁에서 나온 것으로 되어 있다. 바꾸어 말하면 최초의 사람인 포사이양키오가, 하늘의 아버지 신[父神]인 아포얀 타치가 파견한 쌍둥이들의 도움으로 아위델린 츠타의 4개의 자궁에서 모든 생명체들을 끌어냈다는 것이다.

위와 같은 이 신화에서는 대시가 곧 어머니로 인식되고 있었음이 뚜렷하게 드러나고 있다. 이처럼 대지를 어머니로 생각하는 민속은 오늘날까지도 세계의 여러 곳에 그대로 남아 있다. 디테리히 A. Dieterich는, 아브루치족의 민속에서 아기를 낳으면 씻은 다음에 강보(襁褓)에 싸서 대지 위에 놓아두는 것을 참다운 어머니인 대지에게 아이를 헌납하는 의례로 보았다. 이런 의례는 스칸디나비아인들을 비롯하여, 게르만 민족과 조로아스터교도들, 일본인들 사이에서

---

30) A. Cotterell, 도서출판 까치 편집부 역 : 1995, 300-391쪽.

도 발견된다.

그리고 모르도바족은 아이를 양자(養子)로 삼고자 할 때는, 수호의 여신(女神)인 대지의 어머니가 거주한다고 생각되는 정원의 조그만 도랑 속에 아이를 놓아둔다. 이것은 양자가 될 아이가 다시 태어나야 함을 뜻한다는 것이다. 엘리아데M. Elide는 이 재생의 의례를 고대 로마인의 경우에서와 같이, 대지의 어머니가 무릎을 굽히고 아이를 낳는 행위를 모방함으로써 실현되는 것이 아니라, 아이를 진정한 어머니인 대지의 가슴에다 놓아둠으로써 실현되는 것으로 보았다.

이렇게 대지의 자손이라는 개념이 뒤에는 더욱더 넓은 개념, 즉 대지는 아이의 수호자이며 모든 힘의 원천이어서, 신생아는 대지에게 바쳐져야 한다는 생각으로 대체되었다. 한국에도 이런 민속이 있었다. 태어난 아이를 땅이나 바위 따위에 팔고, 정월 초승에 아이를 판 곳에 불을 켜는 것이 바로 그것이다. 이로 보아 우리에게도 대지를 어머니로 생각하던 신화적 사유가 있었던 것으로 상정된다.

그런데 이와 같은 신화적 사유는 원시 농경민들 사이에서 많이 발견되고 있다. 실제로 푸에블로 인디언들의 또 다른 신화에서는 그들의 선조 이야티쿠Iyatiku가 대지에서 출현하였는데, 이 이야티쿠가 옥수수 씨앗을 가져다 주었다고 하여 도모신(稻母神, Maize-Mother)으로 숭배되고 있다.[31] 이것은 출현 신화가 밭곡식을 재배하는 농경 문화와 긴밀한 관계가 있음을 말해주는 것으로 보아도 좋을 것이다.

아메리카 인디언들에게 옥수수는 매우 중요한 주식(主食)의 하나였다. 고고학자나 인류학자들은 신석기 시대에 이루어진 곡물 농업의 기원지로 대개 다음과 같은 세 곳을 들고 있다. 즉 밀과 보리는 근동 아시아에서 재배되었고, 벼는 동남 아시아에서, 옥수수는 페루

---

31) P. Grimal edi : 1973, 452-453쪽.

와 중부 아메리카에서 재배되었다는 것이다.[32] 따라서 초기 농경에
서 재배되기 시작한 옥수수의 씨앗을 땅에서 나온 신으로부터 얻었
다는 것은 출현 신화가 초기의 농경 문화와 무관하지 않음을 드러낸
다고 볼 수 있다.

그런데 고고학자들은, 농경을 시작한 이가 여성들이었다는 데는
거의 의심을 하지 않고 있다. 남자들은 사냥을 하거나 양떼를 방목
하는 일을 주로 하였다. 이에 견주어 여성들은, 비록 한정된 구역에
서나마 날카로운 관찰력으로 곡식의 씨앗이 땅에 떨어져 싹이 튼다
는 자연 현상을 발견하였고, 그것을 인공적으로 재현하는 기회를 마
련하였다.

그리고 여성은 대지와 달과 같은 우주적 풍요(豊饒)의 중심과 결
부되어 있었으므로 풍요와 다산(多産)에 영향을 미치고, 그것을 나누
어줄 수 있는 특권을 얻게 되었다. 농경의 초기 단계에서, 특히 농경
기술이 아직 여성들의 영역이었을 때 여성들이 지배적인 구실을 한
이유가 바로 여기에 있었다.

어떤 문화권에서는 지금까지도 농경에 여성들이 중요한 몫을 담
당하고 있다. 가령 니코바 제도에서는 임신한 여성이 씨앗을 뿌리면
더욱 풍성한 수확을 거둘 것이라고 생각하고 있는 것이라든지, 이탈
리아 남부에서는 임산부가 하는 일은 무엇이든지 성공하고, 또 임산
부가 씨앗을 뿌린 것은 태아가 성장하듯이 무엇이든지 잘 자란다고
믿는 것 등이 이러한 예에 속한다. 이와 관련하여 보르네오에서 보
고된 자료는 많은 것을 시사한다.

쌀 경작에 관한 의례나 문화에서는 여성이 주역을 담당한다. 남성
에게 도움을 구할 때는 땅을 치우거나 마지막으로 일을 마무리할 때

---

32) J. Campbell, 이진구 역 : 2003, 164쪽.

뿐이다. 씨앗을 선택하고 저장하는 일은 여성이 맡는다. 또 여성은 이와 관련된 대부분의 전설들을 보관하고 있다. 여성과 종자 사이에는 자연적인 친근성이 느껴지는 듯하며, 여성들은 종자가 임신을 한다고 말한다. 여성들은 가끔 발아기(發芽期)에 밭에 가서 하룻밤을 자기도 한다. 그 여성들은 아마도 그렇게 함으로써 제 자신의 다산성 또는 경작의 다산성이 증가한다고 생각할 것이다. 다만 그 여성들은 그 점에 대해서는 전혀 말을 하지 않는다.[33]

이쯤 되면 여성과 농경 사이에 어떤 관계가 있는지 어느 정도 알 수 있을 것이다. 이처럼 여성들이 농경과 긴밀한 관계를 맺게 된 데는 대지를 어머니라고 생각하는 신화적 사유가 있었고, 이런 사유가 출현 신화를 만들어내게 되었다고 해도 좋지 않을까 한다.

이제까지 살펴본 것처럼 출현 신화가 밭곡식을 재배하는 농경 문화와 관련이 있다고 한다면, 이런 문화를 가진 집단이 어디로부터 한반도에 들어왔을까 하는 의문이 제기된다. 이런 의문을 해명하려면 앞선 연구 성과부터 먼저 따져 보는 것이 좋을 듯하다.

일본의 신화학자 오바야시 타료는 출현 신화가 "동남 아시아에는 앗삼, 카-모이Kha-Moi 여러 종족, 동부 인도네시아라고 부르는 지역에 고층 재배민 문화(高層栽培民文化)의 전통이 매우 강한 곳에 제한적으로 분포되어 있고, 오세아니아Oceania에는 선(先) 오스트로네시아Austronesia적인 재배민 문화의 전통이 강한 뉴우기니아 남부와 그 영향이 미쳤다고 여겨지는 오스트레일리아의 일부에 분포의 중심이 있으며, 더욱이 폴리네시아의 일부에도 미치고 있다. 이런 분포는, 동남 아시아와 오세아니아에서 땅속으로부터 조상 출현 신화는 본디 선(先) 오스트로네시아적인 고층 재배민 문화에 속해 있었

---

33) 김화경 : 2003, 150쪽

음을 이야기해 주고 있다. 그러나 한번 오스트로네시아어족에 수용되고 난 뒤에 이차적으로 퍼져나간 경우도 많을 것이다"[34]라면서, 이 신화가 남방의 것이라는 결론을 내린 바 있다.

그가 이런 추론을 이끌어낸 데는 그 나름의 까닭이 있었다. 이와 같은 형태의 신화 자료가 타이완(臺灣)의 푸눈족과 다이야르족들 사이에도 전승되고 있을 뿐만 아니라, [자료 1]에서 소개한 제주도의 삼성 시조 신화가 있고, 또 일본의 경우 가마쿠라(鎌倉) 시대의 기록에서 출현 신화의 흔적을 발견할 수 있기 때문이다. 그래서 13세기에 일본의 《지리부쿠로(塵袋)》 권7에 남아 있는 자료를 아울러 소개하기로 하겠다.

[자료 7]

휴가국(日向國)의 고유군(古庾郡 : 평소에는 兒湯郡이라고 쓴다)에 토노봉(吐濃峯)이라는 곳이 있다. (거기에) 신(神)이 있어, 토노의 다이묘신(大明神)이라고 불렀다.

옛날에 진구 황후(神功皇后)가 신라를 정벌할 때, 이 신을 청하여서 배에 싣고 배의 뒤쪽을 보호하게 하였다. 신라를 정벌하고 돌아온 뒤, 우시카봉(韜馬峯)이라는 곳에서 활을 쏠 때, 땅속에서 검은 물건의 머리가 나오기에 활의 탄력으로 파내었더니, 남자 한 사람과 여자 한 사람이 나왔다. 그 신인(神人)에게 벼슬을 시켰는데, 그 자손이 지금도 남아 있다. 이것을 가시라구로(黑頭)라고 하는 까닭은 처음에 파낼 때 머리에 검은 것을 쓰고 나왔기 때문이다. 자손은 번창하였으나, 역병으로 (모두) 죽고 두 사람만 남았다. 그 곳의 기록에서는, 이 일을 "날마다 죽어가고 불과 남녀 둘이 남았다. 이것은

---

34) 大林太良 : 1972, 374쪽.

나라를 지키는 신인으로 삼아서 벼슬을 시킨 까닭으로 다이묘신이
노하여 역병을 일으켜 죽게 했다"고 하였다.[35]

　이 자료는 분명히 대지에서 사람이 나왔다고 하는 출현 신화의
범주에 들어가는 것으로 볼 수 있다. 왜냐하면 검은 물건을 머리에
쓰고 나왔다는 것을 어떻게 보느냐 하는 문제가 있기는 하지만, 땅
에서 남녀가 태어난 것을 명확하게 하고 있기 때문이다.
　이런 자료가 휴가국이 있던 남규슈(南九州)의 미야자키현(宮崎縣)
일대에 전해지고 있었다는 사실은, 일본에도 출현 신화가 구전되고
있었음을 말해준다. 그리고 이보다 앞서 기록된 《고사기(古事記)》와
《일본서기(日本書紀)》에서도 출현 신화의 예를 찾을 수 있다. 이들
두 사서(史書)에는 이와레비코노미고토(伊波禮毘古命), 곧 진무 천황
(神武天皇)의 야마토(大和) 평정에 얽힌 설화들 가운데 다음과 같은
이야기가 실려 있다.

　　　[자료 8]

　이에 또 다카기노오카미(高木大神)가 깨우쳐 말하기를, "천손(天
孫)을 이곳에서 내륙 쪽으로 들어가게 하지 않으면 안 된다. 왜냐하
면 현재 그 곳에는 성격이 난폭한 신들이 너무나 많다. 지금 하늘에
서 야타카라스(八咫烏)라는 큰 까마귀를 내려보낼 터이니, 그 새가
안내하는 대로 뒤를 쫓아가도록 하여라"라고 하였다.
　이 말을 들은 천황은 알려준 그대로 야타카라스의 뒤를 쫓아서
요시노카와(吉野河)라는 강의 하류에 이르렀다. 그 때 어살[筌]을 이
용하여 고기를 잡고 있는 사람이 보였다. 이를 본 천황이 묻기를

---

35) 같은 글, 368-369쪽에서 재인용.

"너는 누구인가?"라고 하자, 그 사람은 "저는 이 땅의 신[國神] 니에 모쓰노코(鸕持之子)라고 합니다"라고 대답하였다. 그는 아타(阿陀)의 우카이(鵜養)의 선조이다.

다시 천황은 그 곳을 떠나 길을 가는데, ① <u>이번에는 꼬리가 달린 사람이 우물에서 나왔다. 그 샘에는 빛이 빛나고 있었다.</u> 이에 천황이 묻기를 "너는 누구냐?"고 하자, 그 사람은 "저는 이 땅의 신 이히카(井氷鹿)라 합니다"라고 대답하였다. 그는 요시노(吉野)의 오비토(首)들의 선조이다.

그리고 다시 천황은 그 곳에서 산으로 들어갔다. 그러자 또 ② <u>꼬리가 달린 사람을 만났다. 이 사람은 바위를 양쪽으로 가르고 나왔다.</u> 이를 본 천황은 "너는 누구냐?"고 묻자, 그 사람은 "저는 이 땅의 신으로 이름은 이와오시와쿠노코(石押分之子)라고 합니다. 지금 천손께서 오신다는 말을 듣고 마중하러 나왔습니다"고 대답하였다. 그는 요시노(吉野)의 구니스(國巢)의 선조이다.

거기에서 다시 천황은 나무와 바위를 헤치고 산을 넘어 우다(宇陀)에 이르렀다. 그리하여 그 곳을 우다노우카치(宇陀之穿)라 일컫는 것이다.36)

---

36) "於是 亦高木大神之命以覺白之 天神御子 自此於奧方莫使入行 荒神甚多. 今自天遣八咫烏引道 從其立後應幸行. 故隨其敎覺 從其八咫烏之後幸行者 到吉野之河尻時 作筌有取魚人. 爾天神御子問 汝諸誰也. 答曰 僕者國神 名謂鸕持之子. (此者阿陀之鵜養之祖). 從其地幸行者 生尾人 自井出來 其井有光 .爾問汝者誰也 答曰 僕者國神 名謂井氷鹿 (此者吉野首等祖也) 卽入其山之 亦遇生尾人 此人押分巖而出來. 爾問汝者誰也. 答曰 僕者國神 名謂石押分之子 今天神御子幸行 故參向耳. (此者吉野國巢祖) 自其地蹈穿越幸宇陀 故曰宇陀之穿也" 荻原淺男 共校注 : 1973, 154-155쪽.

[자료 9]

그 뒤에 천황은 요시노(吉野) 지방을 살펴보고 싶어서, 이에 우타(菟田)의 우가쓰노무라(穿邑)에서 스스로 경장병(輕裝兵)을 이끌고 순행하였다. 요시노에 이르렀을 때, ③ 우물 속에서 나온 사람이 있었다. 이 사람은 광채가 나고 또 꼬리가 있었다. 천황이 "너는 누구냐?"고 물으니, (그가) 대답해서 말하기를, "신은 땅의 신[國神]이고 이름은 이히카(井光)라고 합니다"라고 하였다. 이가 곧 요시노의 오비토라(首部)의 시조이다.

거기에서 조금 나아가니, 또 ④ 꼬리가 있는 사람이 반석(磐石)을 밀어내고 나타났다. 천황이 또 "너는 누구냐?"고 물으니 (그가) 대답해서 말하기를, "신은 이와오시와쿠(磐排別)의 아들입니다"라고 대답하였다. 이가 곧 요시노의 구스라(國樔部)의 시조이다.

(이번에는) 내를 따라 서쪽으로 갔더니, 야나(梁은 고기를 잡는 기구—인용자 주)를 만들어서 고기를 잡고 있는 사람이 있었다. 천황이 물으니 (그가) 대답해서 말하기를, "신은 니헤모쓰(苞苴擔)의 아들입니다"라고 하였다. 이가 곧 아타(阿太)의 우카히라(養鸕部)의 시조이다.[37]

앞의 자료는 《고사기》에 전해지는 것이고 뒤의 자료는 《일본서기》에 전해지는 것인데, 이들 두 자료에서는 진무 천황이 만나는 신들의 순서가 뒤바뀌어 있을 따름이다. 그리고 그 내용은 커다란 차

---

37) "是後 天皇欲省吉野之地 乃從菟田穿邑 親率輕兵巡幸焉. 至吉野時 有人出自井中 光而有尾. 天皇問之曰 汝何人. 對曰 臣是國神 名爲井光. 此則吉野首部始祖也. 更少進 亦有尾而披磐石而出者. 天皇問之曰 汝何人. 對曰 臣是磐排別之子. 此則吉野國首部始祖野. 及緣水西行 亦有作梁取魚者. 天皇問之. 對曰 臣是苞苴擔之子. 此則阿太養鸕部始祖也" 井上光貞 共校注 : 1967, 198-199쪽.

이가 없는 것으로 보아, 이 자료들이 같은 계통의 신화라는 것을 알 수 있다.

이와 같은 신화들에 대해, 오바야시 타료는 이것들이 출현 신화의 범주에 들어가는 것일지도 모른다[38]는 조심스러운 견해를 제시하였다.

그러나 필자는 《일본의 신화》를 쓰면서, 이들 신화가 한국의 동해안 문화와 긴밀한 관계가 있는, 이즈모(出雲) 집단의 신화로 보았다. 이렇게 본 까닭은, 위의 자료에서 알 수 있듯이 야마토(大和) 집단을 대표하는 진무 천황이 세력을 넓히려고 하는 곳에는 먼저 살고 있던 집단들이 그들에게 필적할 만한 세력을 가지고 있었다는 데 있다. 또 이 선주 집단들이 한결같이 땅의 신[國神]을 믿고 있었는데, 이러한 세계관은 특히 신라와 밀접하게 연계된 것이기 때문이었다.[39] 한국의 동해안 지역에 남아 있는 출현 신화가 이처럼 선주(先住) 세력의 세계관을 반영하는 일본의 신화에서 발견되는 것은 조금도 놀랄 일이 아니다.

위의 자료에서 밑줄을 친 ①과 ③은 땅에서 사람이 나왔다는 것이고, ②와 ④는 바위에서 나왔다는 것이다. 바위에서 사람이 나왔다고 하는 암출 신화(岩出神話)가 출현 신화의 후대적 변형이라는 것을 감안한다면, 결국 이것들은 대지에서 사람이 태어났다고 하는 출현 신화의 범주에 들어가는 것으로 보아도 좋을 것이다.

그런데 중국에서는 이러한 출현 신화가 일찍이 문자로 자리잡았다. 진(晉)나라 때 갈홍(葛洪)이 지은 《포박자(抱朴子)》에는 "여와(女媧)가 땅에서 나왔다"[40]는 기록이 있고, 또 당(唐)나라 태종(太宗) 때 방현령(房玄齡)과 이연수(李延壽)가 편찬한 《진서(晉書)》 권120 이특

---

38) 大林太良 : 1986, 138쪽.

39) 김화경 : 2002, 146쪽.

40) "女媧地出" 劉城淮 : 1992, 470쪽에서 재인용.

제기(李特載記) 조에도 이런 유형의 이야기가 다음과 같이 실려 있다.

[자료 10]

옛날에 무락종리산(武落鍾離山)이 무너지면서 두 개의 돌로 된 움[石穴]이 생겨났다. 하나는 붉기가 단과 같았고 (다른) 하나는 검기가 옻과 같았다. 붉은 움에서 나온 사람은 이름을 무상(務相)이라 하고 성은 파(巴)씨라고 했다. 검은 움에서는 네 성씨가 나왔는데 역씨(㠉氏)와 번씨(樊氏), 백씨(柏氏), 정씨(鄭氏)였다. 다섯 성씨가 같이 나오자 모두들 신이 되기를 다투었다. 이에 서로 더불어 칼을 움집[穴屋]에 던져서, 꽂히는 자를 늠군(廩君)으로 삼기로 하였다. 네 성씨의 (칼은) 꽂히지 않았으나, 무상의 칼은 (거기에) 꽂혔다. 또 흙으로 배를 만들어 그림을 조각하고 물 가운데 띄우고는 "만약 그 배를 떠 있게 하는 자가 있으면 늠군으로 삼기로 하자"고 하였다. 무상의 배만이 홀로 떠 있었다.

이리하여 마침내 (그를) 늠군이라 부르면서 그 흙배를 타고 보병들을 거느리고 이수(夷水)를 향해 내려가다가 염양(鹽陽)에 이르렀다. 염양의 수신(水神) 여자가 늠군을 멈추게 하고 "이곳은 물고기와 소금이 있고 땅 또한 광대하여 그대와 함께 살고자 하니 가지 말고 머무십시오"라고 하였다. 늠군이 말하기를, "나는 마땅히 군주를 위하여 늠지(廩地)를 구하고 있으니 멈출 수가 없소"라고 하였다.

염신이 밤에 늠군을 따라와 머물다가 새벽이 되자 문득 날벌레가 되어 날아갔다. (다른) 여러 신들도 모두 좇아서 날아가 해를 가리어 날이 어두워졌다. 늠군이 그녀를 죽이려고 하였으나 죽이지 못해 천지의 동서를 분별하여 알지 못했다. 이와 같이 하기를 10일이 지났다. 늠군은 푸른 실을 염신에게 보내면서 "이것으로 치장을 하여 좋아하게 된다면 너와 더불어 살 것이다. (그러나) 좋아하지 않게 된다면 앞으로 너를 떠날 것이다"라고 말했다. 염신이 그것을 받아 치장을 하였다. 늠군은 탕석 위에 올라가서 그쪽을 바라보니 푸른 실로 (치장을 한) 자가 있기에 무릎을 꿇고 앉아 활을 쏘아 염신을 맞추었다. 염신이 죽자, 더불어 함께 날던 많은 신들이 다 사라져 하늘이 맑게 열렸다.

늠군은 다시 배에 올라타고 아래로 내려가 이성(夷城)에 닿았는데, 이성의 돌 언덕은 꾸불꾸불하였고 샘에서 나오는 물 또한 굽이져 흘러가고 있었다. 늠군이 움의 모양을 보고 탄식하면서 "나는 새로이 움 속으로부터 나왔는데 지금 또한 이런 곳으로 들어오니 어찌된 일인가"라고 하였다. 언덕이 무너지자 넓이가 30여 자나 되었고 돌계단이 연이어져서 늠군이 올라갔다. 언덕 위에는 사방 10자의 평평한 돌이 있었는데, 그 길이가 5자였다. 늠군이 그 위에서 쉬면서 책략을 세워 헤아려 보니 다 훌륭한 돌들이었으므로, 그 옆에 성을 세우고 살았는데 그 후손이 마침내 번성하였다.[41]

이 자료는 7세기 무렵에 생존한 이특(李特)이란 사람의 조상 탄생

---

41) "昔武落鍾離山崩 有石穴二所 其一赤如丹 一黑如漆 有人出於赤穴者名曰務相 姓巴
氏 有出于黑穴者 凡四姓曰 暈氏樊氏柏氏鄭氏 五姓俱出 皆爭爲神 於是相與以劍刺
穴屋 能著者以爲廩君 四姓莫著 而務相之劍懸焉 又以土爲船 雕畫之而浮水中曰 若
其船浮存者 以爲廩君 務相船又獨存 於是遂稱廩君 乘其土船 將其徒卒 當夷水而下
至於鹽陽 鹽陽水神女子止廩君曰
此魚鹽所有 地于廣大 如君俱生 可止無行 廩君曰 我當爲君求廩地 不能止也 鹽神
夜從廩君宿 旦輒去爲飛蟲 諸神皆從其飛 蔽日晝昏 廩君欲殺之不可 別又不知天地
東西 如此者十日 廩君乃以靑縷遺鹽神曰 嬰此 卽宜之 與汝俱生 弗宜 將去汝 鹽神
受而嬰之 廩君立碭石之上 望膺有靑縷者跪而射之 中鹽神 鹽神死 羣神與俱飛者皆
居 天乃開朗 廩君復乘土船 下及夷城 夷城石岸曲 泉水亦曲 廩君望如穴狀 歎曰 我
新從穴中出 今又入此 奈何 岸卽爲崩 廣三丈餘 而階陛相乘 廩君登之 岸上有平石
方一丈 長五尺 廩君休其上 投策計算 皆著石焉 因立城其旁而居之 其後種類遂繁"
房玄齡 共纂 : 1976, 3021-3022쪽.

에 얽힌 이야기, 곧 시조 탄생 신화이다. 그런데 이 이야기에 나오는 이수(夷水)는 현재 호북성(湖北省)에 있는 양자강(陽子江) 지류의 하나이다.42) 이로 미루어 보아, 이것은 이 일대에 전해지던 이야기가 문자로 자리잡았을 가능성이 높다.

이런 자료에서는 이특의 조상이 산이 무너져서 생긴 움, 곧 우묵하게 들어간 곳에서 나온 것으로 되어 있다. 이 신화에 대해 중국의 신화학자 유성회(劉城淮)는, "그 줄거리는 사람이 산촌(山村)에서 태어난 것을 나타내고 있어, 이 또한 동굴 출현 신화라고 할 수 있다. 작가가 이런 상상을 한 까닭은, 인류의 혈거(穴居) 경력과 떼어낼 수 없고 또한 모계 씨족 사회의 여조상 숭배(女祖上崇拜)와 여음(女陰) 숭배와 불가분의 관계에 있기 때문이다. 그 붉은 움[赤穴], 검은 움[黑穴]은 바로 동굴에 사는 모습을 드러낸 것이고, 또한 여음의 굴절이기 때문이다"43)라는 견해를 제시한 바 있다.

이러한 그의 견해는 이특의 조상이 대지로부터 나온 것이 아니라, 돌로 이루어진 움에서 태어났다고 하여 암출 신화로 보는 듯한 인상을 주고 있다. 그렇지만 중국의 경우 이미 앞에서 지적한 것처럼 대지에서 사람이 출현했다고 하는 여와 신화가 있었다. 그리고 오늘날까지도 합니족(哈尼族)들 사이에는 다음과 같은 출현 신화가 구전되고 있다.

[자료 11]

옛날에 하늘과 땅 사이에는 아무 것도 없어, 동서의 구별도 없었다. (이러한 때) 하늘에는 신들이 너무 많아 살 곳이 부족해서 땅위

---

42) 譚其驤 : 1982 19쪽.
43) 劉城淮 : 1992, 470쪽.

에 내려와 개벽을 하여 새로운 땅을 개척하기로 하였다. 개벽을 하려는 천신(天神)은 다른 신들에게 발견될까 두려워하여 날마다 내려올 때 밭을 가는 소의 모습으로 변신하였다.

그 때 땅의 흙은 지금의 흙보다 단단하여 천신이 하루 종일 허리가 굽도록 힘들여 갈아야 겨우 몇 개의 고랑을 갈 정도였다. 그들은 계속하여 여러 날 일을 했지만, 땅을 갈지 못하고 사방으로 동쪽의 한 줄기 고랑과 서쪽의 한 줄기 고랑을 갈았을 뿐이다.

그 때 사람들 또한 오늘날과 같은 곳에서 살 수가 없었으며, 모양 또한 지금의 이런 모습이 아니었다. 사람과 귀신, 돌, 물 등이 다 같이 땅속에서 살고 있었다. 그 당시의 사람들 또한 여러 가지 모습으로 변할 수 있었다. 천신이 간 곳은 동쪽의 한 줄기 고랑과 서쪽의 한 줄기 오목한 곳이었다.

그런데 한 곳을 너무 깊이 갈아서, 사람들이 사는 곳을 덮고 있는 지각(地殼)이 갈라져 (지하 세계로) 통해 버렸다. 오래 지나지 않아 땅속의 물이 바로 그 고랑으로 뿜어져 나왔다. 지하의 물이 흘러나오자, 모든 것이 따라서 땅위로 따라나왔다. (이런 일이 막 시작될 무렵의) 사람들은 담이 작아서 감히 나올 수가 없었다.

하지만 뒤에 담이 큰 몇 사람들이 물거품으로 변하여 물에 떠서 땅 위로 올라와 보았다. 그들은 다른 것들이 나온 다음에 아무 일이 없는 것을 보자 사람의 모습으로 변하려고 하였지만, 마음속으로 겁이 나기 시작했다. 그리하여 상의(相議)를 한 뒤에 먼저 원숭이로 변해서 다른 동물들과 함께 도처로 뛰어다녀 보았다. 오랜 시간이 지나면서 그들이 자세히 관찰을 한 뒤에 정말로 아무런 해(害)가 없는 것을 알고, 천천히 사람의 모습으로 변하였다.

뒤에 지하의 사람들이 계속해서 땅위로 올라왔다. 그들은 여기저기에 산과 나무들이 있고, 낮에는 햇볕이 따가우며 밤에는 달빛이 밝은 것을 보았다. (그러고 나서) 배가 고프면 나무의 과일을 따먹고 하는 이런 날들이 지하보다는 살기가 좋다고 생각하여, 아예 땅위에서 살기로 하고 다시는 지하로 돌아가지 아니하였다.[44]

이 자료는 이야기의 줄거리가 매우 합리적으로 전개되고 있어, 조사자가 보고(報告)를 할 때 윤색하고 고쳤을 가능성을 배제할 수 없을 것 같다.[45] 하지만 사람이 땅속에서 나왔다고 하는 출현 신화의 원형을 그대로 보존하고 있어, 중요한 의미를 지닌다는 것을 인정하지 않을 수 없다.

그런데 이 자료가 조사된 합니족은 운남성(雲南省) 일대에 살고 있다. 그렇다고 하여 중국의 출현 신화는 화남(華南) 지방에 널리 분포되어 있다는 가설을 세우고, 화남 지방에 전해지는 이 유형의 자료들이 오바야시 타료가 언급한 것처럼 선(先) 오스트로네시아적인 고층 재배민 문화의 영향을 받아서 만들어진 것이라고 단정하기는 어려울 듯하다. 왜냐하면 이미 앞에서 지적한 바와 같이, 일찍이 문헌에 정착된 여와 신화가 반드시 화남 지방에서 발생했다고 주장할 만한 근거가 없으며, 오히려 양자강 이북 지방에서 전승되어 왔을 가능성이 높기 때문이다.

실제로 위에서 소개한 [자료 10] 이특의 시조 탄생 신화가 사천성(四川省) 일대에 거주하는 파족(巴族)의 것이고, 또 여기에 발원하는 이수(夷水)는 호북성(湖北省)에 있는 양자강 지류라는 것을 떠올릴 필요가 있다. 이런 점을 감안한다면, 중국의 출현 신화가 양자강 이

---

44) 陶陽 編 : 1990, 135-136쪽.

45) 중국에서는 1955년에 공산당으로부터 전통문화에 대한 지도 지침이 하달되었는데, 민간문예가협회(民間文藝家協會)가 중심이 되어 이미 조사된 구비 문학 자료들을 이 지침에 따라 인위적으로 변개하는 작업을 추진하였다는 것을 밝혀 둔다. 김화경 : 1998ⓑ, 26쪽.
실제로 신화의 전사(轉寫)과정에서 윤색되고 합리화한 예는 [자료 6]을 기술한 袁珂, 전인초 공역 : 1992, 181-187쪽에서 찾을 수 있다.

북 지방에서 전해지고 있었을 개연성은 얼마든지 인정할 수 있다. 만약 이와 같은 추정을 믿을 수 있는 것이라고 한다면, 이들 신화가 초기 농경 문화와 함께 만주[지금의 동북] 지방으로 들어와서,[46] 밭곡식 경작의 농경 문화와 복합하여 고대 한국의 동해안 일대에 세워졌던 나라들의 왕권 신화 성립에 일정하게 이바지하였다고 보아도 좋지 않을까 한다.

2. 곡모신 신화의 연구

2.1 곡모신 신화

앞에서 출현 신화들을 고찰하면서, 이들 신화가 밭곡식을 재배하는 전곡 경작(田穀耕作)의 농경 문화와 함께 한국으로 들어왔을 것이라고 추정하였다. 이런 추정을 하는 데 특히 중요한 구실을 한 것이 동부여의 금와왕 탄생 신화였다.

그런데 금와왕과 밀접한 관련이 있는 신화적 인물로 유화(柳花)가 있다. 유화는 우발수(優渤水)에서 금와에게 발견되어 동부여에서 지내다가 죽음을 맞이하였다. 그녀의 죽음에 대해서는 《삼국사기》 권 13 고구려 본기 시조 동명성왕 14년 조에 "8월에 왕의 어머니 유화가 동부여에서 돌아갔다. 그 나라의 왕 금와가 태후(太后)의 예로써 장사지내고 드디어 그 신묘를 세웠다"[47]고 씌어 있다.

---

46) 여와의 화상석이 여러 곳에서 출토되고 있는데 그 가운데는 산동(山東) 지방에서 나온 것도 있어, 출현 신화가 양자강 북쪽 지방으로부터 산동 반도를 거쳐 한반도로 전래되었을 것이라는, 전파 경로를 상정할 수도 있을 것이다. 袁珂, 전인초 공역 : 1992, 161쪽.

47) "王母柳花薨於東扶餘 其王金蛙以太后禮葬之遂立神廟" 김부식 : 1982, 147쪽.

이 기록은 금와왕이 통치하는 동부여에서 고구려를 세운 고주몽의 어머니인 유화가 상당한 예우를 받았음을 나타낸다. 그렇다고 한다면 왜 유화와 금와가 그런 관계를 유지하고 있었을까 하는 물음이 제기될 수밖에 없다. 이것은 그들이 지녔던 문화적 동질성, 곧 다같이 밭곡식을 재배하는 농경 문화를 가졌기 때문이 아니었을까 한다. 과연 금와왕은 초기 농경 형태와 연계된 출현 신화를 가지고 있었다. 이에 견주어 유화는 비록 출현 신화의 옷을 입고 있지는 않지만, 혈거신(穴居神)으로 숭앙되었던 흔적을 발견할 수 있다. 이 문제를 더욱 자세하게 알아보려면, 우선 유화의 제사(祭祀)에 연루된 기록들부터 살펴보아야 할 것이다.

[자료 12]

(1) (고구려 사람들은) 귀신과 사직(社稷)·영성(霽星)에 제사지내는 것을 좋아하였다. 10월에는 하늘에 제사를 지내는 큰 모임이 있었는데, 그 이름을 동맹이라고 하였다. 그 나라의 동쪽에 큰 굴이 있어 그것을 수신(隧神)이라고 불렀다. 또한 10월에도 (그 신을) 맞이하여 제사를 지냈다(《후한서》 '동이열전 고구려조').48)

(2) (고구려 사람들은) 불교를 믿고 귀신을 섬기어 음사(淫祠)가 많았다. 신묘(神廟)가 두 군데 있는데, 하나는 부여신(夫餘神)이라고 해서 나무로 부인의 형상을 만들었다. (그리고 다른) 하나는 등고신(高登神)이라고 하는데, 그들의 시조이며 부여신의 아들이라고 한다. (이 두 신묘에는) 모두 관사(官司)를 설치해 놓고 사람을 파견하여 지키게 했다. (그 두 신은) 대체로 (주몽의 어머니인) 하백(河伯)의 딸

---

48) "好祠鬼神·社稷·霽星 以十月祭天 大會名曰東盟 其國東有大穴 號襚神 亦以十月迎而祭之" 范曄 : 1975, 2813쪽.

과 주몽이라고 했다(《북사》 '열전 고려조'49)).

(3) 《당서(唐書)》에 이르기를 고구려에는 음사(淫祠)가 많고, 영성과 해[日] 및 기자 가한(箕子可汗) 등의 신에게 제사를 드렸다. 나라의 왼쪽에 큰 굴이 있는데, 신수(神隧)라고 한다. 매년 10월에 왕이 모두 몸소 제사를 드린다고 하였다(《삼국사기》 '잡지 제사조').50)

유화는 하백의 딸로서 수신(水神)적인 성격이 강한 존재이다. 그런데도 (1)의 기록은 그녀가 고구려에서 혈거신으로 신봉되고 있었음을 말해주고 있다. 이것은 (2)에서 언급하고 있는 것처럼, 제의(祭儀)의 대상으로 삼으려고 신상(神像)을 만들어 굴속에 모셨다고 생각할 수도 있다. 그렇지만 대지를 어머니로 섬기는 지모신(地母神) 사상에 바탕을 두어 혈거신으로 숭배되었을 가능성도 배제할 수 없다. 특히 (3)에서 이 혈거신에 대한 제사를 왕이 직접 주관하였다고 하는 것으로 보아, 이 제의가 국가적인 차원에서 이루어졌음을 드러내고 있다.

이처럼 혈거신으로 신봉되던 유화는 곡모신(穀母神)적인 요소도 아울러 지니고 있었다. 이런 내용은 《구삼국사(舊三國史)》의 일문(逸文)으로 전해지는 신화에 남아 있다.

[자료 13]

주몽이 (어머니와) 작별을 할 때 차마 떠나지 못하고 있었다. (그러자) 그 어머니가 말하기를, "이 어미 걱정은 말아다오"하면서, 오

---

49) "信佛法 敬鬼神 多淫祠 有神廟二所 一曰扶餘神 刻木作婦人像 一曰高登神 云是其 始祖夫餘神之子 並置官司 遣人守護 蓋河伯女·朱蒙云" 李延壽 : 1977, 3116쪽.

50) "唐書云 高句麗俗多淫祠 祀靈星及日·箕子可汗等神 國左有大穴 曰神隧 每十月王 皆自祭" 김부식 : 1982, 337쪽.

곡의 씨앗을 싸 주었다. (그러나) 주몽은 생이별을 하는 아픔으로 애를 끓이다가 그만 그 보리씨를 잊어버리고 말았다.

주몽이 큰 나무 아래에서 쉬고 있었는데, 한 쌍의 비둘기가 날아왔다. 주몽이 말하기를, "이는 틀림없이 어머니가 사자를 시켜 보리씨를 보내온 것이다"고 하고는, 활을 당겨서 쏘니 한 살에 다 떨어졌다. 목구멍을 열어 보리씨를 꺼내고 물을 비둘기에 뿜자, 다시 살아서 날아갔다고 한다.51)

이 자료에서 유화는 주몽에게 오곡의 씨앗을 제공하는 곡모신으로 그려지고 있다. 이에 대해 미시나 아키히데(三品彰英)은 "아마 이 조류 형상의 신이 곡물의 종자를 가져왔다고 하는 이야기와, 사람 모양을 한 신〔人態神〕으로서 어머니 신〔母神〕이 곡물의 종자를 주었다고 하는 이야기는, 처음에 곡모(穀母)적 존재에 관한 두 개의 다른 문화층과 관계가 있는 전승이었을 것이다. 그러던 것이 뒤에 하나의 이야기로 합쳐진 것이라고 생각된다"52)고 추정하였다. 이와 같은 미시나의 추정은 비둘기가 곡식의 씨앗을 전달해 주었다는 것과 곡물의 씨앗을 주는 유화에 대한 전승이 별개로 전해지다가 이 신화에 와서 통합되었다고 하는 것이어서 이목을 집중시킨다.

한편 김철준(金哲埈)은 이 신화에 등장하는 신모(神母)와 보리〔麥〕, 비둘기 등에 착안하여, 다음과 같은 견해를 피력하였다.

웨드Werth는 농업신인 여신의 존재와 비둘기 사이에 관계가 있음을 인정하여, 전 오리엔트 지역에서는 비둘기가 모신(母神)의 신성한

---

51) "朱蒙臨別 不忍睽違 其母曰 汝勿以一母爲念 乃裹五穀種以送之 朱蒙自切生別之心 忘其麥子 朱蒙息大樹之下 有雙鳩來集 朱蒙曰 應是神母使送麥子 乃引弓射之 一矢 具擧 開喉得麥子 以水噴鳩 更蘇而飛去 云云" 장덕순 편 : 1981, 92쪽.
52) 三品彰英 : 1973, 49-50쪽.

새로서 등장하고 있음을 지적하고 있다. 이렇게 되면 여신과 맥류(麥類)와 비둘기 사이에 관련이 있음을 인정하지 않을 수 없다. 다시 말하면 소맥(小麥)·대맥(大脈)은 동북 아시아에서는 본디 없었던 곡물로 서북 인도와 중앙 아시아 지역에서 이경 농업(犁耕農業)의 전파와 함께 전래되어 새로이 재배되기 시작한 것이고, 기후가 한랭한 만주 지역에서 경작은 온난한 지역보다 늦었던 것으로 보이나, 소맥·대맥의 경작에 따라 그 곡물을 따라다니는 그 자신이 비둘기로 화신할 수 있었다든지 사자(使者)로 비둘기를 부릴 수 있는 농업신으로서 여신이 반드시 등장하는 것이다. 물론 구석기 시대부터 번식 능력의 원천으로 보는 여신관(女神觀)이 있었고, 맥류 경작 이전에도 여성이 풍요의 신으로 간주되었지만 뒤의 도작(稻作)과 견줄 수 있는 맥류 경작 시기에 와서는 그 맥류의 비중으로 말미암아 농업을 주관하는 여신의 비중이 커진 것으로 보인다. 이러한 까닭으로《구삼국사》의 동명 신화(東明神話)에서 주몽이 신모(神母)를 맥자와 비둘기와 연계시키게 되고, 그것이《동명왕편》에 인용되었던 것이라 추측하게 된다.[53]

이상과 같은 김철준의 견해는 첫째로 맥류 경작의 농경 문화는 쟁기갈이[犁耕] 농업과 함께 서북 인도와 중앙 아시아로부터 전래된 것이고, 둘째로 농업신인 유화가 비둘기를 사자로 이용하였으므로, 유화가《동명왕편》에 신모로 등장하게 되었다는 것이다.

이러한 그의 주장은 미시나의 견해와는 달리, [자료 13]에 등장하는 유화와 비둘기가 별개의 전승이 아니라, 하나의 세트set로 이경 농업과 함께 한국에 전래되었다고 하는 것이다. 이러한 김철준의 연구는 유화가 맥류(麥類)를 경작하는 밭곡식 재배 문화와 관련이 있

---

53) 김철준 : 1975, 38-39쪽.

다는 것을 밝혔다는 점에서 많은 것을 시사한다.

그러나 고고학적인 발굴의 성과로 볼 때, 위의 자료가 전승되던 중국의 동북 지방에서는 보리를 비롯한 맥류의 재배 흔적은 아직까지 발견되지 않고 있다. 이 지역 일대에서는 신석기 시대 초기의 유적으로부터 조[粟]와 기장[黍]이 출토되어 이것들의 재배 흔적을 찾을 수 있다.54) 이로 미루어 보아, 유화 집단이 맥류 경작의 농경 문화를 가졌었을 것으로는 상정되지 않는다. 그렇다면 유화가 [자료 13]과 같은 신화와 결부된 것은 후대에 왕권 신화로 자리잡는 과정에서 생긴 변이일 가능성이 높아진다.

그런데 이렇게 곡모신으로 숭앙된 유화의 전승과 같은 형태로 되어 있는 이야기가 신라의 영역에서도 발견되고 있어 흥미를 끈다.55)

[자료 14]

옛날에 의상법사가 처음에 당나라에서 돌아와 관음보살의 진신(眞身)이 이 해변의 어느 굴 안에 산다는 말을 듣고, 이로 말미암아 낙산(洛山)이라는 이름을 붙였다. 추측컨대 서역에 보타락가산이 있어 이를 소백화라고 불렀는데, 이는 흰옷을 입은 보살님의 산 형체가 계시는 곳이라는 뜻이었으므로 이것을 빌려서 이름을 지은 것 같다.

의상이 목욕 재계를 한 뒤 7일만에 좌구(座具)를 새벽 물 위에 띄웠더니, 용천 팔부의 시종들이 그를 굴속으로 안내하였다. 그가 들어가 공중을 향해 참배를 하자, 수정 염주 한 꾸러미를 내주었다. 의상이 그것을 받아서 돌아나오니, 동해의 용이 또한 여의보주 한 알

---

54) 안승모 : 1998, 16쪽.

55) 이곳에서 인용하는 자료들은 大林太良 : 1973ⓑ, 147–150쪽에서 논의된 것들임을 밝혀 둔다.

을 바쳤다. 의상이 그것을 받들고 나와서 다시 7일 동안 재계를 하고 나서야 관음의 참모습을 볼 수 있었다.

㉠ 관음보살이 "좌상의 산마루에 한 쌍의 대나무가 솟아날 터이니, 거기에 불전을 짓는 것이 마땅하다"고 하였다. 법사가 이를 듣고 굴에서 나오니, 과연 대나무가 땅에서 솟아 나왔다. 이에 금당을 짓고 관음상을 모시었는데, 그 둥근 얼굴과 고운 바탕이 마치 천연적으로 생긴 것과 같았다. 그리고 대나무가 없어졌으므로, 그제야 비로소 관음의 진신이 살고 있는 곳임을 알았다. 이 때문에 그 절의 이름을 낙산사라 하고, 법사는 자기가 받은 두 구슬을 성전에 봉안하고 그 절을 떠났다.

그 뒤에 원효법사가 뒤를 이어 여기에 와서 예를 드리려고 하였다. ㉡ 처음에 남쪽의 교외에 이르니, 논 가운데서 흰옷을 입은 여자가 벼를 베고 있었다. 법사가 농담으로 그 벼를 달라고 청하자, 여인도 장난말로 벼가 잘 여물지 않았다고 대답하였다.

㉢ 또 법사가 가다가 다리 밑에 이르니, 한 여인이 월경이 묻은 빨래를 빨고 있었다. 법사가 물을 달라고 청하자, 여인은 그 더러운 물을 떠서 바쳤다. 법사는 그 물을 엎질러 버리고, 다시 냇물을 떠서 마셨다. ㉣ 이때 들 가운데 있는 소나무 위에 있던 파랑새 한 마리가 그를 불러서 "제호 스님은 이제 그만 두십시오"라고 말하고, 갑자기 숨어서 보이지 않았다. 그런데 그 소나무 밑에 신발 한 짝이 벗겨져 있었다.

법사가 절에 이르자, 관음보살상의 자리 밑에 또 전에 보았던 신발 한 짝이 벗겨져 있었으므로, 그제야 앞에서 만난 성녀(聖女)가 관음의 진신임을 알았다. 그로 말미암아 당시의 사람들은 그 소나무를 관음송(觀音松)이라고 하였다. 법사가 성굴(聖窟)로 들어가서 다시 관음의 참모습을 보고자 하였으나, 풍랑이 크게 일어나서 들어가지 못하고 그대로 떠나갔다.56)

이 자료의 요체(要諦)는 관음보살의 정체이다. 본디 관음보살은 대자대비(大慈大悲)하여 괴로움을 겪고 있는 중생을 구제하는 보살로, 그 형상을 달리함에 따라 천수관음(千手觀音) 또는 십일면관음(十一面觀音) 등으로 나타나기도 하는 것으로 알려져 있다.57)

이처럼 형상을 바꾸어 나타나는 관음보살이 이 자료에서는 본래의 형체를 드러내기도 하고, 여인이나 파랑새[靑鳥]의 모습으로 등장하기도 한다. 먼저 밑줄을 친 ㉠에서는 본디 보살 모습으로 나타나 대나무를 돋아나게 하여 불전(佛殿)을 지을 장소를 가르쳐 주는 것으로 되어 있다. 또 ㉡에서는 벼를 베는 여인으로58), ㉢에서는 월경이 묻은 빨래를 하는 여인으로 현신(現身)을 하고 있다.

여기에서 대나무를 돋아나게 한다는 것은 관음보살이 지모신적인 성격을 지녔음을 말해주는 것이라고 할 수 있다. 그리고 벼를 벤다는 것은 곡모신의 성격을 지녔음을 드러내고, 월경이 묻은 빨래를

---

56) "昔義湘法師 始自唐來還. 聞大悲眞身住此海邊崛內 故因名洛山. 蓋西域寶陀洛伽山 此云小白華 乃白衣大士眞身住處 故借此名之. 齋戒七日 浮座具晨水上. 龍天八部侍從 引入崛內 參禮空中. 出水精念珠一貫給之. 義湘受而退. 東海龍亦獻如意寶珠一顆 師捧出. 更齋七日 乃見眞容 謂曰於座湘山頂 雙竹湧生 當其地作殿宜矣. 師聞之 出崛 果有竹從地湧出 乃作金堂. 塑像而安之 圓容麗質 儼若天生. 其竹還沒 方知正是眞身住也. 因名其寺曰洛山. 師以所受二珠 鎭安于聖殿而去. 後有元曉法師 繼踵而來 欲求瞻禮. 初至於南郊 水田中 有一白衣女人刈稻. 師戲請其禾 女以稻荒戲答之. 又行至橋下 一女洗月水帛. 師乞水 女酌其穢水獻之. 師覆棄之 更酌川水而飮之. 時路中松上有一靑鳥 呼曰休醍醐和尙 忽隱不現. 其松下有一隻脫鞋. 師旣到寺 觀音座下又有前所見脫鞋一隻. 方知前所遇聖女乃眞身也. 故時人謂之觀音松. 師欲入聖崛 更觀音容 風浪大作 不得入而去" 최남선 편 : 1946, 159-160쪽.

57) 운허용하 : 1961, 59쪽.

58) 이것은 《신증 동국여지승람(新增東國輿地勝覽)》 권44 양양(襄陽)의 고적(古跡) 냉천(冷泉) 조에도 "세상에 전해오는 말에 관음보살이 계집으로 화해서 벼를 베고 있었는데, 원효대사가 냉천의 물을 마시면서 함께 웃음에 소리를 하였다(世傳 觀音化作女刈稻 元曉因取飮冷泉 與之戲謔)"라는 기록이 보이는 것으로 미루어 보아, 낙산사 일대에 전설로 전해지던 이야기였을 가능성이 짙다. 조선사학회 편 : 1930 ⓑ, 41쪽.

한다는 것은 농경신의 성격이 있음을 나타내는 것이 아닐까 한다.
이렇게 볼 수 있는 까닭은 ㉠의 관음보살은 생명을 창조하는 신이었
고, ㉡의 여인은 벼의 추수를 관장하는 신이기 때문이었다. 이에 견
주어 ㉢의 여인은 달과 여성이 풍요(豊饒)와 다산(多産)을 상징하는
존재이므로, 이것 또한 농경신의 면모를 지녔다고 볼 수 있기 때문
이다.

그런데 이렇게 지모신이나 곡모신, 농경신의 성격을 아울러 지닌
관음보살이 ㉣에서 파랑새로 그 모습을 나타냈다는 것은 [자료 13]
에 등장하는 비둘기가 유화의 화신일 수 있다는 해석을 가능하게 하
고 있어 관심을 불러일으킨다. 특히 유화가 혈거신이었듯이 이 자료
에 나오는 관음보살 또한 굴속에 있어 혈거신으로 숭배되었다는 사
실은, 이들 두 신화가 겉모습을 달리하면서도 그 속구조가 같다는
것을 말해준다. 다시 말해 유화 신화와 관음보살의 현신 설화(現身
說話)는 같은 계통의 다른 전승이었다는 것이다.

이런 상정을 하면서, [자료 14]와 마찬가지로 혈거신으로 숭앙되
는 존재가 곡식과 연계를 가지고 있었다는 설화가 옛날의 신라 영역
안에서 또 발견된다는 것은 중요한 의미를 지닌다고 하겠다.

[사료 15]

경주와 울산 사이에는 치술령(鵄述嶺)이라는 산이 솟아 있다. 신
라 시대에 눌지왕(訥祗王)은 선왕(先王) 대에 일본에 인질로 잡혀간
동생 미사흔(未斯欣)을 데려오기로 하고, 그 일을 과단성이 있는 박
제상(朴堤上)에게 맡겼다. 왕에게서 일본에 다녀오라는 명령을 받은
박제상은 집에 들르지도 않고 그대로 배에 올랐다.

이 소식을 들은 그의 아내는 떠나가는 남편의 모습이라도 보고
싶었다. 그래서 세 딸을 데리고 치술령으로 올라갔다. 그녀는 이 고

갯마루에서 떠나가는 배를 향해, 두 손을 흔들면서 잘 다녀오라고 소리를 외쳤다. 하지만 아무리 외쳐도 그 소리가 들릴 리 없었다. 배는 파도를 타고, 수평선 너머로 사라지고 말았다. 바다에서 불어오는 바람만이 고갯마루의 나뭇가지들을 스치면서, 그녀에게 쓸쓸함을 더해 줄 뿐이었다.

배의 모습이 완전히 사라지자, 그녀는 밀려오는 슬픔을 이기지 못하고 그 자리에 넘어져 그대로 죽고 말았다. 그리고 그 시체는 어느 사이에 돌로 변하여 망부석(望夫石)이 되었다.

이렇게 망부석이 되었으나, 그녀의 혼은 남편을 보고 싶은 일념에서 하늘로 날아올라가 새가 되었다. 지향도 없이 안타깝게 떠돌던 새는 그 부근의 절 옆에 있는 은을암(隱乙岩)이라는 바위의 굴속으로 들어가 버렸다.

그런데 이상하게도 날마다 그 굴에서는 한 사람이 먹을 수 있는 분량의 쌀이 흘러나왔다. 그러던 어느 해에 이 절에 욕심이 많은 중이 들어왔다. 중은 이 굴을 보고 더 많은 쌀을 얻고 싶어, 쌀 나오는 구멍을 크게 만들었다. 그랬더니 그 구멍에서 쌀 대신에 물이 쏟아져 나왔다. 지금까지도 아무리 가물어도 이 굴에서는 물이 흘러나온다고 한다.[59]

이것은 1920년대에 일본인들의 한국 민속 조사 사업의 일환으로 조사된 것인데, 현재 전해지고 있는 구전 자료는 다음과 같은 내용으로 되어 있다.

---

59) 中村亮平 : 1929, 337-339쪽.

［자료 16］

동해 바다에서 남편이 돌아오기를 기다리면서 죽어간 아내의 시체는 망부석이 되었다. 떠나가는 남편의 모습을 멀리서 바라보던 세 모녀는 숨이 끊어지자, 그 혼이 새로 변하여 마을 상공을 빙빙 떠돌았다. 그래서 이 마을의 이름을 비조(飛鳥)라고 하였다.

그리고 거기에는 박제상의 아내가 베를 짜던 베틀도 돌이 되어 남아 있는데, 그 돌을 직기석(織機石)이라 한다. 세 마리의 새는 이 바위틈으로 들어간 뒤, 다시는 세상에 나오지 않았다. 그러므로 이것을 은을암이라고 부르게 되었다.[60]

이 자료들은 박제상(朴堤上)의 아내에 얽혀 전해지는 이야기들이다. 《삼국사기》 열전(列傳) 박제상 조에는 그가 미사흔(未斯欣)을 신라로 돌려보내고 일본에서 죽자, "대왕은 그 소식을 듣고 대단히 슬퍼하며, (그에게) 대아찬(大阿湌)을 추증(追贈)하고 그 가족에게 후하게 물품을 내리었다. 그리고 미사흔은 제상의 둘째 딸에게 장가를 들어 아내로 삼아 (은공에) 보답하였다"[61]고 씌어 있다.

이런 기록을 보면, 박제상은 당시에 살았던 실존 인물임이 확실하다. 그리고 볼모로 잡혀갔던 미사흔을 돌려보낸 다음에 일본에서 당한 그의 죽음이 상당히 극적이었기 때문에, 박제상에 얽힌 이야기가 설화로 될 수 있는 소지를 충분히 갖추고 있었던 것 같다.

실제로 《삼국유사》 권1 기이편 나물왕(奈勿王) 김제상(金堤上) 조에서 그의 아내에 연루된 이야기가 많이 만들어졌다는 사실을 확인할 수 있다.

---

60) 최정여 외 공편 : 1985, 88-94쪽.
61) "大王聞之哀慟 追贈大阿湌 厚賜其家. 使未斯欣娶其堤上之第二女爲妻 以報之"
　　김부식 : 1982, 459쪽.

[자료 17]

　처음에 제상이 신라를 떠날 때, 부인이 듣고 남편의 뒤를 좇아갔
으나 따르지 못했다. 이에 망덕사의 문 남쪽 모래밭[沙場]에 이르러
주저앉아 길게 부르짖었는데, 이런 일이 있었다고 하여 그 모래밭을
장사(長沙)라고 불렀다. 친척 두 사람이 부인을 부축하여 돌아오려
하자, 부인이 다리를 뻗은 채 앉아서 일어나지 않았다. 그리하여 그
곳을 ‘벌지지’라고 이름지었다.
　이런 일이 있은 지 오래된 뒤에, 부인은 남편을 사모하는 마음을
이기지 못하여 세 딸을 데리고 치술령에 올라가 왜국을 바라보고 통
곡하다가 죽고 말았다. 그래서 그녀를 치술령 신모라고 하는데, 지
금도 그녀를 제사지내는 사당이 있다.62)

　이 자료의 주인공은 김제상으로 되어 있으나,《삼국사기》의 기록
에는 주인공이 박제상으로 되어 있다. 이렇게 성(姓)이 다르기는 하
지만, 이들 두 기록을 통해 당시에 신라의 왕자가 일본에 인질로 붙
잡혀 갔었고, 또 그를 구해온 인물이 실존하였다는 사실을 확인할
수 있다.
　이처럼 나라가 위험한 국면에 처했을 때, 그 해결에 앞장을 섰던
박제상의 극적이고 애국적인 행동은 당시에 이미 많은 이야기를 만
들어냈을 것으로 추정된다. 이런 추정을 뒷받침하는 것이 위의《삼
국유사》기록이다. 여기에서는 ‘장사’와 ‘벌지지’라는 지명이 붙은
까닭이 설명되고 있다. 그리고 박제상의 아내가 치술령의 신모로 숭

---

62) “初堤上之發去也　夫人聞之追不及. 及至望德寺門南沙上　放臥長號 因名其沙曰長
　　沙. 親戚二人　扶腋張還　夫人舒脚　坐不起　名其地曰伐知旨. 久後夫人不勝其慕　率
　　三娘子上鵄述嶺　望倭國痛哭而終　仍爲鵄述嶺神母　今祠堂尊焉” 최남선 편 : 1946,
　　53-54쪽.

앙되었으며, 일연(一然)이 《삼국유사》를 쓸 때까지도 그 사당이 남아 있었다는 것을 알 수 있다.

이처럼 많은 이야기를 빚어 낸, 박제상의 아내에 얽힌 구전 설화들을 통해서 그녀의 넋이 새가 되었다는 것과, 그 새가 바위의 구멍으로 들어갔다는 전승이 지금까지도 이 일대에 전해진다는 사실을 알 수 있다. 그렇지만 [자료 15]는 그 바위로부터 쌀이 흘러나왔다고 하는 유미굴(流米窟) 전설로 자리잡았다고 한다면, [자료 16]은 그녀가 베를 짜던 베틀 바위 속으로 새가 날아서 들어갔다고 하는 은을암 전설로 자리잡았다는 차이를 보여준다.

이와 같은 차이가 있음에도 이 설화들이 농경과 관계가 있다는 것은 부정할 수 없을 것 같다. 왜냐하면 앞의 것에서는 새가 들어간 그 구멍에서 쌀이 나왔다고 하여, 직접적으로 이 설화가 농경과 밀접한 관련이 있다는 것을 나타내고 있다. 그리고 뒤의 것에서는 박제상의 아내와 그녀의 딸들이 새가 되어, 베를 짜던 것이 바뀐 베틀 바위 속으로 들어갔다고 되어 있기 때문이다.

이러한 설화의 문맥은 앞에서 이미 살펴본 바 있는 [자료 3]의 알영(閼英)에 얽힌 기록을 떠올리게 한다. 출현 신화를 가진 신화적 인물인 알영에 대해서는 《삼국사기》의 신라 본기 시조 혁거세 거서간 17년 조에 "왕이 6부를 돌아다니며 위문하는데, 왕비 알영도 따라갔다. (왕비는 백성들에게) 양잠을 장려하고 농토를 알뜰하게 이용하도록 하였다"[63]는 기록이 있어, 그녀가 농경신으로 신봉되었음을 알 수 있다. 따라서 위의 [자료 16]도 이와 같은 신화적 전통을 이어받은 것이라고 보아도 아무런 문제가 없을 것이다.

이렇게 본다면, 당시의 신라 지역에서 동부여의 유화 전승과 비슷한 형태의 신화나 설화들이 전승되고 있었다는 것을 알 수 있다. 그

---

63) "王巡撫六部 妃閼英從焉. 勸督農蠶 以盡地利" 김부식 : 1982, 2쪽.

런데 이처럼 곡모신의 전통이 있었던 신라 지역에 새와 곡식이 연계된 수락 신화(穗落神話)의 변형된 형태가 있었다는 것은 상당한 흥미를 불러일으킨다. 그래서 그 내용을 간략히 소개하기로 한다.

[자료 18]

신라에서 첫째가는 귀족인 김가라는 사람이 있는데, 그 먼 조상으로 방이라는 이가 있었다. (그에게는) 동생 한 명이 있어 재산이 많았다. 그 형인 방이는 따로 살았으나, 음식과 의복을 구걸하는 처지였다. 나라가 백성들에게 땅을 나누어 한 이랑씩을 주었으므로, (그는) 동생에게 누에와 곡식의 종자를 구하였다. 동생이 그것들을 삶아서 주었으나, 방이는 그것을 알지 못했다.

㉠ 누에를 칠 때가 되자, 한 마리의 누에가 살아 있었다. 그 누에는 날마다 한 치 남짓 커져, 보름이 지나면서 크기가 소와 같이 되어 먹을 나뭇잎이 부족하게 되었다. 그 동생이 이것을 알고, 틈을 엿보아 그 누에를 죽여 버렸다. 하루가 지나자, 사방 백 리 안에 있던 누에들이 모두 그 집으로 몰려들었다. 나라의 사람들이 그를 거잠(巨蠶)이라 하였는데, 누에의 왕이란 뜻이었다. 사방의 이웃들이 다 함께 고치를 켰다.

곡식 종자는 모두 싹이 트지 않았지만, 단지 한 그루만이 자라났다. 그 이삭이 자라서 한 자 정도는 되었으므로, 방이는 늘 그것을 지켰다. (그러던 어느 날) ㉡ 갑자기 새가 그것을 꺾어서 도망을 갔으므로, 방이가 그 새를 뒤좇아 갔다. 산으로 대여섯 리를 올라가더니, 새는 한 바위틈으로 들어가 버렸다. 해가 저물어 길이 어두웠기 때문에, 방이는 바위 곁에 머물러 있었다.

밤이 되어 달이 밝았다. 한 무리의 아이들이 나타났는데, 그들은 붉은 옷을 입고 서로 놀았다. 한 아이가 "너희들 무엇이 필요하니?"

라고 말하자, 한 아이가 "술이 필요하다"고 하였다. 그 아이가 금방
망이를 꺼내어 돌을 치니, 술과 안주가 갖추어졌다. 한 아이가 먹을
것이 필요하다고 해서 또 치니, 떡과 국, 고기들이 돌 위에 펼쳐졌
다. (아이들은) 오래도록 마시고 먹고 놀다가 흩어졌는데. 금방망이
는 돌 틈에 끼워두고 갔다. 방이는 크게 기뻐하며 그 방망이를 가지
고 돌아왔다. 그리고 가지고 싶은 것을 치는 대로 얻어서, 이로 말미
암아 나라에 버금가는 부자가 되었다.[64]

   이것은 당나라 때 단성식(段成式)이 지은 《유양잡조(酉陽雜俎)》에
신라의 이야기로 전해지는 방이 설화(旁㐌說話)로, 조선 시대에 완
성된 《흥부전》의 근원이 된 것으로 알려져 있다. 이 자료에서는 ㉠
에서 보는 것처럼, 동생이 삶아서 준 누에씨에서 나온 한 마리의 누
에가 부(富)를 가져다 주었다. 그리고 ㉡에서는 싹이 튼, 한 그루의
곡식 씨앗이 많은 부를 가져오는 계기를 마련하였다. 특히 후자에
서는 새가 이 경이로운 이삭을 꺾어서 바위틈으로 들어갔다고 하
여, 새와 곡식 사이의 관계가 밀접하게 연계되어 있어 눈길을 끈다.
이와 같은 전승이 당시에 당나라에까지 알려졌다고 한다면, 신라
지역에는 새가 곡식을 가져오기도 하고 가져가기도 한다는 신화적
사고가 상당히 널리 퍼져 있었음을 나타낸다고 보아도 좋지 않을까

---

64) "新羅國 有第一貴族金哥 其遠祖名旁㐌. 有弟一人 甚有家財. 其兄旁㐌 因分居 乞
　　衣食. 國人有與其隙地一畝 乃求蠶穀種於弟 弟蒸而與之 旁㐌不知也. 至蠶時 有一
　　蠶生焉. 日長寸餘 居旬大如牛 食數樹葉不足. 其弟知之 伺間殺其蠶. 經日四方百里
　　內 蠶悉飛集其家 國人謂之居蠶 意其蠶之王也. 四隣共繰之 不供穀 唯一莖植焉. 其
　　穗長尺餘 旁㐌常守之. 忽爲鳥所折銜去 旁㐌逐之. 上山五六里 鳥入一石罅. 日沒徑
　　黑 旁㐌因止石側 至夜半月明 見群小兒 赤衣共戱. 一小兒云 爾要何物. 一曰要酒.
　　小兒露一金錐子 擊石 酒及樽悉具. 一曰要食 又擊之 餠餌羹炙 羅於石上 良久飮食
　　而散 以金錐揷於石罅. 旁㐌大喜 取其錐而還 所欲隨擊而辦 因是富侔國力" 손진태:
　　1947, 2쪽에서 재인용.

한다.

그런데 이 설화가 소설로 정착된 《흥부전》에 오면, 주인공의 착한 행위에 대한 보답으로 제비가 박씨를 물어다 주는 것으로 바뀐다. 《흥부전》의 이 부분만을 간단히 소개한다면 다음과 같다.

[자료 19]

강남 수천 리를 훨훨 날아가서 제비 왕께 입시(入侍)하니, 왕이 물어 가로되 "경(卿)은 어찌하여 다리를 절며 들어오느냐" 제비 엿자오대 "신(臣)의 부모가 조선에 나가 흥부의 집에 깃들었더니 뜻밖에 대망의 화를 입어 다리가 부러져 죽을 것을 주인 흥부의 구함을 얻어 살아 왔사오니 흥부의 가난을 면하게 하여 주옵시면 소신이 그 은공을 만분지일이라도 갚을까 하나이다." 제비 왕이 이 말을 듣고 가로되 "불인인지심(不忍人之心)은 성인(聖人)의 본정(本情)이니, 흥부는 과시(果是) 어진 사람이라. 유공필보(有功必報)는 군자의 도리라. 그 은혜를 어찌 아니 갚으리오. 과인이 박씨 하나를 주는 것이니 경이 가지고 나가서 보은하라." 제비 사은(謝恩)하고 물러나가 그렁저렁 그 해를 지내고 명년 삼월을 당하니 모든 제비 날갈새 저 제비 거동 보소. (중략) 흥부 즉시 나와보고 심중에 이상히 여기더니 그 제비 머리 우로 말아들며 입에 물었던 것을 앞에다 떨구니…….65)

이 《흥부전》에서는 제비가 제 다리를 고쳐 준 흥부에게 박씨를 물어다 주는 보은(報恩)의 새로 등장한다. 이처럼 새가 곡식의 종자를 가져다 준다는 것은 [자료 13]에서 고찰한 바 있는 유화 신화에 등장하는 비둘기와 같은 신화적 사유를 반영하는 것이라고 할 수 있

---

65) 손낙범 교주 : 1957, 58-64쪽.

다. 그러므로 한국에서는 일찍이 곡모신 사상과 함께 새가 곡식의
씨앗을 가져다 준다는 사유가 있었다고 보아도 무방할 것이다.

이렇게 보는 경우, 이 유형의 이야기 또한 앞에서 살펴본 출현 신
화와 마찬가지로 동부여 지역에서 동해안을 따라 남하하였을 것으
로 추정할 수 있게 한다. 만약 이런 추정이 타당하다고 한다면, 한국
의 기층 문화가 이루어지는 데는 만주의 동북부 지방을 거쳐 한국의
동해안으로 내려온, 한 무리의 문화가 있었음이 확인되었다고 할 수
있다.

그러나 이러한 가설을 제시하면서 한 가지 짚고 넘어가야 할 것
이 있다. 그것은 출현 신화나 곡모신 신화를 가진 지배 집단이 동해
안을 따라서 남하한 흔적을 남기고 있는 데 견주어,66) 서해안을 따
라서 내려온 자취는 찾아보기 힘들다는 것이다. 이 문제는 한국의
기층 문화가 백두대간(白頭大幹)을 경계로 동서로 나뉘었을 가능성
을 시사하고 있어, 결론을 내리는 데는 신중해야 한다.

더욱 구체적으로 말한다면, 서해안 일대의 지배 세력들도 출현 신
화나 곡모신 신화를 가졌는데, 뒤에 들어온 유목·수렵 문화 집단에
게 정복되면서 이것이 망실(亡失)되었을 수도 있다. 따라서 이 문제
를 해결하려면 더욱 많은 구전 자료들을 조사하여 그 분포를 확인해
야 할 것이다. 그러나 한국에서는 사람들이 땅에서 솟아났다는 관념
이 일반화해 있고,67) 또 새가 곡식의 씨앗을 가져다 준다는 것도
《흥부전》의 영향으로 널리 분포해 있다는 것이 고려되어야 할 것이
다. 하지만 현재까지 전해지는 신화나 설화 자료들을 중심으로 볼

---

66) 동북 지방에서는 무문토기시대에 조와 피, 기장, 수수, 콩, 팥 등의 밭농사가 이루
   어졌던 것으로 보아, 동해안 일대를 따라 남하한 것은 전곡 경작의 농경 문화였을
   가능성이 높다고 하겠다. 안승모 : 1998, 20쪽.
67) 한국에서 널리 부르고 있는 자장가에 "둥기둥기 우리 아가 하늘에서 떨어졌나 땅
   에서 솟아났나"는 표현이 있다는 것이 이것을 말해준다.

때, 동해안을 따라서 내려온 문화의 한 흐름이 있었고, 또 이 문화는 곡모신을 받드는 집단으로 상정할 수도 있지 않을까 한다.

2.2 문화사적 의의와 그 원류

위에서 곡모신 신화가 만주의 동북 지방을 거쳐 한국의 동해안 지역으로 남하하였을 것이라는 가설을 제시하였다. 이런 가설의 타당성을 뒷받침하려면 이 신화와 비슷한 구조나 내용으로 되어 있는 자료들을 찾지 않으면 안 된다. 우선 이와 같은 유형에 들어가는 신화로는 왕가(王嘉)가 지은 《습유기(拾遺記)》에 기록된 다음과 같은 자료를 들 수 있다.

［자료 20］

몸이 온통 붉은 색인 새 한 마리가 살고 있었다. 그 새는 입에 아홉 개의 이삭이 달린 벼의 모를 물고 하늘을 날아다녔는데, 그 이삭들이 땅에 떨어지게 되었다. 염제(炎帝)가 그것을 주워서 밭에 뿌렸더니 크고 작은 곡식이 자라났다. 사람들이 그 곡식을 먹으면 배가 불렀을 뿐만 아니라, 장생불사할 수 있었다고 한다.[68]

이 이야기의 시대적 배경은 염제(炎帝) 신농씨(神農氏)가 살았다는 신화 시대이다. 염제 신농씨는 그 이름에서 알 수 있듯이, 농업과 불가분의 관계가 있는 신화적인 인물이었다. 그의 출생에 대한 이야기로는 《수경주(水經注)》에 "신농씨가 태어나자 아홉 개의 샘이 솟구

---

68) "(炎帝)時有丹雀銜九穗禾. 其墮地者 帝乃拾之以植於田. 食者老而不死" 袁珂, 전인
  초 공역 : 1992, 264쪽에서 재인용.

쳐 올랐는데, 한 우물의 물을 길어 올리면 다른 곳의 샘물이 흔들렸다”69)는 기록이 남아 있다. 탄생에 이처럼 신비스러운 일이 벌어진 것으로 되어 있는 염제는 농경의 신이기도 하였다. 《역사(繹史)》에는 그가 농경을 시작한 것에 대해, “신농씨 때 하늘에서 곡식의 씨앗들이 떨어졌다. 신농씨가 이 씨앗들을 모아서 개간해 놓은 밭에 심으니, 오곡이 풍성하게 되었고, 백과가 열매를 맺었다”70)고 적혀 있다.

이렇게 농경을 주재하는 신농씨에게 곡식의 씨앗을 새가 가져다 주었다고 하는 것은 유화 신화에 등장하는 비둘기와 같은 기능을 하였음을 나타낸다. 그렇지만 이 신화에는 그 곡식의 씨앗을 누가 주었는가에 대한 언급이 없다. 중국에도 분명히 곡모신 신앙이 있었을 것으로 추정되지만, 기록으로 전해지는 자료는 쉽게 눈에 띄지 않는다. 그래서 농경과 관계가 있는 후직(后稷)의 신화를 살펴보기로 하겠다.

[자료 21]

전설에 따르면, 유태씨(有邰氏)에게는 강원(姜源)이라는 딸이 있었다. 그녀는 어느 날 교외에 나가서 놀다가 돌아오는 길에, 거대한 발자국이 나 있는 것을 보게 되었다. 그녀는 제 발을 그 거인의 발자국에 맞대어 보았다. 그녀가 엄지발가락 부분을 막 밟는 순간, 갑자기 어떤 감동 같은 것이 밀려오는 듯한 느낌을 받았다.

그러고 나서 돌아온 지 얼마 되지 않아 임신을 하게 되었다. 시간

---

69) “神農旣誕 九井自穿 汲一井則衆水動” 袁珂, 전인초 공역 : 1992, 264쪽에서 재인용.

70) “神農之時 天雨粟 神農遂耕而種之 然後五穀興助 百果藏實” 袁珂, 전인초 공역 : 1992, 264쪽에서 재인용.

이 지나자, 둥그런 살덩이를 낳았다. 이 살덩이에서 태어난 후직은 아버지가 없다는 이유로 많은 어려움을 겪지 않을 수 없었다.

그런 후직에게는 어렸을 때부터 원대한 꿈이 있었다. 그는 놀 때도 야생의 보리와 조, 그리고 콩, 박과 과일 등의 씨앗을 모아서 땅에다 심었다. 그 뒤에 콩이나 보리는 잘도 자랐고 열매도 야생하는 것들보다 훨씬 좋았다. 커서 어른이 된 뒤 그는 농경에 대한 경험을 쌓았다. 그는 나무와 돌로 간단한 농기구 몇 가지를 만들어서 그의 고향 사람들에게 농사짓는 법을 가르쳤다.

사람들은 후직이 이루어 놓은 성과를 보고, 차츰 그를 믿게 되어 농사짓는 일을 시작하였다. 그리하여 농사를 짓는 일이 후직 어머니의 고향인 유태 지방에까지 전해졌다. 그러자 당시의 국왕이던 요(堯)임금도 후직과 그 고향 사람들이 이룬 농업의 성과를 알게 되었다. 요임금은 후직을 농사(農師)로 청하여, 전국의 백성들을 위해 농사짓는 기술들을 가르쳐 주라고 했다. 그 뒤에 요임금의 뒤를 이은 순(舜)임금은 후직을 태(邰) 지방에 봉하여 주고, 백성들의 농업 시험장으로 삼았다.

전설에 따르면 신성(神性)을 지닌, 이 영웅은 하늘에 올라가서 곡식의 씨앗들을 가지고 사람 세상으로 내려왔다. 그리고 그것들을 흩뿌려 수많은 농작물들이 들판을 가득 채우게 만들었다고 한다. 그 때부터 사람들은 먹을 것과 입을 것을 걱정하지 않아도 되었고, 그들의 생활은 한결 더 행복해졌다고 전해진다.[71]

이것은 원가(袁珂)의 《중국 신화 전설》에서 요약한 것이다. 중국의 신화들도 한국의 그것과 마찬가지로 체계적으로 정리되지 못하고, 여러 문헌에 단편적으로 전해진다는 특징이 있다. 그러던 것을

---

71) 袁珂, 전인초 공역 : 1992, 389-392쪽에서 요약.

원가가 여러 문헌들을 참조하여 체계를 세워 기록한 것이 앞의 자료 [자료 21]이어서, 이것을 자료로 이용하는 데는 문제가 있다.

그러나 이 자료를 통해서 후직이 농업과 밀접한 관련이 있는 신화적 인물이었음을 확인할 수 있다. 중국에서는 후직이라는 이름을 '직(稷)의 군(君)', 곧 곡식들 가운데 군장(君長)이란 뜻으로 이해해 왔다. 그 때문에 《풍속통의(風俗通義)》 사전(祀典) 직신(稷神) 조에는 "직(稷 : 메기장)은 곡식의 으뜸이다. 오곡이 풍성해지면 제사를 지내지 않을 수 없으므로, 직을 세워서 제사를 지낸다"72)고 하였다. 또 갑골문(甲骨文)에 따르면, '직(稷)'자 그 자체가 곡식의 이삭을 형상화한 것이었다.

따라서 후직은 농경을 시작한 농경신이었다고 보아도 크게 잘못은 없을 것이다. 그런 후직을 주(周) 민족의 시조라고 한 것이나, 요임금과 순임금 시대에 농사를 관장하는 직책을 맡았다는 식의 전승은 후대에 유학(儒學)의 발달과 함께 첨가되었을 가능성이 높다.

그런데 이 신화에는 제곡(帝嚳)73)의 아내이며 후직의 어머니인 강원(姜嫄)이 어떤 신화적 성격의 인물이었지가 뚜렷하게 드러나지 않는다. 그렇지만 《시경(詩經)》 대아편(大雅篇) 생민(生民)에는 강원을 다음과 같이 노래하고 있다.

　　　[자료 22]

위대한 후직의 하는 일은
(백성들의) 하는 일을 돕는 것이었네
무성하게 자라난 풀들을 베어내고

---

72) "稷者五穀之長 五穀衆多 不可徧祭. 故立稷而祭之" 三品彰英 : 1973, 233쪽에서 재인용.

73) 제곡이나 제준(帝俊)은 모두 순(舜)의 화신이다. 袁珂, 전인초 공역 : 1992, 373쪽.

좋은 오곡의 씨앗을 심는 것이었네
참으로 가지런히 잘 자라서
싹이 돋고 꽃이 피어 견실하게 열매를 맺어
드리워진 이삭에는 낱알들이 달렸기에
유태(有邰)의 사당에서 어머니를 제사하였네.[74]

이것은 후직이 태어난 집, 곧 그의 어머니인 강원의 집에 있던 것을 찬미하는 것이다. 이 시구에 대해, 미시나 아키히데(三品彰英)는 "어머니 강원의 '강(姜)'은 신농(神農)이 있던 곳의 강수(姜水)에서 비롯된 것이다"라고 하였다. 그리고 후세의 학자들이 후직이 그의 어머니의 혼백을 사당에 모시고 제사를 지냈다는 식으로 해석하는 것은 잘못된 것이라는 지적과 함께, "실은 후직이 물가에서 곡모신 강원 밑에서 자라났다고 하는, 모자(母子) 두 신의 형식으로 그 영혼의 덕을 칭송하는 것"[75]으로 보았다.

그러면서 미시나는 《시경(詩經)》의 노송편(魯頌篇) 비궁(閟宮)에 전해지는, 다음과 같은 시구(詩句)를 들고 있다.

［자료 23］

닫혀 있는 사당 건물 고요만 하고

---

74) "誕后稷之穡 有邰之道. 茀厥豐艸 種之黃茂. 實方實苞 實種實襃. 實發實秀 實堅實好. 實穎實栗 卽有邰家室" 高田眞治 : 1968, 403-404쪽.
이 시구에 대한 성백효(成百曉)의 해석은 다음과 같다.
"후직의 농사는 재배하는 방법이 있도다. 무성한 풀을 제거하고 아름다운 곡식을 심으니 씨앗을 담궈 싹이 트려고 하며 씨를 뿌려 차츰 자라며 발육하고 발수하며 단단하고 아름다우며 이삭이 늘어지고 알차더니 태나라에 나아가 집을 정하시니라." 성백효 : 1993, 246쪽.
75) 三品彰英 : 1973, 361-362쪽.

널따란 안에는 틈도 없구나.
아름답기 그지없는 강원의
그 높은 덕이 회복되지 않기에
하느님이 내려와 감응을 하여
잉태한 아들은 튼튼하구나.
세월이 흘러 달이 차니까
하느님의 아들 후직을 낳으니
여러 가지 곡식을 내려주었네.
일찍 익는 기장과 올벼도 있고
조생 벼에다 만생 벼도 있었네.
하늘이 내려준 이걸 가지고
백성들은 생업으로 삼았다네.[76]

미시나의 해석에 따르면, 이 시구는 물가에 살고 있던 강원이 천제(天帝)의 혼령에 따라 후직을 잉태하여 낳은 것을 읊조렸다는 것이다. 바꾸어 말하면 이 사당을, 천제가 비(妃)와 더불어 후사(後嗣)를 기원하던 성소(聖所)로 보았다.

이와 같은 그의 해석을 그대로 받아들인다면, 후직의 어머니인 강원은 물가에 산다고 생각되던 곡모신적인 존재였음을 알 수 있다. 따라서 후직이 하늘로부터 곡식의 씨앗을 얻어왔다거나, 아니면 하

---

76) "閟宮有侐 實實枚枚 赫赫姜嫄 .其德不回 上帝是依 無災無害 彌月不遲. 是生後稷 降之百福 黍稷重穋 稙稺菽麥 奄有下國 俾民稼穡" 高田眞治 : 1968, 621-622쪽.
이 시에 대한 성백효(成百曉)의 해석은 다음과 같다.
"깊게 닫혀 있는 사당 고요하기도 하니 견실하고 치밀하도다. 혁혁한 강원이 그 덕이 사특하지 아니하사 상제가 이에 돌보시니 재앙이 없고 해가 없어서 낳을 달을 채우자 더디지 아니하여 이 후직을 낳으시고 백복을 내리시니 늦고 이른 기장과 피며 이르고 늦은 콩과 보리로다. 곧 하국을 소유하사 백성들로 하여금 심고 거두게 하시니." 성백효 : 1996, 409-410쪽.

늘에서 곡식의 씨앗이 떨어졌다고 하는 것은 후대에 이루어진 변형일 가능성을 배제할 수 없게 된다.

이런 뜻에서 오늘날에도 중국의 요족(瑤族)들 사이에서는 여신(女神)이 곡식의 씨앗을 가져왔다는 신화가 전해지고 있다는 것은 좋은 참고가 된다.

[자료 24]

태고적에 천하의 모든 산하(山河)는 무질서하게 흩어져 있었다. 포타서(布陀西)는 날마다 산을 져 옮기고 물을 퍼내는 등 산하를 다시 배치하였다. 오늘날 산간 벼랑에 보이는 구덩이나 신발 모양의 흔적은 모두 포타서가 산을 지고 다닐 때 생긴 것이다.

어느 날 포타서가 그의 처인 밀락타(密落陀)에게 말했다. "하늘과 바다는 끝 간 데 없으니, 내가 가서 천하의 산하를 다시 잘 배치하고 돌아오겠소. 당신은 집안 일을 잘 돌보고 아이들을 잘 키우시오. 아이들이 다 크거든 제 살길을 찾아주도록 하시오."

산수를 정리할 도구를 챙겨 떠난 그는 끝내 돌아오지 않았다. 집에 남아 있던 밀락타는 열심히 생활하였다. 그러나 당시에는 초목과 꽃, 과일 등이 아예 없었다. 그래서 밀락타는 서왕모(西王母)가 사는 곳을 찾아가 각양각색의 종자를 얻어와 파종하였다. 그랬더니 산비탈에는 푸른 수목이, 황야에는 오색 찬란한 풀들이, 평지에는 오곡이 자라게 되었다. 이로부터 산과 언덕에는 나무와 풀이 있게 되었고, 논밭에는 곡식이 있게 되었다. (중략)

꽃이 피고 또 지고, 이렇게 하기를 수없이 거듭하자, 밀락타의 머리도 하얗게 새었다. 그러자 그녀는 문득 남편 포타서의 말이 떠올랐다. "애들아 이제 너희들도 다 자랐으니, 내일부터는 저마다 독립해서 생활하도록 하여라"고 말했다.

아이들은 모두 그렇게 하겠노라고 대답했다. 다음날 이른 아침, 큰아들이 제일 먼저 일어나 쟁기를 챙겨 들로 나가 논밭을 일구고, 벼를 심기 시작했다. 이렇게 평야에 뿌리내린 그는 아이를 기르면서, 행복한 생활을 꾸려 나갔다.

둘째 아들은 호미를 들고 산언덕으로 올라가, 황무지를 개간하기 시작했다. 그는 옥수수와 수수 등을 심고 자리를 잡아 즐겁게 생활하였다.

그러나 셋째 아들은 어린 까닭에 잠도 많고 게을렀다. 일어나서 보니, 두 형은 이미 떠나고 보이지 않았다. 별다른 계획을 세우지도 못했던 셋째 아들은 마음만 조급해 어머니 밀락타에게 어리광을 부리면서 말했다. "어머니, 형들이 재산을 가지고 가 버렸으니, 저는 뭘 가지고 정착해서 살아간단 말입니까?" 어머니는 "내 귀염둥이야, 걱정 말아라. 아직도 좁쌀 2되랑 큰 칼이 있는데, 모두 네게 주마"라고 하며, 그것들을 주었다. 셋째 아들은 산으로 들어가 가시나무와 잡목을 쳐서 불사르는 등 황무지를 개간하여 좁쌀을 심었다.[77]

이것은 요족(瑤族)들 사이에 전승되고 있는 이야기로, 곡식의 씨앗을 준 밀락타의 은혜를 잊지 않으려고 행하는 달로절(達努節)의 연기 신화(緣起神話)로 자리잡은 것이다. 이러한 신화에서 곡식의 씨앗을 가져다 주는 신화적 인물은 그것들을 재배하기 시작한 사람들의 어머니인 밀락타였다. 그렇다면 비록 그녀가 서왕모로부터 곡식의 씨앗을 얻어오기는 하였으나, 곡모신으로 숭배되지 않을 수 없는 신화적 인물이었음을 확인할 수 있다.

특히 어머니가 곡식의 씨앗을 얻어다주고, 그 아들들이 이 씨앗들을 심어 경작을 시작하였다는 것은 [자료 13]의 유화 신화에 등장하

---

77) 서유원 편 : 2002, 107-109쪽.

는 유화와 주몽의 관계를 떠올리게 한다. 이와 같은 유사성은, 사람의 보편적인 심리에서 비롯되었다고 하기보다는 이들의 친연 관계를 드러내는 것이라고 보는 것이 온당할 것이다. 바꾸어 말하면 요족이 가졌던, 중국의 내륙 지방에서 행해진 문화의 복합이 그대로 동부여 지방으로 전해졌다고 볼 수도 있다는 것이다.

이런 상정을 하면서, 중국의 산동(山東) 지방에 전승되는 다음과 같은 이야기도 이 문제의 해결에 도움을 준다.

［자료 25］

한 가난한 남자가 차(茶)를 따러 가는 길에 총알을 맞아서 상처를 입은 작은 새를 주웠다. 그는 작은 새를 집에 가지고 와서 상처를 손수 치료하고 쌀과 물을 가져다 주었다. 작은 새는 상처가 나아서 날아갔다.

어느 날 어둠이 다 가시지도 않았을 무렵, 많은 새들이 집으로 날아와 울고 있었다. 밖에 나가 보았더니, 아주 연한 차의 잎들이 작은 새들의 입으로부터 끊임없이 떨어지고 있었다. 남자는 부인과 함께 며칠 동안이고 그 차의 잎들을 주워서, 부자가 되었다. 그 까닭을 안 이웃사람들도 새를 귀여워하였고, 새는 그들에게도 그 대가(代價)로 차 잎을 물어다 주었다. 이리하여 그 마을은 '조여차(鳥餘茶)'의 산지가 되었다.[78]

이것은 한국의 《흥부전》, 곧 다친 다리를 고쳐 준 대가로 제비로부터 박씨를 얻어 심어서 부자가 된 이야기를 떠올리게 하는 자료이다. 이 이야기의 주인공은 총알에 맞아 상처를 입은 작은 새를 고쳐

---

78) 大林太良 : 1973, 154-155쪽에서 재인용

준다.[79] 그리고 이렇게 해 준 대가로 그 작은 새들이 물어다 준 차의 잎으로 부자가 되었다. 또 여기에 그치지 않고, 마을 사람들 전부가 새들을 귀여워해 준 덕분에 모두가 부자가 되었다는 이야기이다.

이 설화에서는 새들이 가져다 준 것은 곡식의 씨앗이 아니라, 차의 잎이라는 차이가 있기는 하다. 그렇지만 곡모신의 사자(使者)로서 등장하는 것이 새라는 점을 감안하면, 이 자료도 곡모신 신화와 밀접한 관계가 있다고 볼 수 있다.

위에서 살펴본 중국의 신화 자료들에 대해 오바야시 타료는 다음과 같은 견해를 제시하였다.

중국의 고문화(高文化 ; 인류문명 초기에 형성된 문자를 사용했던 문화)가 이루어지는 데는 여러 곳의 지방 문화가 이바지하였을 것으로 본다. 그렇다면 수락신(穗落神)[80] 전승은 어떤 지방 문화에 속했던 것일까? (중략) 우선 후직의 신화가 서북 중국의 지방 문화를 배경으로 생성된 주 왕조(周王朝)의 시조 신화로 이야기되고 있다는 것이다. 또 왕가(王嘉)의 《습유기(拾遺記)》에는 염제(炎帝) 때 붉은 새가 벼이삭을 물고 날아왔다는 내용이 적혀 있다. 그런데 이 염제도 (후직과) 마찬가지로 서북의 지방 문화에 속한다는 것은 에버하르트 W. Everhard와 서욱생(徐旭生)도 인정하는 것이다. 염제의 신화가 수락신(穗落神) 전승과 밀접하게 이어져 있음을 나타내는 것은, 서산(西山)의 조약돌과 나뭇가지들을 물어다가 동해에 던진 새 '정위(精

---

79) 총알이 나오는 것으로 보아, 이 설화는 상당히 후대에 만들어진 것임을 알 수 있다. 하지만 총알과 같은 것은 설화의 변체(變體)에 해당되는 것이기 때문에, 설화 자체가 오래되지 않았음을 나타내는 것은 아니다. 김화경 : 1987, 27쪽.

80) 오바야시는 새가 곡식의 씨앗을 물어다 주었다는 모티프를 중시하여, 이 유형의 신을 '수락신(穗落神)'이라고 이름 붙여 논의한 바 있음을 밝혀 둔다. 大林太良 : 1973ⓑ, 104–198쪽.

衛)’인데, 이것도 에바하르트는 티베트 문화의 요소로 보고 있다. 더욱이 일본의 이즈모 신화와 오키나와 신화(沖繩神話)에서 곡물 기원 신화와 같은 구상(構想)을 나타내는 불의 기원 신화에 관해서도, 중국에서는 북서부의 지방 문화와 가진 관계를 드러내고 있다.[81]

이러한 오바야시의 견해를 받아들이는 경우, 문제가 되는 것이 위에서 제시한 [자료 24]이다. 이것은 양자강(揚子江) 이남에 살고 있는 요족들 사이에 전해지는 것이어서, 염제나 후직의 신화와는 그 전승지를 달리하고 있기 때문이다. 그렇지만 이것을 후자의 영향을 받아 만들어진 것이라고 보는 경우에는 그렇게 큰 문제가 되지는 않는다. 바꾸어 말하면 중국의 서북 지방에 근원을 두었던 곡모신 신앙이 양자강 이남의 요족에게 전해졌다고 볼 수도 있다는 것이다.

그래서 중국의 곡모신 전승이 서북부의 지방 문화와 관계가 있다고 본다면, 한국의 자료들도 이 지방에서 전래되었을 것이라는 추정이 가능해진다. 다시 말해 한국의 곡모신 신화들은 중국의 서북 지방에서 들어왔다는 것이다. 그리고 중국의 서북 지방이 논농사를 주로 하는 곳이 아니라, 전형적으로 밭곡식을 재배하는 농경 문화 지역이었다는 점을 참작하여, 이 유형의 신화가 만주의 동북 지방이나 산동 반도로 들어왔다가, 다시 한반도로 전래되었을 것이라는 가설을 세울 수 있게 된다.

---

81) 같은 책, 161쪽.

3. 시체 화생 신화의 연구

3.1 시체 화생 신화

한국의 기층 문화가 이루어지는 데 중요한 구실을 한 것이 농경 문화라는 것은 이미 앞에서 살펴본 바 있다. 이 농경 문화의 기원을 서술하는 신화들 가운데서 빼놓을 수 없는 것이 시체 화생 신화(屍體化生神話)이다. 그러나 한국의 문헌 신화 가운데서 이 유형에 들어가는 자료를 찾기가 쉽지 않다. 그래서 먼저 구전되고 있는 자료들부터 소개하기로 한다.

[자료 26]

옛날에 어떤 곳에 젊은이가 살고 있었다. 그 젊은이의 아버지는 오랫동안 병을 앓고 있어, 여러 가지로 치료를 해 보았지만 낫지를 않았다. 몇 번인가 유명한 의원(醫員)에게 보였으나, 조금도 차도가 없었다. 그러던 어느 날 지나가던 나그네가 제 집안에 전해오던 비법을 가르쳐 주었다. 그것은 세 사람의 골을 먹이면 병이 낫는다는 것이었다.

그러나 아무리 좋은 약이라고 하더라도 한 사람의 병을 치료하려고 세 사람이나 희생시킬 수는 없는 일이었다. 그렇지만 오랫동안 괴로움을 겪고 있는 아버지의 병은 조금도 나아지지 않았다. 게다가 날이 갈수록 쇠약해져 갈 뿐이어서 애처롭기 그지없어 더 이상 참기가 어려웠다. 그리하여 그는 좋지 않은 일이라고 생각하면서도 그 일을 실행에 옮기기로 했다.

젊은이는 얼굴을 완전히 가린 다음, 몽둥이를 들고 집을 나섰다.

마을에서 떨어진 산 속의 길 옆에 숨어서 이제나저제나 하면서 사람이 지나가는 것을 기다렸다. 그 곳에 가장 먼저 나타난 사람은 아주 점잖은 사람이었다. 그 다음에 온 사람은 참으로 난폭한 사나이로 힘차고 기세가 등등하게 나타났다. 맨 마지막에 온 사람은 완전히 미친 사람으로 무엇인가 입으로 홍얼거리면서 걸어왔다.

젊은이는 세 사람을 죽이고 골을 꺼낸 다음에, 그들의 시체를 계곡에 묻고 집으로 돌아왔다. 그것을 아버지에게 먹였더니, 병이 거짓말처럼 깨끗하게 나았다.

그 뒤의 일이었다. 전에 시체를 묻었던 곳 근처에 가보았더니 이상하게도 많은 밀들이 나서 누렇게 익어 있었다. 젊은이는 "이것은 그냥 둘 수 없다"고 하면서, 전부 베어 와서 술을 담갔다. 꽤 많은 술이 익었기에 즐겨 마셨더니 차츰 취하게 되었다. 처음에는 양반처럼 단정하고 예의 바르게 있었지만, 곧이어 싸움을 시작하고 난폭하게 바뀌었다. 마침내 미친 사람과 같이 발광을 하였다. 이 술은 누가 마셔도 언제 마셔도 똑같았기에 모두가 두려워하면서 이상하다고 여겼다.[82]

이것은 한국에 그 유화(類話)가 그리 흔치 않은 곡물 기원 설화의 하나로, 타살된 시체로부터 밀의 씨앗을 얻었다고 하는 것을 주된 내용으로 하고 있다. 이러한 자료는 일제 강점 시대에 일본 사람들이 조사한 것이다. 그런데 그 조사지가 뚜렷하게 밝혀져 있지 않고, 또 그 내용에서도 술의 속성을 민간 어원적으로 설명하고 있어, 인용 자료로서 문제가 있음을 인정하지 않을 수 없다.

하지만 이와 같은 유형의 이야기들이 평안북도 의주(義州)[83] 지방

---

82) 中村亮平 編 : 1935, 127-128쪽.
83) 崔仁鶴 : 1976, 309쪽.

과 경기도 양평(楊平) 지방 일대에 전해지고 있는 것으로 보아, 전연 근거가 없는 것을 조사자가 지어낸 설화로 보기는 어렵다. 그리하여 양평 지방에서 조사된 자료를 하나 더 소개하기로 한다.

［자료 27］

옛날에 경기도 양평 지방에 어떤 부자(父子)가 살고 있었다. 아버지가 늙어서 병이 들자, 어린 아들은 아버지를 살려 보려고 갖은 노력을 다하였다. 곳곳에 수소문을 하여 좋다는 약은 다 구해서 써 보았으나, 효력이 없어 안타깝기 그지없었다.

어느 날 중국의 북경에 명의(名醫)가 있다는 애기를 듣고, 그야말로 불원천리(不遠千里)가 아니라 불원삼천리로 찾아갔다. 그래서 가져간 예물을 드리고 아버지의 병 증세를 이야기했지만, 의원은 묵묵부답이었다. 어떻게 할 수 없어 그의 소실(小室)에게 부탁을 했다. 그렇게 하여 산 사람의 생간을 세 보만 내어 맹물에 푹 고아서 그 물을 마시게 하면 나을 수 있다는 것을 알아냈다.

그는 사람을 죽여야 한다는 것 때문에 맥이 탁 풀렸으나, 약은 기어코 만들어야겠다고 마음 먹었다. 그렇지만 집 부근에서 그 일을 할 수는 없었으므로, 멀찌감치 떨이진 의주(義州) 근방에서 마련해 가기로 하였다. 그리하여 칼을 준비해 고갯마루 위에 올라가서 사람이 오기를 기다렸다.

처음에는 갓을 반듯이 쓴 선비 하나가 글귀를 홍얼거리며 올라왔다. 다음에는 장삼을 입은 중이 쩌렁쩌렁한 쇳소리로 염불을 외면서 왔다. 마지막에는 미친놈 하나가 낄낄낄 웃으면서 활개를 벌려 춤을 추며 올라왔다. 그는 이들의 배를 갈라서 죽이고 간을 꺼내어 유지(油脂)로 잘 싸서 보관하였다. 시체는 모두 한 곳에 집어넣고 흙을 두둑이 덮어 봉분(封墳)을 만들어 꼭꼭 밟아주고는 집으로 돌아왔다.

 이렇게 만든 약의 효력으로 아버지의 병은 씻은 듯이 나아 동네 출입까지 자유로이 하게 되었다. 그러자 세 사람의 영혼에 대해 미안한 마음이 들었다. 그들의 소상(小喪)이 가까워지자, 그는 몇 가지 음식을 정갈하게 장만하여 무덤을 찾아가서 제를 지냈다.

 무덤 위에는 전에 보지 못한 풀이 길길이 자랐는데, 무슨 곡식 같은 것이 이삭을 이루어 누렇게 익어가고 있었다. 그는 그 씨앗을 가지고 돌아와 두어 해 되풀이해서 심었다. 그랬더니 그것이 한 섬 가까이 되었다. 여러 궁리 끝에 빻아서 가루를 내어 먹고, 잘 빻아지지 않는 것은 모아서 쌓아 두었다. 그랬더니 그것이 장마철에 썩었는지 시큼한 냄새가 났다. 이것을 가지고 이리저리 하다 보니 술이 생겨났는데, 애당초 이 곡식은 밀이었기 때문에 지금도 밀을 자세히 보면 배가 갈라져 죽은 원혼이 사무쳐서 아래에서 위까지 칼자국이 나 있다.

 그리고 그렇게 해서 만들어진 술이기에, 사람들이 술을 마시면 죽은 세 사람의 혼이 차례로 나오는 것이다. 즉 처음에는 선비 차례라 점잖고 예의 바르게 행동하다가도, 그 다음에 중의 혼이 나오면 부처 앞에 예물을 차려놓고 불공을 드리던 습관이 있어서 못 먹겠다는 사람에게까지 자꾸 드시라고 억지로 권하게 되고, 마지막에는 어른과 아이도 몰라보고 마구 본성을 드러낸다는 것이다.[84]

 이 자료 또한 앞에서 제시한 [자료 26]과 그렇게 달라 보이지는 않는다. 바꾸어 말하면 이야기 가운데서 변체(變體)[85]들이 얼마간의

---

84) 민병훈 편 : 1975, 88-93쪽에서 요약.

85) 설화의 형태론적인 연구 방법론을 확립한 V. Propp는 등장 인물들의 겉모습이나 연령, 성별, 직업, 그리고 영속적이면서도 부차적인 속성들은 변화하는 데 견주어, 그 행위는 줄거리가 전개되면서 같은 기능을 한다는 사실을 발견하고, 앞의 것을 변체 variable라 하고 뒤의 것을 항체 constant element라고 이름 붙였다. V. Propp :

변화를 보일 뿐, 줄거리는 거의 바뀌지 않았다는 것이다. 그럼에도 이 자료를 인용한 까닭은, 한국의 설화들 가운데도 타살(他殺)된 시체로부터 곡물의 씨앗이 생겨났다[86]고 하는 시체 화생 모티프의 이야기들이 있다는 것과, 그 전승지(傳承地)를 확인할 필요가 있기 때문이었다.

그런데 한국에서 전승되는 시체 화생 모티프의 설화들 가운데는 곡물의 기원을 이야기하는 [자료 26]과 [자료 27]과는 달리, 다른 것들이 생겨났다고 하는 자료들도 있다. 이러한 예는 제주도의 심방들 사이에서 구송(口誦)되고 있는 문전 본풀이에서도 찾을 수 있다.

[자료 28]

옛날에 남선 고을의 남 선비는 여산 고을의 여산 부인과 부부가 되어 아들 7형제를 두었다. 아들이 많아 생활이 어려웠던 그는, 배를 마련하여 쌀장사를 하려고 오동 나라 오동 고을을 찾아갔다. 거기에는 노일제대귀일의 딸이라는 여인이 살고 있었다.

간악하기로 소문난 그녀는 남 선비를 집으로 불러들여 내기 장기를 두어, 남 선비의 배와 곡식을 모두 빼앗아 버렸다. 올 데 갈 데 없이 가련한 신세가 된 그는 노일세대귀일의 딸을 첩으로 삼아, 그녀의 집에서 끼니를 때우게 되었다. 간악한 첩이 남편을 잘 모실 리가 없었다. 그녀가 끓여다 주는 겨죽으로 몇 해를 연명하는 사이에 남 선비는 눈까지 어두워졌다.

한편 여산 부인은 3년 동안을 기다려도 남편이 돌아오지 않자, 아

____

1972, 139쪽.

86) 한국 설화에는 잔인성(殘忍性)이 그렇게 두드러지게 드러나지 않는다. 그런데도 이러한 이야기가 남아 있는 까닭은, 이것이 아버지의 병을 고치기 위한 살인이라는 점에서 효행담(孝行譚)의 성격을 지녔기 때문이 아닌가 한다.

들들이 준비해 준 배를 타고 남편을 찾아나섰다. 오동 고을에 닿은 그녀는 남편이 개 부르는 소리를 듣고 그를 찾아갔다. 하지만 눈이 어두운 남편은 그녀를 알아보지 못하였다. 그녀가 밥을 해 올리자, 남 선비는 그제야 그녀가 제 부인이라는 것을 알고 만단정화(萬端情話)를 나누었다.

그 때 집에 돌아온 노일제대귀일의 딸은 여산 부인에게 여기까지 오느라고 고생이 많았다면서 목욕하러 가자고 권하였다. 그 말을 순진하게 받아들인 여산 부인은 귀일의 딸 뒤를 따라 주천강 연못가로 목욕을 나갔다. 귀일의 딸은 등을 밀어주는 체하다가 여산 부인을 물 속으로 밀어 넣었다.

그런 다음, 그녀는 여산 부인의 옷으로 갈아입고 남 선비에게 돌아가 큰 부인 행세를 하면서 "노일제대귀일의 딸이 행세가 나빠 주천강 연못가에 데리고 가서 죽였다"고 하였다. 아무 영문도 모르는 남 선비는 제 원수를 갚아주었다고 하면서 고향으로 돌아가자고 했다. 그리하여 그들은 남선 고을을 향해 떠났다.

부모가 돌아올 것을 예상한 일곱 형제는 선창가로 마중을 나갔다. 하지만 어머니가 제 어머니가 아닌 것 같아, 집으로 돌아가는 길과 밥상을 차리는 것을 보기로 하였다. 과연 그들이 예상했던 대로 그녀는 제 어머니가 아니었다. 그 날부터 일곱 형제는 어머니를 그리워하며 눈물로 세월을 보냈다.

이 사실을 안 노일제대귀일의 딸은 꾀병을 부리며 일곱 형제의 생간을 먹어야 한다고 말했다. 막내 동생 녹디성인은 청태산 마구할망의 도움을 받아 산돼지의 간을 아버지에게 가지고 가서 형들의 간이라고 하였다. 귀일의 딸은 여섯 개의 간을 먹는 체하며 자리 밑에 묻어두고 피만 입에 바르는 척하였다.

녹디성인은 귀일의 딸 머리채를 잡아 엎질렀다. 그리고는 지붕 꼭대기에 올라가서 형들을 불렀다. 형들이 동서에서 달려들자, 남 선

비는 도망을 치다가 막대기에 목이 걸려 죽었다. 그래서 주목지신
(株木之神)·정살지신이 되었다.

노일제대귀일의 딸은 변소로 도망을 쳐서 목을 매어 죽었다. 변소
의 신인 측도부인(厠道婦人)이 된 것이다. 일곱 형제가 달려들어 죽은
위에 다시 복수를 하려고 두 다리를 찢어발겨 드딜팡(용변을 볼 때
디디고 앉는 납작한 돌)을 마련하고, 대가리는 끊어 돝도고리(돼지먹
이통)를 마련하였다. 머리털은 끊어 던지니 바다에 가 해초가 되었고,
입을 끊어 던지니 바다의 솔치가 되었다. 또 손톱·발톱은 쇠굼벗·
돌굼벗(딱지 조개의 일종)이 되고, 배꼽은 굼벵이가 되었으며, 항문은
대전복·소전복이 되었다. 그리고 육신은 빻아서 바람에 날리니 각
다귀·모기가 되었다.

일곱 형제는 황세곤간이 관리하고 있는 서천꽃밭으로 가서 도환
생꽃을 얻어 와서 오동 나라 오동 고을의 주천강 연못가로 달려갔
다. 하느님께 축수를 드려 연못물을 마르게 한 다음, 뼈만 남은 시체
에 도환생꽃을 올려놓고 금붕체로 후리쳤다. 그렇게 하여 어머니를
살려내어 집으로 돌아온 그들은 "춘하추동 사시절을 물 속에서 지
냈으니 몸인들 안 추울 리 있겠습니까? 그러니 하루 세 번 더운 불
을 쬐면서 조왕할망으로 앉아 얻어 먹기를 마련하십시오"라면서 조
왕신이 되게 하였다. 그리고 일곱 형제는 저마다 제 직분을 차지하
여 신들이 되었다.[87]

이것은 집안의 각도비념이나 신년 가제(新年家祭)인 문전비념 등
에서 문신(門神)을 비롯한 집안의 신들에게 축원을 올릴 때 부르는
본풀이인데,[88] 밑줄 친 부분에서 보는 것처럼 노일제대귀일의 딸이

---

87) 현용준 : 1976, 193-210쪽에서 요약.
88) 같은 책, 211쪽.

남 선비의 아들들에게 살해되어 그 시신으로부터 여러 가지 생물과 무생물들이 생겨났다고 하는 시체 화생 모티프로 되어 있다. 이런 모티프는 차사(差使) 본풀이에서도 발견되는데, 여기에서는 과양생 부부 시신의 뼈 가루가 각다귀와 모기가 되어 날아간 것으로 되어 있다.89)

현용준은 이같은 자료를 가지고, "지금은 주로 해산물의 발생을 설명하는 것으로 되어 있지만, 본디 재배 식물의 발생을 설명하고 있었음에 틀림없다"90)면서, 하이누벨레Heinuwelle형 신화가 한국에도 있다는 사실을 지적한 바 있다. 그리고 그는 제주도의 본풀이에 들어 있는, 이 시체 화생 모티프의 전파 경로에 대해 중국의 "반고 신화가 본디 한민족(漢民族)의 것이 아니라 묘(苗), 요(猺), 샤 등 남방 민족의 것이었던 점을 상기하면, 중국 남부 → 한국 → 일본의 관계가 더욱 깊게 되어 가는 것이다"91)라고 하였다. 이것은 이 모티프의 이야기들이 중국의 남부 지방으로부터 한국에 전래된 뒤에 일본으로 건너갔을 것이라는 가설을 제시한 것이어서 관심을 끈다.

이러한 앞선 연구 성과를 참조한다면, 이 유형의 설화가 제주도뿐만 아니라 한반도의 전역에 퍼져 있었을 가능성은 한결 더 짙어진다. 그래서 문헌 신화들 가운데서 그 예를 찾는다면 박혁거세(朴赫居世)의 오체 분장 신화(五體分葬神話)가 이 유형에 들어가는 것이 아닐까 하고 추정할 수 있다. 박혁거세의 죽음에 대해, 《삼국사기》에는 "61년 봄 3월 거서간이 돌아갔다. 담엄사(曇嚴寺) 북쪽에 있는 사릉(蛇陵)에 장사 지냈다"92)는 간략한 기록이 남아 있을 뿐이다. 하지만 《삼국유사》에는 이보다 좀더 구체화한, 다음과 같은 신화가 남

---

89) 같은 책, 133쪽.
90) 大林太良 : 1973ⓑ, 59쪽에서 재인용.
91) 玄容駿 : 1977, 91–92쪽.
92) "六十一年 春三月 居西干升遐 葬蛇陵在曇嚴寺北" 김부식 : 1982, 3쪽.

아 있다.

　　[자료 29]

　(1) 나라를 다스린 지 61년 만에 왕은 하늘로 올라갔다. 그런데 7
일 뒤에 유체(遺體)가 땅에 흩어져 떨어졌다. 왕후 또한 세상을 떠났
다고 한다.

　(2) 나라 사람들은 그것들을 합해서 장사 지내려고 하였다. 그러
자 큰 뱀이 쫓아와서 방해하였다. 5체(五體)를 각각 나누어 장사 지
내고 5릉(五陵)을 만들었다. 이것을 또한 사릉(蛇陵)이라고도 하는데,
담엄사의 북쪽 능이 바로 이것이다.[93]

　이 자료의 단락 (1)에는 박혁거세와 알영 부인의 죽음이, 그리고
단락 (2)에는 그의 5체가 분장된 까닭이 서술되어 있다. 따라서 이
신화의 표면에서는 시체 화생적인 요소를 찾을 수가 없다.

　그런데 단락 (1)에서 보는 것처럼 박혁거세는 살아서 하늘로 올라
갔다가, 그의 유체가 흩어져 땅에 떨어지는, 이상한 죽음의 과정을
거친 것으로 씌어 있다. 신화상의 문맥으로 볼 때, 이와 같은 그의
죽음은 하늘에 의한 타살로 이루어졌다는 것을 암시해 준다. 그리고
단락 (2)에서는 나라의 사람들이 흩어져 떨어진 그의 유체를 합해서
묻으려고 하자, 커다란 뱀이 나타나 그것을 방해하였기 때문에 5체
를 저마다 따로 묻었다는 것이다. 여기에서 뱀이 왜 이처럼 박혁거
세의 시체가 합장되는 것을 저지하였을까 하는 의문이 생긴다.

　두루 알다시피 뱀은 "팰러스phallus적인 형상과 대지에서 살고 있

---

93) "理國六十一年 王升于天 七日後 遺體散落于地 后亦云亡 國人欲合而葬之 有大蛇
　　逐禁 各葬五體爲五陵 亦名蛇陵 曇嚴寺北陵是也" 최남선 편 : 1946, 45쪽.

다는 두 가지의 이유로 풍요(豊饒)를 상징하는 동물"[94]로 인식되어
왔다. 이렇게 풍요를 상징하는 뱀이 박혁거세의 유체가 합장되는 것
을 방해하였다는 사실은 시체의 합장이 풍요를 가로막는 것이었다
고 해석할 수 있다. 또 5체를 분장하고 5릉을 만들어 사릉(蛇陵)이라
고 했다는 것도 이것과 결코 무관하지 않은 듯하다. 그렇다면 이 신
화가 그의 5체로부터 오곡의 씨앗을 얻었다고 하는 시체 화생 신화
였을 개연성을 인정해도 좋지 않을까 한다. 만약에 이런 추정이 받
아들여진다면, 이 신화는 《삼국유사》에 기록되는 과정에서 이 부분
이 탈락되었다고 볼 수도 있을 것이다.[95]

이렇게 추정하면서, 신라의 신화와 긴밀한 관계가 있는 일본의 이
즈모 신화(出雲神話)에 시체 화생 신화 내지는 생체 화생 신화(生體
化生神話)가 있다는 것도 좋은 참고가 될 것이다. 그래서 《고사기》
에 전해지는 이 유형의 신화를 아울러 소개하기로 한다.

[자료 30]

또 (스사노오노미고토가) 오게쓰히메노카미에게 음식을 달라고
하였다. 이에 오게쓰히메노카미는 코와 입, 엉덩이에서 여러 가지
맛있는 음식을 끄집어내어 가지가지의 요리를 만들어서 바쳤다. 하

---

94) G. S. Kirk : 1971, 198쪽.
95) 이 신화에는 직접적으로 곡식이 싹텄다는 기술이 없기 때문에, 이같은 추정이 무
   리일지도 모른다. 하지만 조동일의 설명에 따르면, 《삼국유사》 권4 보양이목(寶壤
   梨木) 조에 실려 있는 설화는 경상북도 청도군의 운문사(雲門寺) 부근에 있는 대비
   지와 익산 바위에 얽혀서 전해오는 이야기의 중간 부분만을 기록한 것이라고 한
   다. 또 필자가 확인한 바로는, 《삼국유사》 권2 후백제 견훤(甄萱) 조에 실려 있는
   견훤의 탄생담도 경상북도 문경시(聞慶市) 농암면 일대에 전해지는 이야기의 앞부
   분만 기록한 것으로 확인되었다. 이런 예들을 볼 때, 《삼국유사》에 실린 자료들에
   대해서는 철저한 현지조사를 통해 새로운 해석이 시도되어야 함을 지적해 둔다.
   김화경 : 2000ⓑ, 381-395쪽.

야스사노오노미고토는 그 모습을 엿보고 음식을 더럽힌 뒤에 바치
는 것이라고 생각하여, 즉시 오게쓰히메노카미를 죽이고 말았다.
 그런데 살해당한 신의 몸에서 생겨난 물건으로는, 머리에서 누에
가 생겼고, 두 눈에서는 볍씨가 생겨났으며, 두 귀에서는 조[粟]가
생겼고, 코에서는 팥이 생겨났으며, 음부에서는 보리가 생겨났고, 엉
덩이에서는 콩이 생겨났다. 그러자 카무무스히노미오야노미고토(神
産巢日御祖命)가 이것들을 모아서 씨앗으로 삼았다.96)

 이 자료에서는 스사노오노미고토(須佐之男命)가 다카마노하라(高
天原)에서 아마테라스오미카미(天照大御神)에게 나쁜 짓을 하다가
추방되어 이즈모로 가던 길에 오게쓰히메노카미(大氣津都比賣神)를
살해하여 곡식의 씨앗을 얻었다는 것이다.
 곡식의 기원을 설명하는 이 신화는 일찍이 일본의 고대 사학자와
신화학자들에게서 많은 주목을 받아 왔다. 우에다 마사아키(上田正
昭)는 이 자료에 대해서 "또한 이 오곡 기원설(五穀起源說)은 스사노
오노(미고토)의 다카마노하라(로부터) 추방과 본디 연결되지 않는 성
질을 가진 것이다"97)라고 하여, 별개의 전승이 기록되는 과정에서
삽입되었을 것으로 추정하였다.98)
 그러나 이 문제를 해결하려면 《일본서기》 제5단 3귀자(貴子) 탄생
조에 전해지는, 같은 유형의 신화를 살펴볼 필요가 있다. 여기에는
두 편의 자료가 전해지고 있는데, 그 어느 것도 본문이 아니라 1서
(一書)에 씌어 있다는 특징을 지니고 있다. 먼저 제2의 1서에 남아

---

96) "又食物乞大氣津比賣神 爾大氣導比自鼻口及尻 種種味物取出而 種種作具而進時
　　速須佐之男命立伺其態 爲濊汚而奉進 乃殺其大宜津比賣神 故所殺神於身生物者 於
　　頭生蠶 於二目生稻種 於二耳生粟 於鼻生小豆 於陰生麥 於尻生大豆 故是神産巢日
　　御祖命令取茲成種" 荻原淺男 共校注 : 1973, 85-86쪽.
97) 上田正昭 : 1967, 126쪽.
98) 같은 책, 128-129쪽.

있는 이야기의 내용부터 소개한다면 다음과 같다.

[자료 31]

해와 달이 이미 생긴 뒤에 히루코(蛭兒)를 낳았다. 이 아들은 세 살이 되어도 일어서지 못했다. 이것은 처음에 이자나기노미고토(伊奘諾尊)와 이자나미노미고토(伊奘冉尊)가 (하늘의) 기둥을 돌 때 음신(陰神)이 먼저 좋다는 말을 하였는데 이는 음양의 이치에 어긋난 일이어서, 그 때문에 지금 히루코를 낳은 것이다.

다음에 스사노오노미고토(素戔嗚尊)가 태어났다. 이 신은 성질이 악하고, 어느 때나 울고 성을 냈다. (그리하여) 이 신 때문에 많은 국민이 죽고, 또 국토의 푸른 산이 메마른 산으로 바뀌어 버렸다. 그래서 그 부모가 말하기를, "만약 네가 이 나라를 다스렸다가는 반드시 국민에게 상해를 많이 입힐 것이 틀림없다. 그러므로 너는 멀고 먼 네노쿠니(根國)를 다스리는 것이 좋을 것이다"라고 하였다.

다음은 도리노이와쿠스후네(鳥磐豫樟船)를 낳았다. 그래서 이 배에 히루코를 실어서 물 흐름에 맡겨 떠내려가게 하였다. 다음에 불의 신 카구쓰치(軻遇突智)를 낳았다. 그런데 이자나미노미고토는 이 카구쓰치 때문에 불에 데어서 죽고 말았다. 그가 죽으려고 하는 순간에, 누우면서 땅의 신 하니야마히메(埴山姬)와 물의 신 미쓰하노메(罔象女)를 낳았다. 카구쓰치는 이 하니야마히메에게 장가를 들어 와카무스비(稚産靈)를 낳았는데, 이 신의 머리 위에서 누에와 뽕나무가 나오고, 배꼽 속에서 오곡이 나왔다.99)

---

99) "日月旣生 次生蛭兒 此兒年滿三歲 脚尙不立. 初伊奘諾伊奘冉尊 巡柱之時 陰神先
　　發喜言 旣違陰陽之理 所以今生蛭兒. 次生素戔嗚尊 此神性惡 常好哭恚 國民多死
　　靑山爲枯. 故其父母勅曰 假使汝治此國 心多所殘傷 故汝可以馭極遠之根國. 次生鳥
　　磐豫樟生 輒以此船載蛭兒 順流放棄. 次生火神軻遇突智. 時伊奘冉尊 爲軻遇突智

또 같은 책의 제11의 1서에는 다음과 같은 이야기가 실려 있다.

［자료 32］

이자나기노미고토는 세 아들 신에게 명령하기를, "아마테라스오미카미는 다카마노하라를 다스려라. 쓰쿠요미노미고토(月夜見尊)는 해의 신과 나란히 하늘을 다스려라. 스사노오노미고토(素戔嗚尊)는 아오우나하라(滄海之原)를 다스려라"고 하였다. 이미 아마테라스오미카미는 천상(의 세계)에서 말하기를, "아시하라노나카쓰쿠니(葦原中國)에 우케모치노카미(保食神)가 있다고 들었다. 쓰쿠요미노미고토 네가 가서 보고 오너라"라고 하였다.

(그래서) 쓰쿠요미노미고토는 그 명령을 받고 지상에 내려와 우케모치노카미가 있는 곳에 이르렀다. (그랬더니) 그가 머리를 돌려 땅으로 향하니, 입에서 밥이 나왔다. 또 바다를 향하니, 지느러미가 넓은 고기와 좁은 고기가 입에서 나왔다. 또 산을 향하니, 털이 거친 짐승과 털이 부드러운 짐승이 또 입에서 나왔다. 그 여러 가지 물건을 다 갖추어서, 백 개나 되는 많은 것들을 책상 위에 쌓아 올려놓고 대접하였다.

이때 쓰쿠요미노미고토는 노하여 얼굴을 붉히며, "참으로 더럽고 천하구나. 나를 대접하는 데 어찌하여 입에서 토한 것을 쓰느냐?"면서 꾸짖고, 칼을 빼어 죽여 버렸다. 그러고 나서 그 상황을 자세히 아마테라스오미카미에게 알렸다. 그녀는 그 말을 듣고 크게 화를 내면서, "너는 악한 신이다. 다시 너를 만나지 아니하리라"면서 하룻날 하룻밤을 떨어져 지냈다.

所焦而終焉. 其且終之間 臥生土神埴山姬及水神罔象女 卽軻遇突智娶埴山姬 生稚産靈 此神頭上 生蠶與桑 臍中生五穀" 井上光貞 共校注 : 1967, 88-89쪽.

그 뒤에 아마테라스오미카미는 우케모치노카미를 간호하려고 다시 아마노쿠마히토(天熊人)를 파견하였으나, 그가 이르렀을 때는 이미 우케모치노카미는 죽은 뒤였다. 그리고 그 신의 머리에서는 소와 말이 나오고, 이마에서는 조〔粟〕가 나왔다. 눈썹 위에서는 누에가 나오고, 눈 속에서는 피〔稗〕가 나왔다. 배에서는 벼, 음부에서는 보리와 콩, 팥이 나왔다. 아마노쿠마히토는 보고할 때, 이것들을 빠짐없이 가지고 가서 아마테라스오미카미에게 바쳤다.

이때 아마테라스오미카미는 기뻐하며 말하기를, "이것들은 이 세상에 살아가는 창생(蒼生)들이 먹고 생활하는 데 필요한 것이다"며, 조와 피, 보리, 콩을 밭에 심을 종자로 하고, 벼는 논에 심을 종자로 하였다. 또 이로 말미암아 아마노무라키미(天邑君)를 정하였다. 그래서 그 벼의 종자를 처음으로 아마노사나타(天狹田)와 나가타(長田)에 심었더니, 그 해 가을의 수확 때 주먹 여덟 개의 길이가 될 만큼 자라서 참으로 경사스럽게 되었다. 또 입 속에 누에를 머금고 그대로 실을 뽑게 하였다. 이것이 양잠이 일어난 시초이다.[100]

위에서 소개한 것과 같은 생체 화생 신화(生體化生神話) 내지는

---

100) "伊奘諾命 勅任三子曰 天照大神者 可以御高天原也. 月夜見尊者 可以配日而知天事夜. 素戔嗚尊者 可以御滄海之原也. 旣而天照大神在於天上曰 聞葦原中國有保食神. 宜爾月夜見尊 就候之. 月夜見尊受勅而降. 已到于保食神許. 保食神乃廻首嚮國 則自口出飯. 又嚮海 則鰭廣鰭狹亦自口出. 又嚮山 則毛麤毛柔亦自口出. 夫品物悉備 貯之百机而饗之. 是時 月夜見尊 忿然作色曰 穢哉 鄙矣. 寧可以口吐之物 敢養我乎. 迺拔劍擊殺. 然後復命 具言其事. 時天照大神 怒甚之曰 汝是惡神. 不須相見乃與月夜見尊 一日一夜 隔離而住. 是後 天照大神 復遣天熊人往看之. 是是 保食神悉而死矣. 唯有其神之頂 化爲牛馬 顱上生粟 眉上生繭 眼中生稗 腹中生稻 陰生麥及大小豆. 天熊人悉取之去而奉進之. 于時 天照大神喜之曰 是物者 則顯見蒼生 可食而活之也. 乃以粟稗麥豆 爲陸田種子. 以稻爲水田種子. 又因定天邑君. 卽以其稻種 始殖于天狹田及長田. 其秋垂穎 八握莫莫然 甚快也. 又口裏含繭 便得抽絲. 自此始有養蠶之道焉" 井上光貞 共校注 : 1967, 100-103쪽.

시체 화생 신화(屍體化生神話)들이 《고사기》와 《일본서기》에 전해
지고 있다는 사실은 이들 신화를 가진 집단이 일본열도에 있었고,
또 그들이 일본 문화의 형성에 적지 않은 구실을 했다는 것을 일러
준다.

이에 대해, 비교 신화학자의 한 사람인 다카기 도시오(高木敏雄)
는 "우케모치노카미(保食神) 또는 오게쓰히메노카미(大氣津比賣神)
의 신체로부터 화생한 것은, 오곡과 누에, 《서기》(《일본서기》를 가
리킴 ― 인용자 주)에서 말한다면 오곡과 누에, 우마(牛馬)로 (되어
있어) 무엇이라고 하든 농업과 관계가 있는 것들이다. 누에의 문제
는 없어도 좋을 것 같으나, 이것은 아마도 경직(耕織)이라고 하는 중
국의 사상으로부터 생각해냈을 것이다"[101]라면서, 이들 신화가 중
국의 영향을 받아서 만들어진 것으로 보았다. 그러면서 그는 《비교
신화학(比較神話學)》이라는 저서에서 이들 신화의 원형이 중국의 반
고 설화(盤古說話)였을 것이라고 상정하면서도, 이것을 그대로 모방
한 것이 아니라 일본 나름대로 변용하였음을 강조하고 있다.[102]

이와는 달리 마쓰무라 다케오(松村武雄)는 타이완(臺灣)에 사는 아
미족의 신화 자료[103]와 민다나오Mindanao섬에 사는 만다야족의 신
화 자료[104] 등을 예로 들면서 다음과 같은 견해를 폈다.

---

101) 高木敏雄 : 1973, 340쪽.

102) 高木敏雄 : 1924, 155–157쪽.

103) "나카라라는 여신(女神)이 귀가 아파 견딜 수가 없어서 손톱으로 후볐다. 그랬더
     니 둥글고 작은 알맹이가 귀에서 나왔다. 이상하게 생각하여 (그것들을) 대지에
     버렸더니, 곧 싹이 트고 열매를 맺었다. 그것이 인류의 식물인 조(粟)였다."
     松村武雄 : 1955, 122쪽.

104) "옛날에 해와 달이 결혼을 하여 행복한 세월을 보내면서 많은 아이들을 두었다.
     그렇지만 뒤에 말다툼이 일어나서, 아내인 달이 해의 곁에서 도망을 쳐버렸다.
     부모가 헤어진 다음, 아이들은 차례차례로 죽어갔다. 어머니인 달은 그들의 시체
     를 모아 잘게 잘라서 여러 곳에다 뿌렸다. 그런즉 물에 떨어진 것은 물고기가 되
     었고, 땅에 떨어진 것은 동물이 되었으며, 위로 날아간 것은 별이 되었다."

　　이들 설화가 남방 지역에 전승되고 있으므로, 또 이 신화들이 그 성질과 내용에서 반고 신화보다도 우케모치노카미 또는 오게쓰히메노카미 신화에 좀더 비슷하므로 우리나라의 신화를 중국으로부터 들어온 것이라든지, 우리가 중국 신화를 차용하거나 모방했다는 추단은 매우 경솔한 생각이라고 할 수 있다. 이리하여 우케모치노카미 또는 오게쓰히메노카미 신화에 관해서는 (1) 남방으로부터 전파라고 하든가, 아니면 (2) 우리나라 사람들 사이에서 자생한 것이라고 하든가, 어느 쪽을 받아들이는 것이 더욱 온당할 것으로 생각되고, 더 나아가 어느 쪽을 취할 것인가를 묻는다면 현재의 나로서는 일본 자생설(自生說)을 주창하고 싶다고 대답할 것이다.105)

　　하지만 마쓰무라의 이 일본 자생설이 그들 문화의 독자성을 강조하려는 일본 학자들 특유의 주장에 지나지 않음은 두말할 나위 없다. 실제로 그 뒤에 어떤 연구자도 이 주장에 공감을 표시하지 않았다는 것을 생각하면, 그의 주장은 논거가 박약한 허구라고 보아도 좋을 것이다.

　　한편 일본의 생체 화생 신화 내지는 시체 화생 신화를 주변 여러 민족의 신화들과 견주어서 고찰한 오바야시 타료(大林太良)는, "일본의 오게쓰히메형 신화의 계통에 관해서는 오카 마사오(岡正雄) 씨의 설이, 약간 고친다면 대강에서는 옳았다고 본다. 즉 화남(華南)의 화전 경작 문화 복합에 그 유래를 찾는 설이다. 그렇지만 그 문화는, 오카(마사오) 씨가 생각했던 것과 같은 밭벼[陸稻]를 지표의 작물로 삼은 것은 아니었다. 일본의 오게쓰히메형 신화는 주로 잡곡 재배형 화전 경작으로써 특징지어지는 문화 복합에 속했다. 그런데 이 화전

松村武雄 : 1955, 123쪽.
105) 松村武雄 : 1955. 123–124쪽.

경작의 문화 복합은 동남 아시아 대륙 북부에서 화남(華南)에 걸쳐서 그 고향을 가지는 것이고, 일본 화전 경작의 문화 복합은 강남(江南은 揚子江의 남쪽을 가리킴 — 인용자 주)에서 들어온 것이다. 일본의 오게쯔히메형 신화도 본디 대륙의 이 문화 복합에 속하는 것이며, 화남의 반고 신화(盤古神話)와 작물 기원 신화, 거기에 동북 앗삼(지방)의 여러 신화도 같은 계통의 것으로 보인다"106)는 견해를 제시하였다.

이와 같은 일본학자들의 주장과는 달리, 필자는 한국의 동해안 문화가 일본의 이즈모 문화의 형성에 크게 이바지하였음을 밝힌 바 있다.107) 그리하여 일본의 오게쓰히메형 시체 화생 신화가 한국의 그것과 같은 계통의 산물로 보았다. 따라서 박혁거세의 오체 분장 신화(五體分葬神話)도 시체 화생 신화의 유형에 들어간다고 보아도 좋지 않을까 한다.

이상의 고찰에서 한국에도 일찍부터 시체 화생 신화가 있었으며, 이런 흔적이 구전 설화들 속에 남아 있다는 것을 확인하였다고 하겠다. 그리고 이들 신화는 맥류 경작의 농경 문화와 함께 전래되었다고 추정해도 좋을 것이다.

3.2 문화사적 의의와 그 원류

위에서 한국에도 시체 화생 신화가 있었고, 또 이 신화가 맥류 경작의 농경 문화와 복합되었을 가능성이 짙다는 것을 알았다. 이러한 가능성의 타당성을 증명하려면, 다른 민족들이 가지고 있는 시체 화생 신화는 어떤 문화와 복합되었는가 하는 문제부터 검토해 보아야

---

106) 大林太良 : 1973ⓐ, 98쪽.
107) 김화경 : 2002, 77–175쪽.

할 것이다.

[자료 32]

조물주 크로스쿠베 Kloskubeh는 애초 무미건조한 세상에서 살았다. 그 때 한 젊은이가 포말(泡沫) 속에서 태어났다. 그는 포말이 하늬바람 탓에 생명체를 얻었고, 태양으로 따뜻한 체온을 얻어서 만들어졌다.

그들은 세상의 삼라만상(森羅萬象)을 창조하기 시작했다. 세상은 더할 나위 없이 아름다웠다. 삼라만상이 거의 완성될 무렵, 어여쁜 소녀가 찾아왔다. 그녀는 신성한 땅에서 자라는 식물의 이슬과 온기의 작용으로 태어난 사람으로, 힘을 주고 자양분을 주는 구실을 하며 사람과 동물을 보살피는 구실도 하였다.

얼마 뒤에 젊은이는 그 소녀와 결혼했다. 소녀는 임신을 하여 최초의 어머니가 되었다. 조물주는 그들 사이에서 태어난 아이들에게 세상 살아가는 방법을 가르쳐 주었다. 그 뒤에 조물주는 휴식을 취하려고 북쪽으로 옮겨갔다.

이렇게 세월이 흘렀고, 사람들의 숫자도 차츰 늘어나기 시작했다. 그들은 대개 사냥을 하여 먹고 살았는데, 사람이 많아지자 차츰 사냥감이 줄어들었다. 마침내 그들에게 기근(饑饉)이 닥쳐왔다. 아이들이 심한 배고픔에 시달리자, 그녀는 자기 남편에게 이렇게 말했다.

"당신이 나를 죽이세요. 그 다음에 우리 두 아들로 하여금 내 머리채를 잡고, 빈 땅 위를 끌고 다니라고 하세요. 내 살이 다 떨어져 나갈 때까지 땅 위를 왔다갔다 해야 합니다. 그리고 내 뼈를 모아서 빈 땅 한가운데 묻으라고 하십시오."

남편은 아내의 이런 부탁을 들어줄 수 없었다. 하지만 사태가 차츰 더 심각해지자, 그는 어쩔 수 없이 아내를 죽였다. 그리고 아내가

시키는 대로 아들들로 하여금 그녀의 시체를 이리저리 끌고 다니게
하였다. 마지막으로 남은 뼈는 들판의 한복판에 묻은 뒤에 통곡을
하면서 집으로 돌아왔다.

　일곱 달이 지났다. 남편은 그의 자녀들과 그 자녀들의 자녀들을
데리고 그 곳으로 가보았다. 거기에는 푸른 술이 달린 키가 큰 나무
들로 덮여 있었다. 이 나무의 이름이 옥수수로, 이것은 최초의 어머
니가 제 살로 열매를 맺게 한 것이다. 또 그녀의 무덤에는 또 다른
나무가 자라고 있었다. 그 나무는 잎이 넓고 향기가 좋았다. 이것은
최초의 어머니가 제 입김으로 만든 담배였다.[108]

　이 자료는 리차드 엘도즈Richard Erdoes와 알폰소 오티즈Alfonso
Ortiz가 엮은 《아메리카 인디언의 신화와 전설》에서 인용한 것이다.
그런데 어떤 인디언들로부터 조사했는지가 뚜렷하지 않다. 단지 옥
수수의 기원에 관한 이야기가 푸에블로 인디언들 사이에 널리 전승
되고 있는 것으로 미루어 보아, 이 신화도 그들의 것이 아닌가 하는
상정을 할 수 있을 따름이다.

　이 신화에 등장하는 최초의 어머니는 신성한 땅에서 자라는 식물
의 이슬과 온기의 작용으로 태어난 존재이다. 그리고 그녀는 힘과
자양분을 주고, 사람과 동물을 보살피는 구실을 맡았다. 이와 같은
신화적 기술은 그녀가 대지에서 태어나 어머니의 기능을 수행했다
는 출현 신화의 변형태인 듯한 인상을 준다.

　이렇게 생겨난, 이 최초의 여신은 스스로 자신의 살해를 남편에게
요청하는 것으로 되어 있다. 살해를 요청한 까닭은 사람들이 늘어나
자, 먹을 것이 부족하게 되었기 때문이었다. 따라서 그녀의 죽음은
먹을 것의 재료를 제공하는 것이었다고 할 수 있다. 과연 그녀의 살

---

108)　Richard Erdoes 공저, 백승길 역 : 1993, 34-38쪽에서 요약.

에서는 옥수수가 돋아났고, 뼈에서는 담배가 돋아났다. 담배는 물론 기호 식품에 들어가는 것이다. 하지만 자진하여 이루어진 타살체(他殺體)로부터 돋아난 최초의 옥수수와 담배는 사람들의 삶에 없어서는 안 되는 귀중한 것이었고 할 수 있다.

이처럼 타살된 시체로부터 곡식의 씨앗을 얻는 시체 화생 신화에 문화사적인 의의를 부여한 학자는 독일의 민족학자 옌젠A. E. Jensen 이었다. 그는 인도네시아의 세람 섬 서부에 사는 베말레족Wemale 으로부터 이 유형에 들어가는 하이누벨레Heinuwelle형 신화를 조사하여, 그들의 세계관을 밝히려고 하였다. 먼저 이 신화의 내용부터 살펴본다면 다음과 같다.

[자료 33]

어느 날 아메타Ameta는 개를 데리고 사냥을 나갔다. 얼마 있다가 개가 산돼지를 후려내어 뒤쫓기 시작했다. 쫓기던 산돼지는 어떤 연못에 이르러 물 속으로 뛰어들고 말았다. 그러자 개는 방죽에서 그것을 보며 우두커니 서 있었다.

산돼지는 헤엄을 치지 못했기 때문에, 그만 연못에 빠져죽고 말았다. 뒤따라온 아메타는 죽은 산돼지를 건져 냈다. 그는 산돼지의 어금니에 야자(椰子) 씨가 있는 것을 발견하였다. 실은 그 때까지 이 세상에는 야자나무가 없었던 것이다.

아메타는 이 야자 씨를 가져와, 사롱 파톨라Sarong Patola — 사롱은 뱀의 일종으로, 이것은 뱀 모양의 무늬가 있는 베를 뜻한다 — 에 싸서 그의 집 시렁 위에 얹어 두었다. 그 날 밤 꿈에 한 남자가 나타나서, 그 야자 씨가 이미 싹이 텄으므로 땅에다 심으라고 하였다. 이튿날 아침에 아메타는 야자 씨를 가지고 가서 심었다.

사흘이 지나자, 야자나무는 벌써 커다랗게 자랐다. 또 사흘이 지나자, 야자에 꽃이 피었다. 아메타는 야자 술을 만들려고 야자나무에 올라가서 꽃을 꺾으려 했다. 그런데 꽃을 꺾으려다가, 그는 잘못하여 제 손가락을 베었다. 피가 야자 꽃 위에 몇 방울 떨어졌다. 아메타는 집에 돌아와 벤 손을 붕대로 감았다.

사흘이 지나서, 아메타는 다시 그 야자나무로 가 보았다. 야자의 잎에 떨어졌던 피가 꽃잎의 즙과 섞이어, 거기에서 한 사람의 소녀가 생겨나고 있었다. 그 날 밤에 꿈을 꾸었다. 이전의 꿈에 나타났던 남자가 다시 나타나 사롱 파톨라를 가지고 가, 그 소녀를 정중히 싸서 집으로 가져오라고 하였다. 아메타는 꿈속의 남자가 시킨 대로 그 소녀를 사롱 파톨라로 싸서 집으로 데려왔다. 그리고 소녀에게 하이누벨레라는 이름을 붙여주었다. 이것은 야자나무 가지라는 뜻이다.

그녀는 자라나서 사흘이 지나자, 이미 결혼을 할 만한 처녀로 컸다. 그런데 그녀는 보통의 사람이 아니었다. 그녀가 용변을 보면, 그 배설물은 중국제 그릇과 동라(銅鑼)와 같은 귀중한 물건으로 바뀌었다. 그 바람에 그녀의 아버지 아메타는 이내 큰 부자가 되었다.

그 때 타메네 시와 Tamene siwa에는 아흐레 밤이나 계속되는 마로 Maro 무도회가 열렸다. 그녀는 매일 밤 이곳에 나가서 시리 Sirih와 피낭 Pinang을 남자들에게 나누어주었다. 미지막 날 밤에도 하이누벨레는 시리를 주려고 광장의 중앙으로 나갔다. 하지만 남자들은 광장에 깊은 구덩이를 파놓았다. 그리고 춤이 천천히 나선형(螺旋形)으로 돌아가는 동안, 그들은 하이누벨레를 구덩이에 밀어 넣었다. 시끄러운 마로의 노래가 그녀의 고함소리를 들리지 않게 했다. 사람들은 흙을 덮고 발로 밟으면서 춤을 계속하였다.

딸이 살해된 것을 안 아버지는 야자수 잎의 줄기(葉脈) 아홉 개를 가지고 광장으로 나갔다. 그는 잎의 줄기로 땅을 쑤셔 보았다. 마지막 것에서 그녀의 머리털과 피가 묻어 나왔다. 그는 딸의 시체를 파내어 잘게 절단하였다. 그리고는 그것들을 광장의 여기저기에 묻었다. 단지 양팔만은 묻지 않고 물루아 사텐Mulua Saten에게 가지고 갔다. 그런데 이때 묻은 하이누벨레 신체의 각 부분은 당시까지는 있지 않았던 여러 가지의 식용 식물로 변했다. 특히 구경 식물로 바뀌었기 때문에 그 때부터 인류는 주로 이것으로 생활해 온 것이다.109)

이 신화는 사람들의 생활이 현재와 같은 형태를 갖추게 된, 태초의 극적인 사건을 다루고 있다. 다시 말해 하이누벨레가 타살되어 그 시체로부터 식용으로 할 수 있는 구경 식물(球莖植物)이 싹틈으로써, 사람은 그 전과 구분되는 생활을 하게 되었다는 것이다.

이 신화에서 관심을 끄는 것은 이 세상에서 최초로 일어난 사람의 죽음이 자연사(自然死)가 아니라 타살이었다는 점이다. 시베리아의 베링 해협 부근에는 고아시아Paleo-Asiatics족의 하나인 축치족 Chuchee이 살고 있다. 그들은 사람이 죽을 때는 반드시 타살되어야 한다는 믿음을 가지고 있었다. 러시아가 공산화된 뒤에 이러한 폐습은 금지되었다. 하지만 그 전에는 늙고 병이 들어 죽을 때가 되면, 자식이 부모를 데리고 가서 타살을 하였다. 만약에 자식이 없는 경우에는 타살을 해주는 사람에게 그에 상응하는 재물, 곧 그들이 키우던 순록과 같은 것을 주었다.110)

전통적인 생활 방식을 고수하면서 살아가는 사회의 사람들 가운데는 자연사를 믿지 않는 민족도 있다. 그 대신에 그들은 죽음의 원인을 누군가에게 타살되는 것으로 믿었다. 그렇기 때문에 사람들이 죽을 때마다 그 죽음의 원인이 탐구되었다. 그리하여 사람이나 정령

---

109) A. E. Jensen, 大林太良 共譯 : 1977, 54–58쪽.
110) C. F. Coxwell, 瀧澤青花 역, 1977, 쪽4

(精靈)의 주술적인 힘이 그 죽음을 가져왔다는 많은 보고서들이 제출되기에 이르렀다.111)

이 신화는 바로 이같은 세계관을 반영하고 있다. 여기에서는 특히 타살의 대상이 하이누벨레Heinuwelle라는 여성이었다. 그리고 타살된 그녀의 시체로부터 구경 식물의 씨앗을 얻었다는 것은 여성과 농경 사이에 밀접한 관련이 있었음을 보여준다. 이러한 연계는 대지를 어머니로 생각하던 대지모신(大地母神) 사상의 연장일 가능성이 높다. 여성은 아이를 출산하는 주체라는 점에서 다산과 풍요를 표상하는 존재로 인식되어 왔다. 또 농경의 시작에 절대적으로 이바지한 것이 여성이었다는 점도 상기할 필요가 있다. 그렇다면 이처럼 타살된 여성의 시체에서 곡식의 씨앗을 얻었다는 신화적 사유가 발생되었다고 보아도 좋지 않을까 한다.

옌젠은 이러한 하이누베레형 신화가 구경 식물과 과수 재배(果樹栽培)의 농경 문화와 긴밀한 관계가 있다고 보았다. 하지만 적도 근방의 이런 시체 화생 신화가 구경 식물이나 과수 재배의 농경 문화와 함께 한국으로 들어오지는 않은 것 같다.

이를 밝히려면 먼저 한국의 자료와 관련이 있는 중국의 신화 자료들을 살펴보는 것이 좋을 듯하다. 중국의 시체 화생 신화로는 우선 반고 신화(盤古神話)를 들 수 있다. 문헌에 전해지는 반고 신화들 가운데서 가장 오래 된 것은 삼국 시대(三國時代)에 오(吳)나라의 서정(徐整)이 지은 《오운역년기(五運歷年紀)》에 실려 있는데, 이것은 마씨(馬氏)의 《역사(繹史)》로부터 인용한 것이다.

---

111) A. E. Jensen, 大林太良 共譯 : 1977, 19쪽.

[자료 34]

　최초로 태어난 반고가 죽게 되자 몸이 변하였다. 기(氣)는 풍운이 되었고 목소리는 세찬 천둥소리가 되었으며, 왼쪽 눈은 태양이 되었고 오른쪽 눈은 달이 되었으며, 사지와 오체(五體)가 변하여서 오악(五嶽)이 되었다. 피는 강이 되었고 근맥(筋脈)은 하천과 도로가 되었으며, 근육은 흙이 되었다. 두발과 콧수염·턱수염은 별이 되었으며, 모피는 초목이 되었다. 이빨과 뼈는 금석이 되었으며, 정액과 골수는 주옥이 되었고 땀은 비가 되었다. 몸에 붙어 있던 벌레들은 바람에 감응하여 백성이 되었다.112)

　한편 남조 시대(南朝時代)에 양(梁)나라의 임방(任昉)이 찬술한 《술이기(述異記)》113)에는 다음과 같은 반고의 시체 화생 신화가 전해지고 있다.

[자료 35]

　이전의 반고씨가 죽어 그의 머리가 사방의 높은 산이 되었고 눈은 일월(日月)이 되었으며, 살과 기름덩이는 강과 바다가 되었고 모발은 초목이 되었다. 진한 (때의) 민간 전설에 "반고의 머리가 동쪽 산이 되었고 배는 중앙의 산, 왼쪽 어깨는 남쪽의 산, 오른쪽 어깨는

---

112) "首生盤古 垂死化身. 氣成風雲 聲爲雷霆 左眼爲日 右安爲月 四肢五體爲四極五嶽 血液爲江河 筋脈爲地里 肌肉爲田土 髮髭爲星辰 皮毛爲草木 齒骨爲金石 精髓爲珠玉 汗流爲雨澤 身之諸蟲. 因風所感 化爲黎甿" 서유원 : 1998, 107쪽.

113) 이 책의 찬술자에 대해서는 《열자(列子)》와 마찬가지로 후대의 사람들이 여러 소설들을 표절하여 만든 다음에 임방의 이름을 빌려 기록했을 것이라는 견해도 있음을 밝혀 둔다. 玄珠, 伊藤彌太郎 譯 : 1943, 32–35쪽.

북쪽의 산, 다리는 서쪽의 산이 되었다"고 전해지고 있다. 이전의 학자들은 "반고의 눈물이 강과 바다가 되었고 기는 바람이 되었으며, 목소리는 번개가 되었고 눈동자는 전기가 되었다"고 하였다.[114]

그런데 《삼오력기(三五曆紀)》에서는 "천지가 혼돈하여 그 형상은 마치 달걀과 같았는데 반고는 그 안에서 태어났다"[115]고 하면서, 그가 천지가 개벽될 때 창조신의 기능을 수행한 것으로 되어 있다. 그 때문에 "같은 반고 전설이라고 하더라도 양자는 별개의 설화라고 하지 않을 수 없다"[116]는 견해도 있고, "비록 소재 면에서는 다른 계통이라고 하더라도 양자가 같은 이름을 가진 반고에 관해 이야기되고 있다는 점에서 본다면, 양자가 하나의 체계를 이루고 있었는데 별개 저자가 별개의 측면을 기록했다고 볼 가능성도 다분하며, 특히 고전에서 양자가 별개의 신이라고 적극적으로 이야기되지 않은 것은 오히려 양자가 결합해 하나의 체계를 이룬 것이 삼국 시대 내지 남북조의 무렵에는 암묵적으로 인정되고 있었다는 증거가 아닐까 하고 생각한다"[117]며 같은 계통의 설화로 보는 견해도 있다.

이처럼 계통상에 혼란을 불러일으키고 있는 반고 신화의 경우, 구전되는 자료의 상당수가 화남(華南) 지방의 소수 민족들 사이에서 조사되었다. 그래서 "본디 (중국의) 남부 지방에서 발생된 것이지만, 중부[화중(華中) 지방을 가리킴 — 인용자 주] 문인의 수용·수정을 거쳐 한민족(漢民族)의 신화가 되었다"[118]는 주장이 신뢰를 얻어 가

---

114) "昔盤古氏之死也 頭爲四岳 目爲日月 脂膏爲江海 毛髮爲草木 秦漢間俗說 盤古氏 頭爲東岳 腹爲中岳 左臂爲南岳 右臂爲北岳 足爲西岳 先儒說 盤古泣爲江河 氣爲 風 聲爲雷 目瞳爲電" 서유원 : 1998, 108쪽에서 재인용.

115) "天地混沌如鷄子 盤古生其中" 서유원 : 1998, 108쪽에서 재인용.

116) 森三樹三郎 : 1969, 156쪽.

117) 大林太良 : 1973ⓑ, 77쪽.

118) 玄珠, 伊藤彌太郎 譯 : 1943, 86–89쪽에서 이렇게 주장한 다음, 森三樹三郎 :

고 있다.

  그러나 반고 신화가 중국의 남쪽 지방에서 발생되었다는 견해에 이의를 제기하는 학자들도 있다. 특히 오바야시 타료(大林太良)는 이 신화의 원류에 관해 다음과 같은 독특한 견해를 내놓았다.

  세계 창조자로서의 반고가 고층(古層)의 오스트로아시아Austroasia 적 재배민 문화인 요문화(獠文化)에 속한다는 생각에는 찬성할 수가 없다. 반고와 반호(槃瓠)는 그 성격 면에서 말한다면, 바우만Baumann 이 논한 바와 같이 고문화(高文化)적인 산물이라는 점은 의심할 수 없다. 필자는 이것을 단계적 변화pontische Wanderung 또는 거기에 가까운 것으로 생각하고 있다. (중략) 반고와 반호의 관계는 낱낱의 신화가 가지는 고형을 복원하여 견줌으로써 비로소 밝혀질 수 있는 문제일 것이다. 그렇지만 그러한 시도는 아직까지 행해지지 않고 있 다. 따라서 여기에서는 반고와 반호가 애초부터 같은 인물이었던가 아니면 다른 인물이었던가 (하는 것은 별개라 하더라도) 어느 쪽이 든 양자는 오랫동안 밀접한 관계가 있었다는 것은 명확하다고 하겠 다. 마쓰무라 다케오(松村武雄)가 논한 것처럼 "발생적인 관점에서 본다면 반고와 반호는 서로 다른 인물일지도 모르지만, 유동과 변화 의 측면에서 볼 때는 반고 또한 하나의 반호로서, 또는 적어도 하나 의 의사(擬似)적인 반호로서 남부 지방의 만민(蠻民)들에게 수용된 흔적이 꽤 뚜렷하게 드러난다"는 것이다. 그러므로 필자의 생각으로 는 이들의 밀접한 관계는 양자가 다 같이 중국 남부에 내륙 아시아 로부터 들어온, 비교적 새로운 문화의 흐름에 그 발생을 맡기는 것 으로도 설명할 수 있을 것이다.[119]

  1969, 120-121쪽에서도 이 견해를 그대로 취하였다.
119) 大林太良 : 1973ⓑ, 84쪽.
  이 인용문에 등장하는 반호 신화는 《수신기(搜神記)》와 《후한서(後漢書)》의 남

오바야시는 이와 같이 추정하면서, 이 신화가 잡곡을 재배하는 화전 경작(火田耕作)의 농경 문화와 복합된 것으로 보았다. 그의 이러한 주장은 견조 신화(犬祖神話)를 비롯한 수조 신화(獸祖神話)가 내륙 아시아 지역에 널리 분포되어 있다[120]는 데 근거를 둔 것이 아닌가 한다.

한편 중국의 마훼흔(馬卉欣)은 반고 신화가 두 개의 계통, 곧 동백산(桐柏山) 계통과 태행산(太行山) 계통이 있는데, 앞의 것이 회하(淮河) 유역을 중심으로 한 것이라면, 뒤의 것은 황하(黃河) 유역을 중심으로 한 것이다. 그렇지만 이들은 다 같이 황회(黃淮) 지구에 속하면서도 저마다 다른 특징을 지닌다면서, 그는 그 특징으로 다음과 같은 점들을 들고 있다.

동백산(桐柏山) 계통의 반고 신화는 첫째, 용 토템 신앙에 바탕을 둔 것이고, 둘째로 매년 10만에 가까운 인파가 몰려들 정도의 민속 현상에 뿌리를 박고 있으며, 셋째 살아 있는 화석과 같은 것으로서, 몇 천 년 전승되면서 이루어진 반고 신화군은 우주 창조 신화와 인류 기원 신화, 만물 창조 신화, 인류 재생 신화 따위의 10여 개 항의 내용을 가지고 있다. 넷째 옛날의 서적들에 이미 기록되었을 뿐만 아니라 한(漢)나라 시대의 화상석(畵像石)에도 반고의 형상이 조각되어 있고, 다섯째 반고산, 반고묘(盤古廟)와 출토 유물 등이 다수 있고

만전(南蠻傳), 《삼재도회(三才圖會)》 등의 문헌에도 실려 있고, 또 요족(瑤族)들 사이에 구전되기도 하는 견조 신화(犬祖神話)의 일종이다. 袁珂, 전인초 공역 : 1992, 150-152쪽.

120) 미시나 아키히데(三品彰英)는 수조 신화를 대륙적인 요소로 보고 이것의 경역을 설정한 바 있다. 여기에서 그는 낭조 신화(狼祖神話)는 터키족과 몽고족을 중심으로 하는 목축 문화 경역에, 그리고 견조 신화는 수렵을 주로 하고 농경을 겸하는 만몽 제족(滿蒙諸族)과 남중국의 남만 제족(南蠻諸族)들 사이에 널리 분포되어 있다고 하였다. 三品彰英 : 1971ⓑ, 409-456쪽.

또 이 신화와 관련이 있는 자연 경관과 풍물 전설들이 많으며, 여섯째 이것들이 전해지는 지역은 광대하지만 그 가운데서 2백여 리 안에 전승되는 것이 가장 많다는 것이다.

한편 태행산 계통의 반고 신화는 《삼오력기(三五歷紀)》와 《오운역년기(五運歷年記)》의 그것에 가장 가까운 형태적 특성을 지니고 있으며 그 지방의 독자적인 특색을 가지고 있는데, 이야기에는 산과 나무, 반연석(盤硯石) 따위가 모두 그 지방의 풍물에 따라 증거물로 등장하고 있다. 그리고 이것은 넓은 지역에서 전승되고 있고, 또 민속에 깊이 뿌리를 내리고 있는데 반고사(盤古寺)가 많다는 것이 그 증거이다. 하북성(河北省)의 안평현(安平縣)과 청현(靑縣) 지방에 전해지는 반고 신화도 근본적으로는 이것과 같은 부류에 속하며 청현에는 신화 전설의 유적이 남아 있다.[121]

여기에서 보는 바와 같이 그는 반고에 관한 유적과 구전 설화들을 종합하여 그 신화의 중원(中原)[122] 중심설을 제기하여 이목을 모으고 있다. 그리하여 대흥안령(大興安嶺) 임구(林區)에 반고산과 반고묘(盤古廟)가 있고 흑룡강성(黑龍江省)의 막하(漠河) 지구에 반고진(盤古鎭)과 반고하(盤古河)가 있는 것으로 보아, 동북 3성(東北三省)에 살고 있는 만주족(滿洲族)과 조선족(朝鮮族), 허저족(赫哲族), 어웡키족(鄂溫克族), 오로첸족(鄂倫春族)의 반고 신화들 또한 이와 마찬가지라는 상정을 하였다.[123] 그러면서도 길림성(吉林省) 일대에 전해지는 곡자(穀子)와 두자(豆子)이야기는 반고 신화들 가운데서도 특

---

121) 馬卉欣 : 1993, 10쪽.

122) 마훼흔(馬卉欣)이 말하는 중원은 황하(黃河)와 양자강(揚子江) 사이의 화중(華中) 지방을 가리키고 있는 것 같다.

123) 馬卉欣 : 1993, 56-58쪽. 여기에서 들고 있는 민족들이 모두 퉁구스족에 속한다는 것을 밝혀 둔다.

이한 내용으로 이루어져 있다면서 그 내용을 소개하고 있다.

[자료 36]

반고에게는 두 딸이 있었는데, 하나는 곡아(穀兒)라고 불렀고 다른 하나는 두아(豆兒)라고 불렀다. 반고는 그 두 딸이 자라나기를 기다렸다가 사람 세상으로 보내어 그녀들로 하여금 사람들을 위해서 약간의 좋은 일을 하도록 했다. 떠날 때 반고가 그녀들에게 부탁하기를, "너희들은 사람 세상에 가서 노는 데 너무 빠지지 말고 사람을 위해서 좋은 일을 많이 하여라. 만약에 너희들 가운데 누군가가 말을 잘 듣지 않는다면 가벼이 용서하지 말아라"고 일렀다.

두 여식 아이들은 사람 세상에 내려와서 한 곳에 자리를 잡았다. 그녀들은 (그 곳에) 살기 시작할 무렵에는 반고의 말을 지키려고 명심하고 있었다. 하지만 곡아의 마음은 차츰 거칠어졌고, 하루 종일 사방을 쳐다보면서 지내는 성실하지 못한 생활이 계속되었다.

두아는 (이런) 곡아를 배우려고 하지 않았다. 비가 올 때는 목숨을 걸고 물을 마셨고, 영양을 주어 제 몸을 튼튼히 자라나게 하였다. 속담에 '가물 때는 곡식이고 비 올 때는 콩이다'라는 말은 그 때 나온 것이다.

두아는 곡아의 마음이 들떠 있는 것을 보고 그녀에게 (그렇게 하지 말라고) 권했다. (그렇지만) 곡아는 오히려 아무 상관도 없다는 듯이 "마음을 놓아라. 나는 너를 끌어들이지 않을 것이다"면서, 근본적으로 두아의 충고에 마음을 두지 않았다.

가을이 되자, 두아는 충실하게 열매를 맺었다. 곡아는 (이것을) 보고 멍해졌다. 스스로는 일년을 자랐으나 아직도 싹에 지나지 않았다. 그녀는 생각할수록 후회스럽고 부끄러웠다. 한바탕 가을바람이 지나가자, 그녀는 부끄러워서 고개를 숙였다.

이러한 사실이 알려지자, 반고는 대단히 노하였다. (그래서) 그는 사람들에게 이렇게 곡아를 징벌하도록 하였다. "먼저 곡아를 묶은 뒤에 돌로 눌렀다가 나무로 때리고 마지막에는 작두로 잘라서 짐승들이 먹게 하라"고 했다.124)

길림 지역에 전해지는 이 자료는 화중(華中) 지방의 반고 신화와는 매우 다른 양상을 보여준다. 우선 반고가 천상(天上) 세계의 존재로 그려지면서 사람들에게 좋은 일을 하게 하려고 곡아와 두아를 지상 세계로 내려보내는 것으로 되어 있다. 이 모티프는 환웅(桓雄)의 강림(降臨) 모티프와 매우 비슷하다. 하늘로부터의 강림 모티프가 유목·수렵 문화의 산물이라는 점을 고려한다면, 이 신화는 유목·수렵 문화가 우세한 만주 일대로 들어오면서 이렇게 바뀌었다고 보는 것이 순리일 것이다.

그리고 반고가 곡모신적인 성격을 지니는 곡아와 두아를 사람 세상으로 보내는 모티프는 곡식(穀食)의 씨앗을 하늘에서 훔쳐온다고 하는 프로메테우스Prometheus형 곡물 기원 신화의 변형일 가능성이 높다. 왜냐하면 천상에서 곡물의 씨앗을 가져오는 모티프의 이야기는 제주도의 세경 본풀이 속에도 들어 있는데, 세경 본풀이에서는 그것을 훔쳐오는 것이 아니라 하늘 나라의 난리를 평정한 대가로 받아오는 것으로 되어 있다.125) 따라서 반고 신화가 동북 아시아로 전래되면서 이 지역에 이미 있던 프로메테우스형 곡물 신화와 접합되어 이렇게 바뀌었다고 보아도 좋지 않을까 한다.

이상의 고찰에서 어떤 설화든지 기층 문화가 다른 지역에 전해질 때는 기존 문화의 영향을 받아 그것이 변화할 수밖에 없다는 사실을

---

124) 같은 책, 170-171쪽.
125) 현용준 : 1976, 149-192쪽. 이 신화에 대한 연구로는 김화경 : 1982ⓑ가 있다는 것을 밝혀 둔다.

알아냈다. 이것이 전파론적인 견해를 갖는 학자들의 일관된 주장이라는 것을 염두에 둔다면, 한국의 밀 기원 설화 또한 중국 화중(華中) 지방의 반고 신화가 한반도로 들어오면서 변형되었을 것이라는 추정이 가능해진다. 바꾸어 말하면 잡곡을 재배하는 화전 경작의 농경 문화와 관련이 있던 반고 신화가 한반도의 북부 지방으로 들어오면서 맥류 경작의 농경 문화에 영향을 받아 밀의 기원을 서술하는 설화로 바뀌었을 것이라고 생각할 수가 있다는 것이다.

4. 고찰의 의의

위에서 한국의 기층 문화가 이루어지는 데 이바지한 것으로 보이는 세 종류의 신화, 곧 (1) 출현 신화와 (2) 곡모신 신화, (3) 시체 화생 신화를 고찰하였다. 이제까지 논의된 것을 간략하게 요약한다면 아래와 같다.

인류의 역사에서 가장 먼저 성립된 신들 가운데 하나인 대지모신 사상과 밀접하게 연계되어 있는 출현 신화를 고찰하면서, 이 유형에 들어가는 자료로는 《삼국사기》에 전해지는 금와왕의 탄생담을 비롯하여, 《삼국유사》에 남아 있는 알영의 탄생담, 그리고 《고려사》에 기록된 제주도 삼성 시조 신화가 있으며, 구전되는 자료로는 북제주군 구좌읍 김녕리 소재의 궤네깃당 당신(堂神) 본풀이가 있다는 사실을 확인하였다.

그리고 이들 신화는 밭곡식을 재배하는 농경 문화와 복합되어 있다고 보았다. 그러면서 이 유형의 문헌 신화가 동부여로부터 신라로 이어지는 동해안 일대에 분포되어 있다는 점에 착안하여, 이 신화를 가진 집단이 동해안을 따라 남하하였을 것이라고 추정하였다.

또 한국의 이 출현 신화들은, 《진서(晉書)》에 전해지는 이특(李特)

의 시조 탄생 신화를 바탕으로 하여 중국의 사천성(四川省) 일대에 전해지던 자료가 만주의 동북 지방을 거쳐 한국으로 들어왔을 것이라고 추정하였다. 특히 이 과정에서 이 유형의 중국 신화가 선 오스트로네시아의 고층 재배민 문화의 영향을 받아 화남 지방에서 발생하였다고 하기보다는 양자강 이북 지방에서 발생하였다고 보았다. 이렇게 상정한 까닭은 이 신화가 이수(夷水)가 흐르는 호북성(湖北省) 일대에 전승되었던 것일 가능성이 높기 때문이다.

다음으로 곡모신 신화를 살펴보았는데, 여기에서도 이 유형의 신화들이 한국의 동해안 일대에 분포되어 있다는 사실을 확인하였다. 이와 같은 분포상의 특징은 이 신화가 출현 신화와 함께 만주의 동북 지방을 거쳐 동부여 지방으로 들어왔다가 동해안을 따라 남하하였다는 것을 말해준다고 상정하였다. 그리고 곡모신 신화도 출현 신화와 마찬가지로 밭곡식을 재배하던 농경 문화와 복합한 것이었다는 결론을 이끌어냈다.

또 이 유형의 신화도 중국의 후직(后稷)과 그의 어머니인 강원(姜嫄)에 얽힌 신화들을 바탕으로, 중국의 서북 지방에서 만주의 동북 지방이나 산동 반도로 들어왔다가 한반도로 전래되었을 것이라고 추정하였다. 따라서 이 곡모신 신화는 출현 신화와 함께 한국으로 들어왔을 가능성이 짙다고 할 수 있다.

마지막으로 시체 화생 신화를 고찰하였다. 여기에서는 평안북도 의주 지방과 경기도 양평 지방 일대에 전해지는 밀의 기원 설화가 이 유형에 들어가는 것으로 보았다. 그리고 신라의 시조인 박혁거세의 오체 분장 신화가 이 부류에 귀속되는 자료가 아니었을까 하고 미루어 판단했다. 왜냐하면 신라 지역에서 이주하였을 것으로 상정되는 일본의 이즈모계 신화(出雲系神話)에 이 유형의 신화가 존재했기 때문이다.

또 이 부류의 한국 신화는 중국 화중 지방의 반고 신화가 잡곡을 재배하는 화전 경작의 농경 문화와 복합되어 한반도의 북부 지방으로 들어오면서, 밀의 기원을 서술하는 설화로 바뀌었을 것이라고 추정하였다.

이렇게 본다면, 한국의 농경 문화와 복합된 신화들은 중국의 화중 지방이나 서북 지방을 거쳐 한반도에 들어왔다는 사실을 알 수 있다. 그리고 한국 문화에서 이같은 사실은, 이쪽 지방으로부터 들어온 집단이 기층 문화의 형성에 깊게 관여하였음을 말해준다고 보아도 좋다.

제3장
지배 계층 교체의 신화

1. 국가 양도 신화

한국의 고대 건국 신화나 왕권 신화에서는 주인공의 탄생 모티프가 매우 중요한 구실을 하고 있다. 곧 비정상적인 탄생이 비범한 능력의 소유로 이어졌다. 그리하여 그런 인물이 나라를 세우거나 왕권을 장악하였다고 함으로써, 그 왕권의 신성성과 정통성을 확보하려고 하였다는 것이다.

그러나 한국의 모든 건국 신화들이 다 탄생 모티프를 중시한 것은 아니었다. 그 가운데는 비정상적인 탄생의 모티프를 가지지 않는, 한 부류의 자료들도 존재한다. 이처럼 탄생 과정이 탈락된 자료들은 지금까지도 신화로 인정을 받지 못하고, 역사나 역사적인 사실을 반영하는 전설로 다뤄지기도 하였다.[1]

하지만 왕조(王朝)의 개막을 장식하는 건국에 얽힌 이야기는 그 자체가 건국의 정당성과 정통성을 강조하려고 만들어진 것이었다. 다시 말해 나라를 세우고 통치권을 확립해 가는 과정이 서술되는 이야기는 그 사회에서 신성성을 인정받지 않으면 안 되었다. 따라서

---

[1] 최래옥이 〈현지 조사를 통한 백제 설화의 연구〉에서, "백제의 건국 영웅들은 다른 영웅들처럼 신비로운 신화의 옷을 입지 못하고 말았다"고 지적한 것이 이런 예에 속한다고 할 수 있다. 최래옥 : 1982, 126쪽.

이 유형에 들어가는 자료들도 마땅히 건국 신화나 왕권 신화의 일부로 다루어져야 한다.

그런데 한국의 문헌신화에서 이 부류에 속하는 자료들은 모두가 나라를 평화적인 방법으로 양도한다는 특징을 지니고 있다. 이런 특징을 지닌 것으로는 해부루의 부여국 양도 신화, 송양왕(宋讓王)의 비류국 양도 신화와 비류(沸流)의 미추홀(彌鄒忽) 양도 신화 등을 들 수 있다. 이들 가운데서 해부루의 부여국 양도 신화는 이미 금와왕 탄생 신화에서 그 내용을 살펴보았다. 그렇지만 논의의 편의를 위해, 여기에서 다시 한 번 자료를 인용한다면 다음과 같다.

[자료 37]

이 일에 앞서 부여왕 해부루는 늙도록 자식이 없었다. (그리하여 그는) 산천에 기도를 드려서 뒤를 이을 아들을 구하였다. 왕이 탄 말이 곤연에 이르러 큰 돌을 보고 그것을 마주 대하며 눈물을 흘렸다.

왕이 괴이하게 생각하여 사람들을 시켜서 그 돌을 옮기게 하였다. (그랬더니 거기에는) 어린 아이가 금빛의 개구리 모양을 하고 있었다(한편으로는 개구리를 달팽이라고도 한다). 왕은 기뻐하며 말하기를, "이것은 바로 하늘이 내게 아들을 준 것이다"면서 그를 거두어 길렀다. (왕은) 그 아이의 이름을 금와(金蛙)라 하고, 그가 장성하자 태자로 삼았다.

그 뒤에 제상 아란불은, "일전에 하느님이 내려오시어 저에게 이르시기를 '앞으로 내 자손으로 하여금 이곳에 나라를 세우게 하고자 하니, 너희들은 여기에서 피하여 가거라. 동쪽 바닷가에는 가섭원이라는 땅이 있는데, 토양이 기름져서 오곡을 심기에 적당하므로 도읍을 정할 만하다'고 하였습니다"고 말했다. 아란불이 드디어 왕에게 권하여서 그 곳으로 도읍을 옮기게 하였는데, (그렇게 하여 세운) 나라의 이름을 동부여라고 했다.

그의 옛 도읍지에는 어디로부터 왔는지를 알 수 없는 사람이 나타나서, 스스로 천제의 아들 해모수라고 하면서 도읍을 정하였다.[2]

김부식(金富軾)이 찬술한 《삼국사기》의 고구려 본기(高句麗本紀) 시조 동명성왕 조에 전해지는 이 자료의 후반부는 해부루 집단의 국가 양도와 이주, 동부여(東夫餘)라는 나라의 건국을 주된 내용으로 하고 있다. 바꾸어 말하면 해부루를 중심으로 하는 세력이 뒤에 들어온 천강족(天降族)의 해모수 집단에게 그들이 거주하고 있던 삶의 터전을 물려준다. 그리고 그들은 동쪽 바닷가에 있는 가섭원이란 곳으로 옮겨가 새로운 나라를 세운다는 것이다.

미시나 아키히데(三品彰英)는 이러한 신화의 주인공인 해부루를 주몽(朱蒙)과 같은 인물로 간주하였다. 그의 표현을 빌리면, 해부루와 주몽은 다른 이름을 가진, 같은 인물이 된다는 것이다. 미시나는 주몽을 달리 동명성왕(東明聖王)이라고 부르는데, 동명이란 말은 천제의 아들에 어울리는 이름으로 광명이 동방에서 오는 것을 연상시키고, 부루 또한 밝음을 뜻하는 '밝'과 관계가 있다고 보았다.[3]

그러나 부루를 '밝'과 연관시켜 동명과 같은 뜻의 말로 해석하는 것은 위험한 발상이 아닐 수 없다. 만약에 그의 견해가 타당하다면, 고구려의 건국 신화로 자리잡은 해부루 신화와 주몽 신화는 같은 인물에 연루된 두 개의 다른 전승이라는, 앞뒤가 맞지 않는 논리의 모순에 빠지게 된다.

실제로 해부루라는 이름은 '광명' 내지는 '밝다'라는 뜻과는 거리

---

2) 김부식 : 1982, 145쪽.
3) 三品彰英 : 1971ⓑ, 290–293쪽.

가 있는 말이다. 이런 추정을 하는 데는 양주동(梁柱東)의 견해가 좋은 참고가 된다. 그는 '발(發)·부여(夫餘)·부리(夫里)·벌(伐)·불불(不弗)·불(弗)' 등은 나라 또는 벌판을 뜻하는 '불'이라는 우리말을 한자로 표기한 것이라고 주장하였다.4)

　이같은 주장은 [자료 37]과, 다음에 검토할 송양왕의 비류국 양도 신화, 비류의 미추홀 양도 신화 등을 위주로 생각하는 경우에는 상당한 타당성이 있는 것 같다. 왜냐하면 부루(夫婁)나 비류(沸流)라고 하는 신화적 인물이나 비류(沸流)라고 하는 나라의 이름이 벼를 재배하는 농경 문화와 밀접한 관련이 있어, '벌'과의 친연성을 드러내고 있기 때문이다.

　이 문제를 더욱 뚜렷하게 밝히려면 해부루 집단이 어떠한 형태의 경제 생활을 꾸려 나갔으며, 또 어떤 세계관을 가지고 있었는지를 살펴보아야 한다. 진수(陳壽)가 저술한 《삼국지(三國志)》 위지 동이전(魏志東夷傳) 부여 조에는 부여의 지리적인 배경이 다음과 같이 씌어 있다.

　그 사람들은 대대로 자리잡아 살았는데, (거기에는) 궁실도 있고 창고도 있으며 감옥도 있다. 산과 언덕, 넓은 못들이 많아서 동이 지방 가운데서는 가장 평평한 땅이다. 토지는 오곡을 심는 데는 알맞아도 오과(五果)는 나지 않는다.5)

　이 기록은 해부루를 수장(首長)으로 하는 부여족이 벼를 재배하던 농경민으로, 대지의 원리를 신봉하는 세계관을 가졌을 것으로 추정하게 한다. 두루 알다시피 화전(火田)을 위주로 하는 농경민은 땅을

---

4)　양주동 : 1955, 391쪽.
5)　"其民土著 有宮室倉庫牢獄 多山陵廣澤 於東夷之域最平敞 土地宜五穀 不生五果"
　　국사편찬위원회 편 : 1987, 178쪽.

개간하여 농사를 짓는다. 그러다가 경작하는 토지의 힘이 쇠약해지면 다시 새로운 땅을 찾아서 이동하기 마련이므로, 오랫동안 한 지역에서 머물러 살지 않는다. 그런데도 이 기록에서는 사람들이 대대로 자리잡아 살았다[其民土著]고 씌어 있다. 이것은 부여족이 오랫동안 이 지방에서 정착해 살던 농경민이었음을 말해준다고 볼 수 있다.6)

이러한 추정은 밑줄을 그은 부분으로부터도 그 타당성을 인정받을 수 있다. 한국의 역사에서 고조선(古朝鮮) 다음으로 등장한 것이 부여이다. 이 부여는 만주에 있는 송화강(松花江) 유역을 무대로 하여 성장한 국가이고, 그 중심지는 이통하(伊通河) 부근의 장춘(長春)과 농안(農安) 일대로 상정되고 있다.7) 이 지방에 넓은 못[廣澤]이 많았다는 것은 그것들이 자연적으로 만들어진 것이 아니라, 벼를 재배하기 위한 관개 시설(灌漑施設)로써 인위적으로 축조되었다는 사실을 나타내는 것이 아닐까 한다.

또 [자료 37]에서도 이런 추정이 사리에 맞는다는 것을 확인할 수 있다. 여기에서는 해부루 집단이 이주하여 동부여라는 나라를 세운 곳이 동쪽 바닷가이며, 그 곳은 토양이 기름져서 오곡을 심기에 적당한 곳이라고 하였다. 국사학계에서는 이곳을 만주의 길림(吉林) 지역으로 비정(批正)하고 있는데,8) 지리적으로 볼 때 이 일대는 밭농사보다는 논농사가 더 적합한 곳이기 때문이다. 그렇다면 이 신화에서 말하고 있는 오곡이란, 삼과 보리, 콩, 수수, 메기장 등의 밭곡식만을 뜻하는 것이 아니라, 벼를 포함하는 오곡이었다고 보는 것이 합당할 것이다.

---

6) 부여족을 농경민으로 본 견해로는 이병도(1976, 213쪽)가 있다. 한편 孫進己(1992, 236쪽)는 부여족이 농업과 목축의 경제 형태를 가졌다고 보았다.

7) 이기동 : 1982, 75쪽.

8) 노태돈 : 1993, 41쪽.

   따라서 해부루를 수장으로 하던 선주(先住)의 부여족은 진작에 벼 재배의 농경을 주된 경제 형태로 삼았던 농경민이었고,[9] 그들이 동쪽 바닷가에 있는 가섭원이란 지방으로 천도(遷都)를 단행하였다는 것은 그가 농경과 불가분의 관계에 있는 대지의 우주적 원리를 대표하는 존재였음을 뜻한다고 하겠다. 그리고 뒤에 들어온 천손 계통(天孫系統)의 해모수 집단에게 그들이 살고 있던 곳을 물려주고는 벼를 재배하는 데 더 적합한 땅을 찾아서 이동하였다는 사실을 드러낸다고 보아도 크게 잘못은 없을 것이다.

   한편 뒤에 들어온 해모수는 스스로 천제(天帝)의 아들이라고 칭했을 뿐만 아니라, 하느님마저도 제 자손이 나라를 세울 것이라는 사실을 미리 아란불에게 계시해 주었다. 이로 미루어 보아, 그는 하늘의 원리를 대표하는 존재였음이 분명하다. 그러므로 이러한 그가 해부루 집단을 몰아내고 새로 나라를 세웠다는 것은 세계관의 대립에서 결국 하늘의 원리를 대표하는 쪽이 대지의 원리를 대표하는 쪽에 승리하였음을 나타낸다고 하겠다.

   해부루의 부여국 양도 신화에 대해 이제까지 살펴본 내용을 간략히 표로 나타낸다면 다음과 같다.

   표에서 보는 것처럼, 이 신화는 첫째로 선주의 해부루가 대지의 원리를 대표하는 존재였다면, 후래(後來)의 해모수는 하늘의 원리를

---

9) A. E. Jensen은 농경이 기초를 이루고 있는 지구 위의 모든 문화를 유형적으로 분류하여, (1) 열대적인 기후 지대를 고향으로 하는 구경(球莖)류의 재배와 과수(果樹) 이용을 생활의 근거로 하는 농경, (2) 곡물이 지배적인 유용 식물로 나타나, 농경과 병행하여 그 밖의 경제 부분으로써 대가축을 사육하는 혼합 경제적인 곡물 재배 농경, (3) 곡물 재배와 대가축 사육을 알고 있으면서도, 시비(施肥)를 수반하는 영속적인 농경과 인공 관개로 말미암아 되도록 최고의 집약화에 이르는 농경, (4) 쟁기를 만들어서 새로운 시기의 농업에 들어간 농경 따위로 나눈 바 있다. A. E. Jensen, 大林太良 共譯 : 1978, 73-74쪽. 이와 같은 분류에 따른다면, 부여족의 농경은 상당히 발전된 형태를 유지했을 것으로 추정된다.

해 부 루	←대립 관계→	해 모 수
선주(先住)		후래(後來)
수도 농경		?
가섭원(대지의 원리)		하늘(하늘의 원리)
국가의 양도 (가섭원으로 천도하여 동부여를 건국)		국가의 건국

대표하는 존재였다. 둘째로 앞의 것을 중심으로 한 집단이 수도 경작의 농경 문화를 가지고 있었는데, 뒤의 것을 중심으로 한 집단이 어떤 문화를 가졌었는지는 뚜렷하지 않지만 농경민의 세력을 압도할 수 있는 문화를 가졌을 것으로 보인다. 그리고 셋째로 이들 둘 사이의 대립에서는 앞의 집단이 후자의 집단에게 나라를 물려주는 형태를 띠었으며, 넷째로 앞의 집단이 뒤의 세력에게 밀려 먼저 살고 있던 곳을 버리고 가섭원 지방으로 천도를 단행하였다는 것은 농경에 적합한 토지를 찾아서 이동했다는 것을 말해준다고 볼 수 있다.

그런데 이 신화에서와 같이 먼저 살고 있던 집단이 뒤에 들어온 집단에게 나라를 물려주는 이야기로는 이 신화말고도 송양왕의 비류국 양도 신화가 있다.

[자료 38]

(1) 비류왕(沸流王) 송양(松讓)이 사냥을 나왔다가 왕(동명왕―인용자 주)의 용모가 비상한 것을 보았다. 그래서 불러 같이 앉아서 말하기를, "나라가 바닷가에 치우쳐 있어서 아직 군자를 볼 수가 없었는데, 오늘 군자를 만나게 되니 어찌 다행한 일이 아니겠는가? 그대는 어떤 사람이며 어디에서 왔는가?"라고 물었다. 그러자 왕은 "나는 천제(天帝)의 손자로 서쪽 나라의 왕이다. 묻건대 그대는 누구의

후손인가?"라고 되물었다.

(2) 송양이 말하기를, "나는 선인(仙人)의 후손인데, (이곳에서) 여러 대에 걸쳐 왕 노릇을 해 왔다. 지금 땅이 좁아 두 사람의 왕이 나누어 가질 수 없고, 또 그대는 나라를 세운 지 얼마 되지 않잖소? 그러니 내 속국이 되는 것이 어떻겠는가?"라고 했다. 왕이 말하기를, "나는 하늘을 이은 후손이다. 하지만 그대는 신의 후손이 아니면서 억지로 왕이라 부르니 만일 내게 복종하지 않는다면 하늘이 반드시 (그대를) 죽일 것이다"라고 하였다.

(3) 송양은 왕이 여러 번 천제의 자손이라고 일컫는 것을 듣고 속으로 의심을 품었다. 그리하여 그 재주를 시험하고자 "왕과 함께 활을 쏘고 싶소"라고 말하고, 사슴 그림을 백 걸음 안에 놓고 쏘았다. 그렇지만 화살이 사슴의 배꼽을 맞히지 못하였다. 그런데도 오히려 도수(倒手)처럼 뽑냈다. 왕이 사람을 시켜 옥가락지를 백 걸음 밖에 놓게 하고 쏘니, 기와가 부서지는 듯했다. 이에 송양이 크게 놀랐다고 한다.

(4) 왕이 말하기를, "국가의 업을 새로 만들었기 때문에 아직 고각(鼓角)의 위의(威儀)가 없다. 비류국의 사자가 오갈 때 내가 왕의 예(禮)로써 맞아들이고 보내지 못해, 그 때문에 나를 가볍게 여기는 것이다"고 하니, 모시고 있던 부분노(扶芬奴)가 앞으로 나와 "신이 왕을 위하여 비류국의 북을 가져오겠습니다"고 하였다. 왕이 "다른 나라에서 감추어 둔 물건을 네가 어떻게 가져온단 말인가?"라고 물으니, 부분노가 대답하기를 "이것은 하늘이 준 물건인데, 무엇 때문에 가져오지 못하겠습니까? 대왕께서 부여에서 고통을 겪으실 때, 누가 대왕이 이곳에 이르리라고 생각했겠습니까? 이제 대왕이 만 번이나 죽을 위기에서 몸을 빼 나와 요하(遼河)의 왼편에서 이름을 드날리니, 이것은 하늘이 명하여 하는 일입니다. 무슨 일인들 이루지 못하겠습니까?"라고 했다. 이에 부분노 등 3인이 비류국에 가서 북을 훔

쳐 왔다. 왕은 송양이 와서 볼까 두려워 고각에 어두운 칠을 해서, 오래 된 것같이 해 놓았다. 그랬더니 송양이 감히 다투지 못하고 돌아갔다.

(5) 송양이 도읍을 정한 선후를 따져서 속국을 삼으려 하매, 왕이 썩은 나무로 궁궐을 지어 천 년이나 묵은 것같이 하였다. 송양이 와서 보고 도읍을 정한 선후를 감히 따지지 못하였다.

(6) 왕이 서쪽으로 순수(巡狩)하다가 흰 사슴을 잡아서 해원(蟹原)에 거꾸로 매달고 주술(呪術)을 걸어 말하기를, "하늘이 비를 내려 비류왕의 도읍을 떠내려가게 하지 않으면 나는 너를 놓아주지 않을 것이다. 그러니 이 어려움을 면하려거든 네가 하늘에 호소하여라"고 했다. 그 사슴이 슬피 우니, 그 소리가 하늘에 사무쳐 장마비가 7일이나 내려 송양의 도읍을 떠내려 보냈다. 왕이 갈대 밧줄로 강을 가로질러 걸고 오리말〔鴨馬〕을 타니 백성들이 모두 그 밧줄을 붙잡았다. 주몽이 채찍으로 물을 치니 물이 없어졌다.

(7) 6월에 송양이 나라를 들어 항복했다고 한다.[10]

---

10) "沸流松讓出獵 見王容貌非常 引而與座曰 僻在海隅 未曾得見君子 今日邂逅 何其
幸乎 君是何人 從何而至 王曰 寡人天帝之孫 西國之王也 敢問君王繼之後 讓曰 豫
是仙人之後 累世爲王 今地方至小 不可分兩王 君造國日淺 爲我附庸可乎 王曰寡人
繼天之後 今主非神之胄 强號爲王 若不歸我 天必殛之 松讓以王累稱天孫 內自懷疑
欲試其才 乃曰 願與王射矣 以畵鹿寘百步內射之 其矢不入鹿臍 猶如倒手 王使人以
玉指環懸 於百步之外射之 破如瓦解 松讓大驚 云云 王曰以國業新造 未有鼓角威儀
沸流使者往來 我不能以王禮迎送 所以輕我也 從臣扶芬奴進曰 臣爲大王 取沸流鼓
曰他國之藏物 汝何取乎 對曰此天之與物 何爲不取乎 夫大王困於扶餘 誰謂大王能
至於此 今大王奮身 於萬死之危 揚名於遼左 此天命而爲之 何事不成 於是扶芬奴等
三人 往沸流取鼓而來 沸流王遣使告曰 云云 王恐來觀鼓角 色暗女故 松讓不敢爭而
去 松讓欲以立都先後 爲附庸 王造宮室 以朽木爲柱 故如千歲 松讓來見 意不敢爭
立都先後 西狩獲白鹿 倒懸於蟹原 呪曰 天若不雨而漂沒沸流王都者 我固不汝放矣
欲免斯難 汝能訴天 其鹿哀鳴 聲徹于天 霖雨七日 漂沒松讓都 王以葦索橫流 乘鴨
馬 百姓皆執其索 朱蒙以鞭畵水 水卽減 六月松讓擧國來降云云" 장덕순 : 1981,
92-93쪽.

이 자료는 이규보(李奎報)가 영웅 서사시 《동명왕편(東明王篇)》을 지으면서 《구삼국사(舊三國史)》에서 인용한 것이다. 그러므로 한국의 문헌 신화로서는 가장 오래 된 것들 가운데 하나라고 할 수 있다. 이와 같은 이 신화는 (1) 송양왕과 동명왕의 만남 (2) 갈등 (3) 대립 — 활쏘기 시합 (4) 대립 — 고각(鼓角)의 절취 (5) 대립 — 궁실의 건립 (6) 정복 (7) 송양왕의 투항 등 일곱 개의 단락으로 나뉜다.

이렇게 구분되는 일곱 개의 단락에서 이들의 출계(出系)가 확인되는 곳은 단락 (2)이다. 이곳에서는 송양왕이 선인(仙人)의 후손임을 강조한 것과 달리, 동명왕은 하늘을 이은 후손으로서 신왕(神王)이라는 점을 강조하고 있다. 이들의 대화는 당시 왕권에 대한 인식의 일단을 드러내고 있다. 즉 신(神)과 왕이 같게 여겨졌는데, 그 신성성(神聖性)은 하늘로부터 물려받은 것이어야 한다는 것이다.

실제로 후자는 "천제의 손자요 하백(河伯)의 외손자"[11]로, 하늘의 원리와 수역(水域)의 원리가 결합되어 태어난 존재였다. 그럼에도 단락 (2)에서 자신이 하늘을 이은 후손임을 강조하고 있는 것은 부계 혈통을 중시하는 것으로, 하늘의 원리를 주(主)로 하고 수역의 원리를 종(從)으로 했다는 것을 뜻한다.

출계에서 이처럼 차이를 보이고 있는 이들은 저마다 다른 문화를 지녔을 것으로 상정된다. 그렇지만 송양왕 집단이 지녔던 문화적 성격은 뚜렷하게 드러나 있지 않다. 단지 비류국의 위치가 바닷가에 치우쳐 있었다는 단락 (1)에서, 그가 대지의 원리를 대표하는 존재였음을 미루어 짐작할 수 있을 따름이다.

이런 유추는 《삼국사기》 고구려 본기 시조 동명성왕 조에 있는 "왕은 비류수(沸流水)에서 채소의 잎들이 떠내려 오는 것을 보고, 그 상류에 사람이 살고 있다는 것을 알았다. 그래서 수렵을 하며 찾아

---

11) "我天帝之孫 河伯之甥" 같은 책, 92쪽.

가 비류국에 이르렀다"12)는 기록에서 간접적이나마 그 타당성을 확인할 수 있다. 그리고 그가 사냥을 나왔다든가,13) 신기(神器)의 일종인 고각을 갖고 있었다는 것은 수렵·유목 문화적인 성격도 아울러 지니고 있었음을 나타낸다고 할 수 있다.

만약 송양왕이 이처럼 복합적인 문화를 지니고 있었다면, 농경 문화적인 성격이 수렵·유목 문화적인 성격보다 더 강했을 것으로 생각된다. 왜냐하면 그가 단락 (3)의 활쏘기 시합에서 유목민(遊牧民)의 세력을 대표하는 동명왕에게 패하였다는 것은 수렵·유목 문화적 성격의 취약성을 반영하는 것으로 볼 수 있기 때문이다.

이에 견주어 동명왕은 단락 (3)에서와 같이 화살을 잘 쏘았을 뿐만 아니라, "어머니가 싸리나무로 활과 살을 만들어 주었더니 물레 위의 파리를 쏘아 틀림없이 맞추었을"14) 정도로 명사수였기 때문에 주몽(朱蒙)이라는 이름을 얻었다. 이런 표현으로 보아, 그는 수렵·유목민의 세력을 대표하고 있었던 것이 분명하다고 하겠다. 그러면서도 부여에서 남쪽으로 내려와 엄체(淹滯)에 이르렀을 때 어별(魚鼈)이 다리를 놓아 주었던 것으로 봐서 어로 문화(漁撈文化)의 성격도 아울러 지녔던 것으로 추정된다.15)

따라서 이들 양자의 출계와 그들이 지니고 있었던 문화적 성격을 간략히 나타내면 다음과 같다.

다음 그림표에서 보는 것처럼, 세계관과 문화적인 차이를 지니고 있는, 이들 두 집단의 만남은 단락 (3)에서 (5)에 이르는 일련의 대립을 불러올 수밖에 없었다. 이와 같은 대립 과정에서 특히 눈길을 끄

---

12) "王見沸流水中　有菜葉逐流下　知有人在上流者　因以獵往尋　至沸流國" 김부식 : 1982, 147쪽.

13) 《삼국사기》를 중심으로 본다면, 이 문제는 왕들의 의례적인 행사의 일종으로 볼 수도 있다.

14) "其母以華作弓矢與之　自射紡車上蠅發矢卽中" 장덕순 : 1982, 91쪽.

15) 三上次男 : 1977, 485–486쪽.

송 양 왕	←대립 관계→	동 명 왕
선주(先住)		후래(後來)
대지의 원리		주 : 하늘의 원리 종 : 수역의 원리
수도 농경 (수렵 병행 문화)		수렵 (어로 병행 문화)

는 것은 단락 (4) 고각(鼓角)의 절취이다. 고각은 이웃나라의 사신들이 오갈 때 쓰는 의례(儀禮)적인 악기로서 뒤메질G. Duémzil이 지적한, 주권(제1) 기능을 상징하는 물건이다.16) 이렇게 주권 기능을 상징하는 고각이 절취를 당했다는 단락 (4)의 표현은 은연중에 왕권의 양도가 이루어졌음을 뜻하는 것으로 여길 수도 있다.

한편 동명이 스스로 하늘의 후손이라고 주장했고, 또 그가 고각을 가지게 되었다고 하는 것은 왕권의 확립과 아울러 신왕(神王)으로서 확고한 지위를 획득하였음을 말해준다. 두루 알다시피 북[鼓]은 샤먼에게 없어서는 안 될 필수적인 무구(巫具)의 하나이다. 샤먼은 북의 도움으로 여러 세계 — 이를테면 정령(精靈)들의 세계나 천상의 세계, 또는 지하의 세계 등을 가리킨다 — 에 갈 수도 있고, 희생물을 바칠 수도 있으며, 또 정령을 부를 수도 있는 것이다.17) 결국 동명왕이 샤먼들의 신기(神器)의 하나인 북을 갖게 되었다는 것은 그가 신왕(神王)으로서 존재를 인정받는 입사식(入社式)의 한 과정을 통과했다고 보아도 좋을 것이다.

송양왕의 비류국 양도 신화에 등장하는 동명왕은 이처럼 북방 아

---

16) 뒤메질G. Duémzil은 인도 유로피언 Indo-European어족의 세계를 계층화된 세 개의 요소로 이루어졌다면서, 이 요소를 '기능'이라고 이름 붙였다. 이렇게 이루어진 세 개의 기능은 (1) 신성성·주권성과 관련된 제1기능과 (2) 전투성·강력성에 관련된 제2기능, (3) 생산성·풍요성·평화성과 관련된 제3기능이 있다고 하였다. 松村一男 共著 : 1987, 67-68쪽.

17) G. Nioradze, 이홍직 역 : 1976, 113쪽.

시아 유목 민족들이 지닌, 정신 문화의 중요한 요소인 샤머니즘 사상과 깊은 연관이 있는 인물이었다. 이것은 이 신화를 지니고 있던 집단이 어떠한 형태로든 그들과 관련이 있다는 사실을 시사한다고 하겠다. 실제로 샌드셰예프G. Sandschejew의 보고로 말미암아, 북방 아시아 유목민들 사이에서 샤먼이 여러 집단의 통솔자가 되기도 하고, 때로는 군의 사령관이 되기도 하며, 또 각 혈연 집단의 시조로 상정(想定)되고 있음이 확인되었다.[18]

그리고 이 신화에 등장하는 동명왕 이야기의 밑바탕에 샤머니즘 사상이 깔려 있고, 그를 성무(成巫)의 입사식을 거친 신왕으로 보는 경우, 단락 (6)에서 송양왕의 도읍지가 물에 정복된 것도 쉽게 설명할 수 있다. 도읍지가 물에 정복되었다는 것은 일종의 홍수 신화적 성격을 지니고 있다. 여기에서 흰 사슴을 잡아, 그로 하여금 비를 내리게 하여 비류국의 도읍을 떠내려가게끔 주술(呪術)을 부리는 주체는 동명왕이다. 이러한 일련의 행위는 그가 사제자의 기능을 수행했음을 뜻한다고 볼 수 있다.

그런데 물은 순수성 때문에 자연적인 상징으로서 표출되고, 정화(淨化)의 난삽한 심리학에 명확한 의미를 부여하게 되었다.[19] 그 때문에 개인적으로 궂은 일이 있거나, 치성을 드릴 일이 있으면 물로써 몸을 씻어 정화(淨化)를 한다. 물의 이러한 정화 기능이 그 범위를 확대하면 혼돈의 상태를 제거하고 새로운 질서를 창조하는 데까지 발전한다. 그러므로 동명왕이란 신왕적 존재의 주술로 말미암아 비류국의 수도가 물에 정복되었다는 것은 그가 무속의 의례를 주재함으로써 낡은 질서의 비류국이 새로운 통치 질서를 가진 나라로 바뀌었음을 뜻한다고 하겠다.

---

18) 蒲原大作 : 1982, 262쪽에서 재인용.
19) G. Bachlard, 小兵俊郎 共譯 : 1980, 195쪽.

　따라서 이 신화는 세계관과 문화적인 차이를 보이는 송양왕 집단
과 동명왕 집단의 대립에서, 앞의 집단이 뒤의 집단에게 나라와 왕
권을 물려주어 새로운 국가로 발돋움하였음을 반영하고 있다. 바꾸
어 말하면, 수렵·유목 문화를 가지고 뒤에 들어온 동명왕 집단이,
농경 문화를 가지고 먼저 살고 있던 송양왕 집단을 정복하였음을 나
타낸다.

　그런데 이와 같은 구조로 되어 있는 자료로는 비류의 미추홀 양
도 신화가 있다. 이것은 온조(溫祚)의 백제 건국 신화로 알려져 있는
데, 그 내용은 다음과 같다.

　　　〔자료 39〕

　(1) 백제의 시조는 온조왕으로, 그 아버지는 추모(鄒牟) 또는 주몽
(朱蒙)이라고 한다. 주몽은 북부여로부터 난을 피하여 졸본 부여(卒
本扶餘)에 이르렀다. 부여왕은 아들이 없고 단지 세 딸이 있었는데,
주몽을 보고 비상한 사람임을 알고 둘째딸을 그 아내로 삼게 했다.
얼마 되지 않아 부여왕이 돌아갔으므로 주몽이 왕위를 잇고 두 아들
을 낳았다. 큰아들을 비류(沸流)라 하고, 작은아들을 온조(溫祚)라고
하였다(또는 주몽이 졸본에 이르러 월군녀(越郡女)를 아내로 얻어 두
아들을 낳았다고도 한다).

　(2) 주몽이 북부여에 있을 때 낳았던 아들이 와서 태자가 되었다.
비류와 온조는 태자가 그들을 용납하지 아니할까 두려워하였다. 그
리하여 드디어 오간(烏干)과 마려(馬黎) 등 열 사람의 신하들과 더불
어 남쪽으로 떠나니, 백성들 가운데서 따라 나서는 사람이 많았다.

　(3) 마침내 그들은 한산(漢山)에 이르러 부아악(負兒嶽)에 올라가
서 가히 살 수 있는 땅을 바라보았는데, 비류는 바닷가에 가서 살기
를 원하였다. 열 사람의 신하들이 간하기를 "생각하건대 이 하남의

땅은 북으로 한수를 끼고 동으로 고악에 의지하였으며, 남으로 옥택을 바라보고 서쪽은 큰 바다로 가로막아, 그 천험과 지리가 얻기 어려운 형세이오니, (여기에) 도읍을 이룩하는 것이 마땅하지 않겠습니까?"라고 하였다.

(4) 비류는 이 말을 듣지 아니하고 그 백성들을 나누어 가지고 미추홀(彌鄒忽)로 가서 살았으므로, 온조는 하남 위례성에 도읍을 정하고 열 사람의 신하들을 보익으로 삼아 나라 이름을 십제(十濟)라고 하였다. 이때는 전한(前漢) 홍가(鴻嘉) 3년(B.C 18년)이었다.

(5) 비류는 미추홀의 땅이 습하고 물이 짜서 편히 살 수가 없어 위례성으로 돌아와 보았다. 그랬더니 (온조는) 도읍을 새로 정하고 백성들이 편안하게 살고 있었으므로, 마침내 부끄러움을 뉘우치고 자살하여 버렸다. 그 신하와 백성들은 모두 위례성으로 돌아왔다.

(6) 그 뒤로 백성들이 날로 (온조를) 즐겁게 따랐으므로 나라 이름을 백제(百濟)라고 하였는데, 그 세계(世系)는 고구려와 마찬가지로 부여에서 나온 까닭으로 부여를 성씨로 삼았다.[20]

이 신화는 (1) 형제의 탄생과 (2) 태자와의 대립, (3) 형제간의 대립 (4) 형제의 분리 (5) 비류의 자살 (6) 백제의 건국 등 여섯 개의 단락으로 나뉜다. 이 여섯 개의 단락들 가운데서 (1) 형제의 탄생은 다

---

20) "百濟始祖溫祚王 其父鄒牟 或云朱蒙 自北扶餘逃難 至卒本扶餘 扶餘王無子 只有三女子 見朱蒙 知非常人 以第二女妻之 未幾扶餘王薨 朱蒙嗣位 生二子 長曰沸流 次曰溫祚(或云 朱蒙到卒本 娶越郡女 生二子) 及朱蒙在北扶餘所生子來爲太子 沸流溫祚恐爲太子所不容 遂與烏干馬黎等十臣南行 遂至漢山 登負兒嶽 望可居之地 沸流欲居於海濱 十臣諫曰 惟此河南之地 北帶漢水 東據高岳 南望沃澤 西阻大海 其天險地利 難得之勢 作都於斯 不亦宜乎 沸流不聽 分其民 歸彌鄒忽以居之 溫祚都河南慰禮城 以十臣爲輔翼 國號十濟 是前漢成帝鴻嘉三年也 沸流以彌鄒忽土濕水鹹 不得安居 歸見慰禮 都邑鼎定 人民泰安 遂慙悔而死 其臣民皆歸於慰禮 後以來時百姓樂從 改號百濟 其世系與高句麗同出扶餘 故以扶餘爲氏" 김부식 : 1982, 231쪽.

른 건국 신화들에 견주어 그 신비성이 제거되어 있다.

건국 신화에서 건국주(建國主)의 탄생에 신비성이 부여되는 것은, 그 신화를 가지고 있는 종족들의 우월성을 강조하려고 신화적 사유를 반영하는 것이다. 이런 사실을 고려할 때, 이 신화에서 신비성이 제거되었다는 것은 역사 시대에 접어들면서 신화의 후대적인 변형이 있었다는 것을 말해준다고 하겠다.

그러나 이처럼 변형이 이루어졌음에도 신화의 내용에서 대립적인 요소들이 강조되고 있는 것은, 이 신화가 영웅 설화의 기본 유형[21]

---

21) 영웅 설화의 기본 유형에 관해서는 많은 학자들의 앞선 연구가 있어 왔다. 그 가운데서도 Lord Raglan이 제시한 유형은 후학들에게 강한 영향을 주었으므로 그것을 참고로 소개하면 다음과 같다.
  1. 그의 어머니는 왕가의 딸이다.
  2. 그의 아버지는 왕이다. 그리고,
  3. 때때로 그의 어머니의 가까운 친척일 수도 있다. 그러나,
  4. 그가 잉태되는 환경은 비정상적인 것이다. 그리고,
  5. 그 또한 신의 아들로 간주된다.
  6. 그가 출생할 때 가끔 그의 아버지가 그를 죽이겠다는 음모를 꾸미기도 한다.
  7. 그는 도망쳐 버린다. 그리고,
  8. 먼 곳에서 양부모가 그를 기른다.
  9. 그의 어린 시절에 관해서는 아무 것도 알려진 것이 없다. 하지만,
  10. 장성하게 되면, 그는 그의 미래의 왕국으로 귀환하거나 가게 된다.
  11. 왕이나 거인, 또는 용이나 야수와 가신 싸움에서 승리한 뒤에,
  12. 그는 공주(때때로 전임자의 딸인 경우도 있다)와 결혼한다.
  13. 왕이 된다.
  14. 한동안, 그는 파란이 없는 통치를 계속한다. 그리고,
  15. 법률도 제정한다. 하지만,
  16. 그 다음에 그는 신들이나 신하들과 유대 관계를 잃게 되고,
  17. 왕좌와 도성으로부터 쫓겨나게 된다.
  18. 그는 불가사이한 죽음을 당한다.
  19. 가끔 산마루에서 죽기도 한다.
  20. 그의 아들이 있다고 하더라도 그의 자리를 계승하지는 못한다.
  21. 그의 시신은 매장되지 않는다. 그러나 그럼에도
  22. 그는 하나 또는 그 이상의 신성한 무덤을 가진다.

을 그대로 견지해 왔음을 나타낸다. 특히 이 신화에서의 대립은 그 자체가 이중적인 구조로 되어 있어 관심을 끈다. 곧 단락 (2)에서의 태자와 대립 관계가 출계에서 파생된 갈등에서 비롯된 것이라면, 단락 (3)에서의 온조와 가진 대립 관계는 도읍 터를 둘러싼 의견 갈등에서 비롯된 것이다.

역사학에서는 전자의 대립이 비류와 온조의 남행(南行)으로 연결되는 것을 부여족의 남하로 파악하고 있다.22) 하지만 신화 자체에서는 영웅이 버림을 받는 기아(棄兒) 모티프의 변형으로 시련의 시작23)을 뜻한다.

그리고 후자의 대립은 외관상으로는 도읍 터를 둘러싼 형제 사이의 의견 갈등으로 나타나고 있다. 그렇지만 내면적으로는 세계관과 문화적인 대립이 있었다는 것을 드러내고 있으므로, 이 신화의 속뜻을 밝히는 데 중요한 실마리를 제공한다.

여기에서 비류와 온조 사이의 대립이 무엇을 반영하고 있는가를 밝힐 목적으로, 단락 (3) 형제 사이의 대립, (4) 형제의 분리, (5) 비류의 자살, (6) 백제의 건국 따위에 관한 내용을 좀더 자세히 살펴보기로 한다. 먼저 단락 (3) 형제 사이의 대립은 그들이 한산이란 곳에 이르러 부아악에 올라가서 도읍의 터를 잡으려고 할 때 벌어졌던 의견 차이를 주된 내용으로 하고 있다. 즉 비류가 애써 바닷가의 땅인 미추홀을 고집하였는 데에 견주어, 열 사람의 신하들은 지리의 이점

L. Raglan : 1965, 145쪽.
김열규와 조동일도 위와 같은 연구에 영향을 받아 한국의 신화와 민담, 그리고 조선 시대 소설에서 이와 비슷한 유형을 추출한 바 있다. 김열규 : 1975, 53-74쪽 ; 조동일 : 1981, 288-340쪽 참조.

22) 이병도 : 1976, 342쪽.

23) 이는, 동명왕이 금와왕의 아들들과 갈등관계에 있으면서 남하를 단행하는 모티프와 일치한다는 점에서, 북방 아시아 계통의 문헌 신화에서 갈등 해소의 한 유형으로 지적될 수도 있다.

을 들어서 하남 땅에 도읍을 정할 것을 간청하였다.

그런데 이들이 도읍을 정하는 데 적당하다고 주장한, "하남의 땅은 북으로 한수를 끼고 동으로 고악에 의지하였으며 남으로 옥택을 바라보고 서쪽은 큰 바다로 가로막았다"는 표현으로 보아, 산 쪽에 가까운 곳임을 알 수 있다. 그리고 이렇게 하남의 땅에 도읍을 정하자고 간청하였던 열 사람의 신하들이 모두 온조의 신하가 된 것으로 보아 온조가 산 쪽을 택했다는 해석이 가능하다.

따라서 비류와 온조의 대립은 단순한 의견 대립이 아니라 비류가 바닷가의 땅, 곧 대지란 우주 영역을 대표하는 존재였다면, 온조가 산 쪽을 대표하는 존재였음을 나타낸다고 할 수 있다. 그러나 이 신화만 가지고는 산 쪽을 선택하였던 온조가 어떤 우주영역을 대표하고 있는지는 확실하지 않다.

그러나 이와 같은 단락 (3)의 대립은 마침내 단락 (4)에서 이들의 분리를 불가피하게 만들었다. 이렇게 하여 이루어진 이들의 분리는, 바닷가의 땅을 택했던 비류가 그 곳이 습하고 물이 짜서 편안하게 살 수가 없어서 위례성으로 돌아왔는데 거기 백성들이 편하게 사는 것을 보고, 부끄러움을 느낀 나머지 스스로 목숨을 끊어 버리는 단락 (5)에서 저절로 해결된다.

이곳에서 주의할 것은 비류의 자살이 단순히 신흥 국가의 면모를 제대로 갖추지 못한 데서 비롯된 것만은 아니라는 사실이다. 앞에서도 지적한 것처럼, 비류는 대지(大地)의 원리를 대표하는 존재였다. 이런 비류가 자살을 택했다는 기록은 그가 산 쪽을 대표하는 온조와 세계관적인 대립에서 실패했다는 의미를 내포하고 있다.

세계관적인 대립에서의 실패는 국가의 양도로 연결될 수밖에 없었다. 이는 단락 (5)에서 신하와 백성들이 모두 위례성으로 돌아왔다는 것으로 표현되었다. 이것은 평화적으로 나라를 양도함으로써 국가의 통일이 이룩되었다는 것이다.

비류가 세계관의 대립에서 실패하여 나라를 양도함으로써, 통일을 이룩한 온조는 비류와 분리될 때 지었던 십제(十濟)라는 이름을 버리고, 단락 (6)에서와 같이 백제(百濟)라는 국호로 바꾸어, 명실상부한 건국주가 될 수 있었다. 이는 온전한 통치 질서를 갖춘 국가로 발돋움하였음을 뜻한다.

이것을 간략히 표로 나타낸다면 다음과 같다.

비　　류	←대립 관계→	온　　조
형		아　우
미추홀 (대지의 원리)		위례성 (산쪽)
건국의 실패 (나라의 양도)		건국의 성공 (나라의 통일)

따라서 이 신화는 대지의 원리를 대표하는 비류가 산 쪽을 대표하는 온조와 세계관적인 대립에서 성공을 거두지 못하게 되자 결국은 나라를 양도할 수밖에 없었고, 이러한 양도로 말미암아 온조가 명실상부한 백제의 건국주가 될 수 있었음을 드러낸다고 하겠다.

2. 문화사적인 의의

이제까지 탄생담을 가지지 않은 몇몇 자료들, 곧 해부루의 부여국 양도 신화와 송양왕의 비류국 양도 신화, 비류의 미추홀 양도 신화를 살펴보았다. 이 유형에 귀속되는 신화들은 먼저 살고 있던 집단이 뒤에 들어온 집단에게 평화적인 방법으로 왕권을 양도한다는 특징을 가지고 있다. 그래서 이런 신화들이 어떤 의미를 지니고 있는가 하는 문제를 고찰하였다. 이로써 얻은 결과를 요약하면 다음과 같다.

첫째, 먼저 살고 있던 세력이 벼 재배의 농경을 주된 경제 형태로 하였는데, 뒤에 들어온 세력은 유목이나 수렵을 주된 경제 형태로 하였을 것으로 추정되었다.

둘째, 먼저 살고 있던 집단이 대지의 원리를 대표하는 존재들을 수장(首長)으로 삼은 데 견주어, 뒤에 들어온 집단들은 하늘의 원리를 대표하는 존재들을 수장으로 삼았다. 이처럼 우주관적인 대립을 보이던 이들 집단 사이의 갈등에서는 후자가 승리를 거두는 것으로 되어 있다. 그리하여 앞서 살고 있던 집단이 뒤에 들어온 집단에게 나라를 물려주는 형태를 취하고 있다는 것을 알아냈다.

셋째, 앞서 있던 집단은 후자 집단의 세력에 밀려 다른 곳으로 옮겨가거나 통합되었다. 특히 해부루가 선주지(先住地)를 버리고 가섭원이라는 지방으로 천도를 단행한 것은, 농경에 더 적합한 땅을 찾아서 이동하였음을 단적으로 말해주는 것으로 보았다.

그리고 벼를 재배하던 농경 문화 집단이 탄생담이 결여된 신화를 가지게 된 까닭도 어느 정도 밝혀졌다고 할 수 있다. 벼를 재배하는 농경은 앞 장에서 살펴본 밭곡식 재배의 농경보다 한결 더 발전된 형태이다. 그러므로 대지의 원리를 신봉하던 농경 문화 집단으로서는 땅에서 사람이 나왔다고 하는 출현 신화와 같은, 시조 신화를 가질 필요가 없었다. 그래서 이들과 관련된 왕권 신화에서는 탄생담이 없는 신화를 가지게 되었다고 볼 수 있다.

이렇게 볼 때, 한국의 문헌 신화에는 지배 계층의 교체가 있었음을 말해주는, 한 부류의 신화가 있다는 사실을 확인했다고 할 수 있다. 그리고 이와 같은 사실을 통해, 벼를 재배하는 수도 경작(水稻耕作)의 농경 문화를 가졌던 집단도 일정한 국가 형태의 통치 조직을 갖추고 있었으며, 그들 나름의 독특한 문화를 지니고 있었다는 것을 알게 되었다. 하지만 그들을 그 뒤에 들어온 수렵·유목 문화의 집단에게 압도되어 그만 나라를 물려주게 되는 과정도 보았다.

　이와 같은 일련의 과정들이 신화의 형태로 서술된 것이 곧 세 나라의 국가 양도 신화라고 하겠다. 그러므로 이들 국가의 실체에 대한 연구도 이루어져야 한다는 것을 덧붙여 둔다.

제4장
지배 계층의 신화

1. 천강 신화의 연구

1.1 천강 신화

한국의 고대 건국 신화나 왕권 신화 가운데서 건국주나 왕권을 장악한 인물의 출계(出系)를 하늘에서 구하고 있는 자료들이 상당한 양을 차지하고 있다. 이들 신화는 그것을 이루는 구성 요소의 측면에서 몇 개의 하위 범주로 나누어진다. 일찍이 미시나 아키히데(三品彰英)는 이 부류에 귀속되는 신화 자료들을 감응(정)형 신화[感應(精)型神話]로 이른 다음, 그 종류와 분포 영역에 관한 논문를 발표하였다. 그는 이 논문에서 중국과 만주, 한국, 일본 등지에서 나온 자료 25개를 3개의 범주, 곧 뇌전(雷電)이나 성신(星辰)의 빛에 따른 것과 하늘에서 내려온 영물(靈物)에 따른 것, 일광(日光)에 따른 것으로 구분하였다.[1]

그러나 한국 신화의 경우에는 그의 분류와 얼마간 다른 모습을 보여주고 있다. 이렇게 말하는 까닭은 이 부류에 들어가는 한국 신화의 자료들은 하늘에 거주하는 존재가 직접 내려오거나 그의 자손

---

[1] 三品彰英 : 1971ⓐ, 502–503쪽.

이 내려와서 왕권을 장악하는 것들과,[2] 햇빛의 감응으로 말미암아
태어난 존재가 왕이 되는 것들로 나뉘기 때문이다.

이들 자료는 다 같이 건국주나 왕권을 장악한 존재의 출계를 하
늘과 연결시킨다는 공통점을 띠고 있다. 그렇지만 탄생의 측면에서
는 분명하게 변별되므로, 본 연구에서는 앞의 것을 천강 신화(天降
神話)[3]라고 하고, 뒤의 것을 감응 신화(感應神話)라고 이름 붙여 살
펴보기로 한다.

[자료 40]

《고기(古記)》에는 이렇게 말했다.

옛날에 환인(제석을 말한다)의 지차(之次) 아들 환웅이란 자가 있
었는데, 자주 천하에 뜻을 두고 사람 세상을 탐내어 구하였다. 그 아
버지가 아들의 뜻을 알아차리고 아래로 삼위 태백을 내려다보니 사
람들을 널리 이롭게 할 만했다. 이에 (환인은 환웅에게) 천부인 세
개를 주고 보내어서 이곳을 다스리게 하였다.

환웅은 무리 3천명을 거느리고 태백산 꼭대기(태백은 지금의 묘
향산이다)의 신단수 아래로 내려왔는데 이곳을 신시라고 이르고 그
를 환웅천왕이라고 하였다. 그는 바람을 맡은 어른과 비를 맡은 어
른, 구름을 맡은 어른들에게 저마다 농사와 생명, 형벌, 선악을 맡게
하고 사람의 3백60여 가지 일들을 주관하면서 세상에 살며 정치와
교화를 베풀었다.

---

2) 이 유형에는 하늘에서 알의 형태로 내려온 것들도 포함된다.

3) '천강 신화'란 널리 쓰이고 있는 '천손 강림 신화(天孫降臨神話)'의 준말로, 이 용
   어는 일본 제국주의자들이 천황(天皇)이 가지는 왕권의 신성성을 강조하려고 만들
   어낸 말이다. 하지만 아직까지 이것을 대신할 수 있는 적당한 용어를 찾지 못했기
   때문에 본 연구에서도 그대로 쓴다는 것을 밝혀 둔다.

때마침 한 마리의 곰과 한 마리의 호랑이가 있어, 같은 굴에 살면서 항상 신령스러운 환웅에게 사람이 되게 해달라고 빌었다. 이때 환웅신은 영험이 있는 쑥 한 묶음과 마늘 스무 개를 주면서 말하기를, "너희들은 이것을 먹고 백 날 동안 햇빛을 보지 않으면 곧 사람의 형체가 될 것이다"고 했다.

곰과 호랑이는 이것을 얻어 먹었다. 곰은 스무 하루 동안을 삼가서 여자의 몸으로 변했으나, 호랑이는 능히 삼가지 못하여 사람의 몸으로 변하지 못했다. 웅녀는 더불어 혼인할 자리가 없었으므로, 매양 신단수 아래서 어린아이를 배게끔 해달라고 빌었다. 환웅은 잠시 사람으로 변해서 그녀와 혼인을 하여 아들을 낳으니 이름을 단군 왕검이라고 했다.

(단군 왕검은) 당 나라 요 임금이 즉위한 지 50년인 경인(庚寅)에 평양에 도읍을 정하고 비로소 조선이라 일컬었다. 또 도읍을 백악산(白岳山) 아사달(阿斯達)로 옮겼는데, 또 그 곳을 궁홀산[弓忽山 : 궁을 방(方)으로도 쓴다]이라고도 하고 금미달(今彌達)이라고도 한다. 그는 1천5백 년 동안 여기에서 나라를 다스렸다.

주(周) 나라 무왕(武王)이 즉위한 기묘년(己卯年)에 기자(箕子)를 조선에 봉하였다. 이에 단군은 장당경(藏唐京)으로 옮겼다가 뒤에 돌아와 아사달에 숨어서 산신이 되었으니, 나이는 1천9백8세였다고 한다.[4]

---

4) "古記云 昔有桓因(謂帝釋也) 庶子桓雄 數意天下 貪求人世 父知子意 下視三危太伯 乃授天符印三箇 遣往理之 雄率徒三千 降於太伯山頂(卽太伯今妙香山) 神檀樹下 謂之神市 是謂桓雄天王也 將風伯雨師雲師 而主穀主命主病主刑主善惡 凡主人間三百六十餘事 在世理化 時有一熊一虎 同穴而居 常祈于神雄 願化爲人 時神遺靈艾一炷 蒜二十枚 曰爾輩食之 不見日光百日 便得人形 熊虎得而食之 忌三七日 熊得女身 虎不能忌 而不得人身 熊女者無與爲婚 故每於壇樹下 呪願有孕 雄乃假化而婚之 孕生子 號曰壇君王儉. 以唐高卽位五十年庚寅 都平壤城 始稱朝鮮. 又移都於白岳山阿斯達 又名曰弓(一作 方) 又今彌達 御國一千五百年. 周虎王卽位己卯 封箕子於朝鮮

이것은 민족 국가 시원(始原)의 개국 신화적 성격을 띠는 것이어서, 한국 신화에서는 매우 중요한 의미를 지니고 있다. 하지만 일연(一然)이 《삼국유사》에 이 신화를 기록하면서 인용했던 《고기(古記)》라는 책이 전해지지 않아서, 일제 강점기에는 그 존재 자체를 부정하려는 음모가 끊임없이 고개를 들었다.

그 가운데서도 나가 유키오(那阿通世)는 "승도(僧徒)의 망설(妄說)을 역사상의 사실로 삼은"것으로, "이 전설은 불법(佛法)이 동류(東流)한 뒤 승도의 날조로 나오게 된 망탄(妄誕)으로써, 조선의 고전(古傳)이 아니란 것은 일견(一見)에 알 수 있다"[5]고 주장하여, 그 뒤에 위작설의 밑바탕을 마련하였다.[6] 이와 같은 단군 부정론은 한국이 독립되고 난 다음에도 이어지고 있다. 이노우에 히데오(井上秀雄)는 몽고(蒙古)의 침입에 맞서려고 민중들의 힘을 규합할 목적으로 민간에 전승되던 설화를 개국 신화로 뿌리내리게 했을 것이라는 견해를 제시하였다.[7]

이 주장에 대해 최남선(崔南善)은 단군을 하늘과 연계시켜 다음과 같은 견해를 편 바 있다.

언어학상으로 동일한 문화권에 속한다고 생각되는 몽고어의 텡그리 Tengri가 천(天)과 한가지 무〔巫 : 배천사(拜天者)〕를 의미함은, 인류학적으로 군주와 무축(巫祝)이 대체로 일원 일체(一源一體)임과 조선의 고 전승(古傳承)에 군주와 무축이 또한 동일어로 호칭되었다고 함과를 아울러 생각하면, 설사 전설이라 하더라도 단군(壇君)이란 것

壇君乃移於藏唐京 後還隱於阿斯達 爲山神 壽一千九百八歲" 최남선 편 : 1946,
33-34쪽

5) 이필영 : 1994, 89쪽에서 재인용.

6) 今西龍 : 1970, 1-130쪽.

7) 井上秀雄 : 1973, 3153쪽.

이 얼마나 확고한 근거에 바탕을 두었는지 알 수 있을 것이다.

하물며 지나(支那)의 재적(載籍)에도 삼한(三韓)의 고속(古俗)을 기록하여 "고을마다 한 사람을 뽑아서 천신에게 드리는 제사를 주제하게 하였는데 그를 천군이라고 했다"(國邑各立一人 主祭天神 名之天君)고 하였고, 조선의 현대어에도 아직 무를 당굴 Tangur · 당굴래 Tangur-ai라 부르는 지방이 있으며, 전술한 바와 같이 대감 Taigam이 오늘날까지도 조선의 민간 신앙에서 최상신격(最上神格)을 이루고 있음에랴.

또 종교적인 까닭에서 비롯한 것으로 여겨지는데, 군장(君長)의 칭(稱)에 천(天)을 관(冠)하여 호칭함은 이 문화권 안에서 특색의 일(一)로써, 《한서(漢書)》에 보이는 흉노(匈奴)의 탱리고도[撑犁孤屠 : 역 천자(天子)]로부터, 동명 설화(東明說話)의 탁리(橐離), 주몽 설화(朱蒙說話)의 천제(天帝), 북연(北燕)의 천왕(天王), 일본의 아마쓰히코네(天津日子番, 天津彦根)[8] 등의 관념 및 사실에 비추어, 단군 신화의 역사적 반영이 있음은 움직일 수 없는 사실이다. 시 등(是等)의 증적(證迹)을 무시하고 단군을 후세의 날조로 돌리거나, 또는 수목 숭배(樹木崇拜)의 일 고전(古傳)이라 하며, 그리하여 말살의 이유를 지나(支那)의 문헌에 그 전함이 없음에 두려고 함 등, 실로 학적(學的) 불성실이라 하지 않을 수 없다. 비록 단군이 역사적으로 일몽롱체(一朦朧體)라고 하더라도, 그 종교적 방면에서 오랜 근거는 도저히 움직일 수 없는 것이다.[9]

---

8) 최남선이 '天津日繼'라고 한 것은 진무 천황(神武天皇), 곧 이와레비코노미고토(伊波禮毘古命)의 조상이 된 아마테라스오미카미(天照大御神)의 손자인 아마쓰히코네노니니기노미고토(天津日子番能邇邇藝命, 天津彦根火瓊瓊杵根尊)를 가리키는 것이 아닌가 한다.

9) 육당전집편찬위원회 : 1973ⓐ, 60쪽.

이상과 같은 최남선의 지적은 두 가지 면에서 중요한 의미가 있다. 하나는 단군이란 말이 몽고어의 텡그리와 마찬가지로 하늘과 무를 뜻하는 것인데, 이와 같은 계통의 말인 삼한의 천군이나 현대 방언의 당굴이나 당굴래 또는 대감이 최상의 신격으로 신봉되고 있다는 것이고, 다른 하나는 단군 신화가 후대에 지어진 것이 아니라 역사적으로나 종교적으로 오래된 근거를 가지고 있다는 것이다.

이상과 같은 최남선의 견해를 통해서, 그가 당시에 일본 학자들의 주장을 극복하려고 얼마나 애썼는지를 알 수 있다. 이런 노력은 한국의 독립과 더불어 한결 더 체계적으로 이루어졌다. 그리하여 우리 역사학자들이 단군이 세웠다고 하는 고조선의 실체를 밝혀냄으로써, 일본 학자들이 제기한 단군 신화의 위작설은 허구에 지나지 않음이 증명되었다.10)

또 고고학의 측면에서도 단군 신화가 후대에 만들어진 것은 아니란 사실이 확인되어,11) 역사학자들의 주장이 타당하다는 것이 인정되기에 이르렀다. 실재로 《삼국사기》와 《삼국유사》에 《고기》로부터 인용된 자료들을 분석하면, 이 책은 신화적인 내용의 설화들을 한데 모으면서 신라 중심의 편년체로 된 역사책이었을 가능성이 짙다는 것도12) 이런 추정의 정당성을 뒷받침해 준다.

신화학적인 견지에서 본나면, 이 자료는 싱당한 고형(古形)을 유지하고 있다. 좀더 자세히 말해 이 신화는 고구려의 건국 신화와 마찬가지로 외부에서 들어온, 단군을 수장으로 한 수렵·유목 문화 집

---

10) 현명호 : 1994, 64-69쪽 ; 노태돈 : 1994, 33-46쪽 참조.

11) 김재원(金載元)은 중국 산동성(山東省) 가상현(嘉祥縣)에 있는 무씨사석실(武氏祠石室)의 화상석(畵像石)에 그려진 내용이 단군 신화의 그것과 일치한다는 사실을 밝혔다. 따라서 이 화상석이 그려진 기원전 2세기 무렵에 이미 단군 신화와 같은 내용의 이야기가 이 일대에 전해지고 있었다고 할 수 있다. 김재원 : 1979, 61-93쪽.

12) 김화경 : 1987, 5-7쪽.

단이, 먼저 살고 있던 웅녀 중심의 집단과 타협하여 왕권을 확립해 가는 과정이 서술되어 있어, 고대 국가가 이루어지는 과정의 일단을 엿볼 수 있다는 것이다.

이러한 단군 신화는 천상의 세계에 존재하는 환인이라는 절대자의 아들인 환웅이 태백산 신단수 아래 내려와서 신정(神政)을 베풀었으며, 그 손자인 단군이 나라를 세웠다는 것을 핵심적인 내용으로 하고 있다. 여기에 등장하는 신단수가 우주의 중심을 상징하는 우주수(宇宙樹)라는 것은 이미 앞선 연구자들이 밝힌 바 있다.[13] 이와 같은 우주수 아래 내려온 환웅의 아들이 조선이라는 나라를 세웠다는 것은 천신(天神)의 자손이 지상에서 왕권을 장악하였음을 드러낸다. 따라서 이 신화는 하늘로부터 왕권의 기원을 구하는 것, 곧 건국주의 출계descent를 하늘과 연결시키는 전형을 보여주는 사례에 속한다고 할 수 있다.[14]

이런 신화적 사유가 수렵·유목 문화와 관계를 가진다는 것은, 태양 신화학파 학자들의 견해를 빌리지 않더라도 신화학계에서는 널리 받아들여지고 있는 견해이다. 그러므로 단군 신화는 왕권의 신성성과 정통성을 확보하려고 그것이 하늘에서 비롯되었음을 말해주는 천강 신화의 하나라고 보아도 좋을 것이다.

이렇게 천상의 절대자 자손이 이 지상에 내려와 왕권을 장악한다는, 단군 신화와 같은 유형에 속하는 자료로는 해모수 신화(解慕漱神話)를 들 수 있다.

---

13) 김열규 : 1977, 17-28쪽.

14) 흉노족(匈奴族)은 하늘을 탱리(撐犁) 즉 텡게리Tenggeri라고 일컫는데, 텡게리는 돌궐족과 몽고족, 만주족 등의 민족들에 공통적으로 있는 단어로 신격화된 하늘, 곧 샤머니즘의 최고신을 나타낼 때 사용한다. 왕의 출자를 하늘에서 구하고 있는 것도 하늘 숭배 사상과 긴밀한 관계가 있는 것으로 보인다. 박원길 : 1998, 15쪽.

[자료 41]

한나라 신작 3년 임술년에 천제가 태자를 보내어 부여의 옛 도읍지에 내려가 놀게 하였는데 그를 일러 해모수라고 했다. (그가) 하늘에서 내려올 때는 다섯 용이 끄는 수레를 탔고 따라온 백여 인은 모두 흰 고니를 탔으며, 채색 구름이 그들 위에 떠 있었고 음악 소리가 구름 속에서 울려 나왔다.

웅심산에 머물렀다가 십여 일이 지나서야 비로소 내려왔다. (그는) 머리에 오우의 관을 썼고 허리에는 용광의 칼을 찼다. 아침에는 정사를 살피고 날이 저물면 곧 하늘로 올라가니 세상에서는 그를 천왕랑이라고 했다.[15]

이 자료는 이규보(李奎報)가 《동명왕편(東明王篇)》을 지을 때 《구삼국사(舊三國史)》에서 인용한 것으로, 이 뒤에 유화(柳花)를 유혹하여 화백(河伯)과 다투게 되며, 주몽이 태어나는 과정 등이 적혀 있다.

그런데 이미 기층 문화의 형성 과정을 반영하는 신화에서 살펴본 [자료 2]의 단락 (6)에서는 "그(해부루를 가리킴 — 인용자 주)의 옛 도읍지에 어디에서 왔는지를 알 수 없는 사람이 나타나서 스스로 천제의 아들 해모수라고 하면서 거기에 도읍을 정하였다"[16]고 하였다. 그리고 《삼국유사》에는 "《고기》에 이르기를 전한 선제 신작 3년 임술 4월 8일에 천제가 흘승골성(대요의 의주 지경에 있다)으로 오룡거를 타고 내려왔다. (그는 거기에) 도읍을 정하여 왕이라 일컫고 국호를 북부여라 하였으며, 스스로 이름을 해모수라고 했다"[17]고 씌어

---

15) "漢神雀三壬戌歲 天帝遣太子 降遊扶餘王古都 號解慕漱 從天而下乘五龍車 從者百餘人 皆騎白鵠 彩雲浮於上 音樂動雲中 止雄心山 經十餘日始下 首戴烏羽之冠 腰帶龍光之劍. 朝則聽事 暮卽升天 世謂之天王郎" 장덕순 편 : 1981, 88–89쪽.
16) "其舊都有人 不知所從來 自稱天帝子解慕漱來都焉" 김부식 : 1982. 145쪽.

있다.

이처럼 해모수에 관한 전승은 사서(史書)의 종류에 따라 그 내용을 약간씩 달리하고 있다. 특히 《삼국유사》의 기록에서는 "아들을 낳아 이름을 부루라 하고 해로써 성씨를 삼았다. 왕(해부루를 가리킴 — 인용자 주)은 뒤에 상제의 명령으로 도읍을 동부여로 옮겼다. 동명제는 북부여를 계승하여 일어나서 졸본주에 도읍을 정하고 졸본 부여가 되었으니, 곧 고구려의 시초이다"[18]라고 하여, 해모수와 해부루를 혈연적으로 연결시켰을 뿐만 아니라 동명왕의 졸본 부여도 그가 세운 북부여를 계승한 것으로 적혀 있다.

해모수 신화는 이처럼 다양하게 전승되어 왔다. 하지만 이들 자료의 공통되는 특성은 그가 (북)부여의 건국주로 표현되고 있다는 점이다. 이것은 해모수를 중심으로 하는 집단이 상당한 세력을 가졌고, 또 그가 나라를 세우는 과정에서 주동적인 구실을 했음을 말해 준다. 그리고 그 지배자가 하늘에서 내려왔다고 하여 그의 출계를 하늘에서 찾음으로써, 그가 가지는 왕권의 신성성과 절대성을 강조하였다는 것도 아울러 확인할 수 있다.

그런데 하늘에 거주하던 존재나 그의 자손이 땅으로 내려와 나라를 세운다고 하는 이들 두 개의 자료는, 다 같이 한국 쪽의 기록에만 남아 있다. 이 때문에 이들 자료가 실제로 있었는가 하는 의문이 끊임없이 제기되어 왔다. 그렇지만 이 신화들 또한 기록자들이 구전되던 자료나 선행 기록 자료들에 바탕을 두었다는 것은 의심할 나위가 없는 듯하다. 왜냐하면 그 표현이 직접적이든 간접적이든 왕권이 하늘에서 연원되었다는 것은 동북 아시아와 북방 시베리아의 유목

---

17) "古記云 前漢宣帝神爵三年 壬戌四月八日 天帝降于訖升骨城(在大遼醫州界) 乘五龍車 立都稱王 國號北扶餘 自稱名解慕漱" 최남선 편 : 1946, 39쪽.

18) "生子名扶婁 以解爲氏焉 王後因上帝命 移都于東扶餘 東明帝繼北扶餘而興 立都于卒本州 爲卒本扶餘 卽高句麗之始" 최남선 편 : 1946, 39쪽.

민들 사이에 널리 퍼져 있는 신화적 사유이고[19], 이런 사유가 북부
여라는 고대 국가의 형성 과정에서 건국 신화로 채택되었다고 볼 수
있기 때문이다.

  그런데 이렇게 하늘의 존재가 직접 내려와서 나라를 세운다고 하
는 것이 아니라, 하늘에서 내려온 알에서 태어난 건국주가 나라를
세우는 자료로서 신라의 박혁거세 신화를 들 수 있다. 이 신화는
《삼국사기》 권1 신라 본기 시조 혁거세 거서간 조와,《삼국유사》 권
1 신라 시조 혁거세왕 조에 실려서 전해지는데, 여기에서는 뒤의 자
료를 살펴보기로 한다.

  [자료 42]

  전한 지절 원년 임자 — 옛 책에는 일러서 건호 원년이니 건원 3
년이니 한 것은 모두 잘못된 것이다 — 3월 초하룻날에 육부(六部)의
조상들이 저마다 자제들을 거느리고 알천의 언덕 위에 모여서 의논
하기를, "우리들이 위로 백성들을 다스릴 만한 임금을 가지지 못하
였으므로 백성들이 모두 방자해져서 제 마음대로 하니, 어찌 덕이
있는 사람을 찾아내어 그를 임금으로 삼아 나라를 세우고 도읍을 정
하지 아니히겠는가?"라고 하였다.

  이에 높은 곳에 올라가 남쪽을 바라보니 양산 밑의 나정 곁에 이
상한 기운이 마치 전광처럼 드리워져 있고, 거기에 백마 한 마리가
꿇어앉아 절하는 형상을 하고 있었다. (그래서) 그 곳을 찾아가 보니
붉은 알 — 또는 푸르고 큰 알이라고도 한다 — 이 하나 있는데, 말은
사람들을 보고 길게 울다가 하늘로 올라가 버렸다. 그 알을 쪼개니
형용이 단정하고 아름다운 사내아이가 있었다.

---

19) 鳥居龍藏 : 1976, 327-328쪽.

그들은 놀랍고 이상스러워 그 아이를 동천 — 동천사는 사뇌야 북쪽에 있다 — 에서 목욕시켰다. (그랬더니) 몸에서 광채가 나고 새와 짐승이 따라와 춤추며, 천지가 진동하고 해와 달이 청명해졌다. 그 일로 말미암아 그를 혁거세왕 — 아마 우리말일 것이다. 또는 불구내왕이라고도 하니 밝게 세상을 다스린다는 뜻이다. 해설하는 이는 "이는 서술성모가 낳은 것이다. 그러므로 중국 사람들이 선도 성모를 찬양한 말에 현인을 낳아 나라를 세웠다고 하는 것은 이 일을 가리키는 것이다"고 말한다. 그리고 계룡이 상서러움을 나타내면서 알영을 낳았다고 하는 이야기 또한 서술 성모의 현신함을 말하는 것이 아닐까 한다 — 이라 하고, 위호를 거슬한 — 또는 거서간이라고도 한다. 이것은 그 자신이 처음 말을 할 때 알지 거서간이 한번 일어났다고 했기에 이 말 때문에 부른 것인데, 이로부터 임금의 존칭이 되었다 — 이라고 하였다.[20]

이 신화에서는 박혁거세가 말이 가져온 알의 형태로 강탄(降誕)하였다고 이야기되고 있다. 오바야시 타료(大林太良)는 이런 탄생 신화를 가진 박혁거세를 "말을 동반하고 지상의 알에서 태어난 것이기 때문에 대지의 원리를 대표하고 있다"[21]고 하여, 그의 출계가 대지와 밀접한 관계가 있는 것으로 보았다.

---

20) "前漢地節元年(古本云建虎元年 又云 建元三年等 皆誤) 三月朔 六部祖各率子弟 俱會於閼川岸上 議曰 我輩上無君主臨理蒸民 民皆放逸 自從所欲 皆覓有德人 爲之君主 立邦設都乎 於是承高南望 楊山下蘿井傍 異氣如電光垂地 有一白馬跪拜之狀 尋撿之 有一紫卵(一云 靑大卵) 馬見人長嘶上天 剖其卵得童男 形儀端美 驚異之 浴於東泉(東泉寺在詞腦野北) 身生光彩 鳥獸率舞 天地振動 日月淸明 因名赫居世王(蓋鄕言也 或作弗矩內王 言光有理世也 說者云 是西述聖母之所誕也 故中華人讚 仙桃聖母 有娠賢肇邦之語是也 乃至鷄龍現瑞産閼英 又焉知非西述聖母之所現耶) 位號曰居瑟邯(或作居西干 初開口之時 自稱云 閼智居西干一起 因其言稱之 自後爲王者之尊稱)" 최남선 편 : 1946, 44–45쪽.
21) 大林太良 : 1975, 57쪽.

그러나 이 자료에 등장하는 말은 밑줄 친 부분에서 보는 것처럼, 사람들을 보고 길게 울다가 하늘로 올라갔다고 표현되어 있다. 이로 미루어 보아, 말은 하늘에서 땅으로 알을 운반한 동물로 그려지고 있음을 알 수 있다. 이것은 말이 천상의 세계와 지상의 세계를 오가면서 매개적인 기능을 하는 동물이라고 하는 신화적인 사유가 있었음을 반영하는 듯하다. 이러한 추정을 방증할 수 있는 자료가 문헌에 남아 있어, 그것을 소개하기로 한다.

기린굴은 구제궁 안의 부벽루 아래에 있는데, 후세 사람들은 동명왕이 이곳에서 말을 길렀다면서 비석을 세워 기록하였다. 세상에 전해지기[世傳]를, 왕이 기린마를 타고 이 굴속으로 들어가 땅속을 거쳐 조천석으로 나와서 하늘로 올라갔다고 하는데, 이 말의 발자취가 지금까지도 돌 위에 남아 있다.[22)]

이 자료는 《신증 동국여지승람(新增東國與地勝覽)》 권51 평양 고적 조에 전해지는 것이다. 여기에 세전(世傳)이란 표현이 있는 것으로 보아, 이 이야기가 증거물인 돌 위의 발자국과 함께 이 지역 일대에 구전되어 왔을 것이라고 상정하게 한다.

이러한 이 지료는 동명왕을 태운 말이 지하 세계를 거쳐 하늘로 올라갔다는 것을 핵심적인 내용으로 삼고 있다. 이와 같은 기록을 통해서 한국의 전통사회에서는 말이 하늘과 땅 사이를 오가면서 매개적인 구실을 하는 신성수(神聖獸)로 인식되어 왔음을 볼 수 있다. 그리고 이런 인식에서 비롯된 것이 하늘을 나는 천마(天馬)였을 것이다.

---

22) "麒麟窟在九梓宮內 浮碧樓下 東明王養麒麟馬于此 後人立石誌之 世傳 王乘馬立此 窟 從地中出朝天石升天 其馬跡至今在石上" 조선사학회 : 1930ⓑ, 33쪽.

혁거세(赫居世)와 불구내(弗矩內)라고 하는 이름에서도 그가 하늘이란 우주 영역과 깊은 관계가 있던 존재였음을 짐작할 수 있다. 미시나 아키히데의 연구에 따르면, 혁거세 또는 불구내의 풀-칸 pur-kan이란 한국어 어휘는 알타이 제어(諸語)에서 신이나 신성한 장소, 신상(神像), 신의 대리자, 샤먼 등의 뜻을 지니는 어휘들과 같은 계통의 말이라고 한다.[23] 그렇다면 박혁거세라는 이름으로부터 그는 제사(祭祀)를 담당하는, 주권 기능을 가진 존재였음을 미루어 헤아릴 수 있다. 따라서 《삼국지(三國志)》 위지(魏志) 한전(韓傳)에 전해지는 "귀신을 믿기 때문에 고을마다 한 사람씩 뽑아서 천신에게 드리는 제사를 주제하도록 하였는데 그를 천군이라고 했다"[24]는 기록에 나오는, 천군 제도가 마한뿐만 아니라 한반도 전역에 걸쳐서 있었다는 사실을 감안할 때,[25] 그와 하늘 사이에 긴밀한 관계가 있었음은 부정할 수 없을 것이다.

이같은 추정은 그 사이에 이루어진 국사학계의 연구 성과로 말미암아 그 타당성을 인정받을 수 있다. 김철준은 〈신라 상고 세계(上古 世系)와 그 기년(紀年)〉이라는 논문 속에서 박혁거세는 "하늘로부터의 이기(異氣)와 난생이라는 수식을 가져 천신족(天神族)임을 알 수 있다"면서, "더욱이 그 출생에 말이 관련됨을 보면 위지 한전(魏志韓傳)에 '우마를 탈 줄은 몰랐으며 우마는 죽은 사람을 보내는 데 사용하였다(不知乘牛馬 牛馬盡於送死)'고 하던 남방의 선주족과는 다른 북방의 기마족(騎馬族)이 아니었던가 하는 추측이 간다"[26]면서, 박혁거세를 중심으로 한 세력 집단이 천신을 숭배하는 기마족이었을 가능성을 내비친 바 있다.

---

23) 三品彰英 : 1973, 290쪽.
24) "信鬼神 國邑各立一人 主祭天神 名之天君" 陳壽 : 1975, 852쪽.
25) 이병도 : 1959, 303쪽.
26) 김철준 : 1975, 72-73쪽.

이러한 앞선 연구 성과를 받아들인다면, 박혁거세가 대지를 대표하는 존재였다기보다는 하늘의 원리를 대표하는 존재였다고 하는 편이 한결 더 타당성 있다. 그리고 한국 고대 국가의 성립을 이야기하고 있는 건국 신화에서는 하늘의 원리를 대표하는 존재가 속했던 집단은 유목·수렵 문화와 밀접한 관계가 있었으므로, 박혁거세의 경우도 이들 문화와 관계가 있었다고 보아도 아무런 문제가 없을 것이다.

그런데 이처럼 하늘에서 내려온 알에서 건국주가 강탄하는 자료로는 《삼국유사》 권2 가락국기(駕洛國記)에 전해지는 수로 신화(首露神話)를 들 수 있다.

[자료 43]

(1) 개벽한 뒤로 이곳에는 아직 나라의 이름도 없었고, 또한 군신의 칭호 따위도 없었다. 그저 아도간·여도간·피도간·오도간·유수간·유천간·신천간·오천간·신귀간 따위의 아홉 간이 있었을 뿐이다. 이들이 곧 추장이 되어 백성들을 통솔했는데, 1백 호에 7만 5천 명이었다. 많은 사람들이 산야에 (흩어져) 살면서 우물을 파서 물을 마시고 밭을 갈아 양식을 하였다.

마침 후한 세조 광무제 건무 18년 임인 3월의 계욕일(禊浴日)에, 사는 곳 북쪽 구지 — 이것은 봉우리의 이름인데 십붕이 엎드린 형상과 같았으므로 이른 것이다 — 에서 수상한 소리와 기적이 있더니 부르는 소리가 났다.

2, 3백 사람이 이곳에 모이니 사람 소리 같으면서 그 형상은 숨기고 그 소리만 내어 말하기를 "여기에 사람이 있는가?"라고 하였다. 아홉 간 등이 "우리들이 있습니다"고 하자, 또 말하되 "내가 있는 곳이 어디인가?"라고 물었다. "구지입니다"라고 대답하니, 또 말하

길 "황천께서 내게 명하시기를 이곳에 임해서 나라를 새롭게 하여 임금이 되라고 하시기에 이곳에 내려왔으니, 너희들은 모름지기 봉우리를 파서 흙을 집으며 노래하기를 '龜何龜何 首其現也 若不現也 燔灼而喫也'라면서 뛰고 춤을 추면 곧 대왕을 맞이하여 즐거워 날뛸 것이다"라고 하였다. 아홉 간 등이 그 말한 대로 모두 즐거워하며 노래 부르고 춤추었다.

(노래하고 춤춘 지) 얼마 되지 않아 우러러 바라보니, 하늘에서 자색의 줄이 내려와 땅에 닿았다. 줄 끝을 찾아보니 홍색의 보자기 속에 금합이 있었다. 그것을 열어 보았더니 해와 같이 둥근 황금 알이 여섯 개가 있어 많은 사람들이 다 같이 놀라 기뻐하면서 함께 백배하였다.

(2) 조금 있다가 다시 (그 알들을) 보자기에 싸들고 아도간의 집으로 가서 탑상(榻上)에 놓아두고 무리들은 저마다 흩어졌다. 하루가 지나 이튿날 아침에 여럿이 다시 모여 합을 여니 여섯 개의 알이 동자가 되어 있었는데, 용모가 매우 빼어났다. 이에 상(床)에 앉힌 다음, 무리들은 절하고 치하하며 공경을 다해 모셨다. (사내아이들은) 날마다 자라서 열흘 남짓 지나자 키가 9척이나 되는 것은 은나라의 천을(天乙)과 같았고, 얼굴이 용과 같은 것은 곧 한 나라의 고조(高祖)였다. (그리고) 눈썹이 여덟 가지 색깔인 것은 당나라의 고조와 같았고, 눈의 동자가 둘씩 있는 것은 우나라의 순제와 같았다.

그 달 보름달에 즉위하였는데, 처음으로 나타났다고 해서 휘(諱)를 수로라고 하고, 또는 수릉(왕이 세상을 떠난 뒤의 시호를 일컬음)이라고도 하였으며, 나라를 대가야라 하고 또 가야국이라고도 일컬으니, 곧 여섯 가야 가운데 하나다. 남은 다섯 사람들도 저마다 돌아가서 다섯 가야의 임금이 되었다.27)

---

27) "開闢之後 此地未有邦國之號 亦無君臣之稱 越有我刀干·汝刀干·彼刀干·五刀

이 신화는 (1) 수로의 신성한 탄생과 (2) 그의 즉위 의례를 서술하는 단락으로 나뉜다.28) 이렇게 두 개의 단락으로 구분되는 이 신화에서 가장 문제가 되는 것은 구지가(龜旨歌)를 어떻게 해석할 것인가이다. 구지가에 대한 기존 연구는 "거북아 거북아, 네 목을 내놓아라. 만약에 내놓지 않으면, 삶고 구워서 먹으리"29)로 해석하여, 이 노래를 영신가(迎神歌) 내지는 영신군가(迎神君歌)로 보는 견해가 큰 흐름이었다.

그렇지만 이러한 해석의 타당성을 뒷받침하려면, 수로와 같은 절대적인 존재를 맞이하는 데 이런 식의 위협적인 주술요(呪術謠)가 불렸다는 사례를 제시해야 한다. 그럼에도 아직까지 그 사례를 제시하지 못하고 있는 것은, 이것이 글자의 뜻에만 너무 집착한 해석이라는 비난을 면하기 어렵게 하고 있다.

어떤 설화나 신화 속에 들어 있는 시가(詩歌)의 해석은 그 이야기

干·留水干·留天干·五天干·神鬼干等九干者 是酋長 領總百姓 凡七百戶七萬五千人 多以自都山野 鑿井而飲 耕田而食 屬後漢世祖 光武帝建武十八年 壬寅三月禊浴之日 所居北龜旨 (是峰巒之稱若十朋伏之狀 故云也) 有殊常聲氣呼喚 衆庶二三百人集會於此 有如人音 隱其形而發其音曰 此有人否 九干等云 吾徒在 又曰 吾所在爲何 對云龜旨也 又曰 皇天所以命我者 御是處 惟新家邦 爲君后 爲茲故降矣 你等須掘峰頂 撮土歌之云 龜何龜何 首其現也 若不現也 燔灼而喫也 以之蹈舞 則是迎大王 歡喜踴躍之也 九干等如其言 咸忻而歌舞 未幾仰而觀之 唯紫繩自天垂而着地 尋繩之不 乃見紅幅裏金合子 開而視之 有黃金卵 圓如日者 衆人悉皆驚喜 俱伸百拜 尋還裏著 抱持而歸我刀家 寘榻上 其衆各散. 尋還裏著 抱持而歸我刀家 寘榻上 其衆各散 過浹辰 翌日平明 衆庶復相聚集開合 而六卵化爲童子 容貌甚偉 仍坐於床 衆庶拜賀 盡恭敬止 日日而大 踰十餘晨昏 身長九尺則殷之天乙 顔如龍焉則漢之高祖 眉之八彩則有唐之高 眼之重瞳則有虞之舜 具於月望日卽位也 始現故諱首露 或云首陵 (首陵是崩後謚也) 國稱大駕洛 又稱伽倻國 卽六伽倻之一也 餘五人各歸五伽倻王" 최남선 편 : 1946, 108-109쪽.

28) (2) 단락을 왕의 즉위의례를 이야기로 서술하는 것으로 본다면, 이 신화는 의례의 구전 상관물 Oral Co-relative라고 할 수 있다. 이에 대한 자세한 연구로는 김화경 : 1989, 123-151쪽이 있음을 밝혀 둔다.

29) 이병기 공저 : 1963, 42-43쪽.

의 전체적인 문맥 안에서 이루어져야 한다. 특히 구지가는 수로의 신성한 탄생을 이야기하는 단락 속에 들어 있다. 그러므로 탄생 과정에서 이 노래가 어떤 구실을 하였는가 하는 문제가 마땅히 고려되어야 한다.

여기에서 수로가 강탄을 한 구지봉은 큰 굿이 이뤄지던 장소였음을 새길 필요가 있다.[30] 이렇게 제의가 이뤄지는 장소에 수로가 강탄을 하기 위해서는 먼저 그 곳의 부정(不淨)을 물리치지 않으면 안 되었을 것이다. 말하자면 맞이굿이 거행되는 장소는 신성한 공간이어야 한다는 것이다.[31] 그렇다면 신탁으로 말미암아 불린 이 구지가는, 수로의 탄생에 앞서 신성한 공간을 확보하려고 행한, 부정의 제거에 그 목적이 있었다고 하겠다.

그래서 '구(龜)'자가 '검, 굼'의 향찰로 잡신(雜神)을 가리킨다는 박지홍의 연구 성과를 그대로 받아들이면서,[32] '수(首)'를 먼저〔首先]라는 수식어로 보고자 한다. 그리고 '현(現)'은 퇴출(退出)의 뜻이 있는 '출(出)'과 통한다는 데 착안하여, 이 노래를 "검하 검하, 먼저 물러가거라. 만약 물러가지 않으면 삶고 구워서 먹으리라"고 해석하였으면 한다. 이렇게 보면 구지가는 잡신들을 물리치는 위협적인 축귀요(逐鬼謠)였음을 알 수 있고, 이 단락에서는 신성성을 지닌 수로가 태어나기에 앞서 그가 강탄할 장소에서 부정과 잡신을 제거하는 불제(祓除)의 의례가 이루어졌음을 이야기한다고 할 수 있다.[33]

이 신화에서는 이렇게 부정과 잡신을 물리쳐서 신성한 공간을 마

---

30) 김석형 : 1988 ; 김택규 : 1980, 213-215쪽.
   유귀수 씨(70세, 김해시 구산1동)의 말에 따르면, 구산1동의 정씨(鄭氏)들은 얼마 전까지 구지산 발치에서 동제를 지냈다고 한다(1988년 7월 28일 필자 조사).
31) 김영일도 이것을 신맞이굿으로 보았다. 김영일 : 1980, 16쪽.
32) 박지홍 : 1957, 532-533쪽.
33) 지금도 행해지는 민속으로 '객귀(客鬼) 물림'이라는 것이 있다는 것도 이런 해석을 뒷받침해 준다고 본다.

련한 다음에, 왕위에 오를 수로가 태어났다고 씌어 있다. 이 자료에 따르면, 수로는 자색의 줄을 타고 하늘에서 내려온 홍색의 보자기에 쌓인 금합(金合) 속에 다른 다섯 개의 알들과 함께 황금 알의 형태로 들어 있었다. 이런 신화적 표현은 수로가 그 출계(出系)를 태양에서 구하고 있음을 드러내는 것으로 볼 수 있다. 왜냐하면 자색이나 홍색이 태양과 관련된 색깔이고,[34] 금합이나 황금 알 또한 태양을 표상하기 때문이다.[35]

이처럼 수로의 출계를 태양에서 구한다면, 그는 태양신의 신격을 갖추고 태어났다고 할 수 있다. 이같은 고대인들의 신앙은 태양신이 자연을 제어하는 힘을 갖고 있어서 그것을 둘러싸고 있는 세계와 민족들에게 어떤 규칙성을 부여하고 토지와 사람들에게 결실을 풍부하게 해 준다는 믿음에서 비롯된 것이다.[36] 따라서 수로의 경우도 세상을 지배할 수 있는 이런 능력을 갖추고 태어났음을 뜻한다고 보아도 좋지 않을까 한다.

이렇게 볼 때, 한국의 고대 국가에서는 왕권을 장악한 집단이 하늘에서 내려왔다고 하는 천강 신화를 건국 신화로 채택했던 나라들이 꽤 많았음을 알 수 있다. 곧 가장 먼저 성립된 고조선이 그러했고, 북부여와 신라 그리고 가락국도 마찬가지였다. 이런 사실은 고대 국가의 형성 과정에서 수렵·유목 문화 세력이 먼저 살고 있던 집단을 흡수·통합하여 새로운 나라를 만들었음을 나타낸다.

1.2 문화사적 의의와 그 원류

하늘에서 내려온 존재나 그의 자손이 나라를 세운다는 천강 신화

---

34) A. M. Hocart : 1927, 123쪽.

35) 같은 책, 80쪽.

36) 같은 책 : 1927, 55–56쪽.

의 계통에 일찍이 관심이 있던 학자는 최남선이었다. 그는 1929년에
발표한 〈단군 신화에 들어 있는 역사소(歷史素)〉라는 글에서 "고대
의 흉노어(匈奴語)가 천(天)을 탱이(撑犁)라 하여 왕을 탱이고도(撑犁
孤屠)라 함이 이미 그것이어니와, 후의 몽고어의 등격리(騰格里 : 텅
거리)가 천을 주의(主義)로 하고 무(巫)를 겸의(兼義)로 함은 단군 어
의(語義)를 밝힘에 더욱 방증"[37]이라면서, 무당을 뜻하는 당굴이라
는 말에서 단군의 잔영(殘影)을 찾으려고 하였다. 이러한 그의 연구
는, 한국 문화의 원류가 몽고 지역과 긴밀한 관계가 있음을 밝히려
고 했다는 점에서 높이 살 수 있다. 그리고 선학들에 따르면, 한국의
지배 계층 문화가 이 지역에서 유입되었다는 것을 이때부터 알고 있
었음을 확인할 수 있다.

　그렇다면 신화를 통해서도 이런 사실을 뒷받침할 수 있어야 한다.
그래서 한국의 천강 신화와 비슷한 형태를 찾는다면, 6세기에 위수
(魏收)가 편찬한 《위서(魏書)》에 실린 고차족(高車族)의 시조 신화를
들 수 있다.

　　　〔자료 44〕

　흉노(匈奴)의 선우(單于)가 두 딸을 낳았는데, 그 자태와 용모가 대
단히 아름다워서 나라의 사람들이 모두 신으로 여겼다. 선우가 말하
기를, "내 딸들을 어찌 사람의 배필로 삼겠는가? 장차 하느님께 줄
것이다"고 하였다. 이에 그 나라의 북쪽에 사람들이 살지 않는 땅에
높은 누대(樓臺)를 만들어 두 딸을 그 위에 두고 이르기를, "청컨대
하느님 스스로 맞아들이소서"라고 했다. 3년이 지나서, 그 어머니가
(누대로부터 딸들을) 끌어내리려고 하였다. 하지만 선우는 "안 된다.

---

37) 육당전집편찬위원회 편 : 1973ⓐ, 235쪽.

(만들어 놓은 누대를) 걷어치울 때가 아니다"고 말했다.

다시 1년이 지나자, 한 늙은 이리가 와서 주야로 누대를 지키면서 울부짖었다. 이 때문에 누대 아래를 파서 빈 움을 만들었지만, 때가 지나도 가지 않았다. 그러자 소녀가 "우리 아버지가 우리들을 이곳에 둔 것은 하느님께 드리기를 바라서였는데, 지금 이리가 온 것은 어쩌면 하느님이 신령스러운 것으로 하여금 그렇게 하도록 시킨 것일 게다"라고 하면서 곧 내려가 나아가려고 하니, 그 언니가 크게 놀라면서 "이는 짐승이므로 부모님을 욕보이는 것이 아니겠는가?"라며 말렸다. 동생이 이 말을 따르지 않고 누대에서 내려가 이리의 아내가 되어 아이를 낳았는데, 뒤에 그 자손이 번성하여 나라를 이루었다. 그렇기 때문에 그 사람들은 즐겨 소리를 길게 끌어 노래를 불렀는데, 또 이리의 울부짖는 소리를 닮았다고 한다.[38]

고차족(高車族)은 터키계 일파의 유목 민족으로, 그들이 끄는 수레가 높았던 탓에 붙여진 이름으로 보인다. 그들은 5세기 무렵에 몽고와 알타이Altai 산맥의 서쪽에 부족 국가를 세워 상당한 세력을 펼치기도 하였다.

고차족의 이 신화에서는 선우(單于)의 딸이 이리와 결합하여 자손을 퍼뜨린 것으로 되어 있다. 이것은 이리를 조상으로 하는 수조 신화(獸祖神話)의 일종으로 볼 수도 있다. 그러나 위 신화의 내용을 보면 그들이 하늘에서 내려온 신령인 이리의 자손이라고 생각하고 있

---

38) "俗云 單于生二女 姿容甚美 國人皆以爲神. 單于曰 吾有此女 安可配人 將以與天. 乃於國北無人之地 築高臺 置二女其上 曰 請天自迎之. 經三年 其母欲迎之 單于曰 不可 未徹之間耳. 復一年 乃有一老狼晝夜守臺嗥呼 因穿臺下爲空穴 經時不去. 其少女曰 吾父處我於此 欲以與天 而今狼來 或是神物 天使之然. 將下就之. 其姉大驚 曰 此是畜生 無乃欲父母也. 妹不從 下爲狼妻而産子 後遂滋繁成國 故其人好引聲長歌 又似狼嗥" 魏收 : 1976, 593쪽.

었다는 것을 알 수 있다.[39]

이같은 신화적 사유는 고차족을 비롯한 터키계 민족들이 다 같이 공유하고 있었을 가능성이 짙다. 이렇게 하늘에서 내려온 존재가 사람 세상에서 통치권을 장악한 이야기로는 부리야트족 Bryat 사이에 구전되는 다음과 같은 신화가 있다.

[자료 45]

맑고 밝은 것으로 만들어진 하늘은 돌론 오둔 Dolon Odun을 중심으로 하여 아흔아홉 개의 하늘로 나뉘었다. 거기에서 최고신(最高神) 델퀜 사간 Delquen Sagan이 태어나고, 이어서 마흔네 명의 동방신(東方神)을 비롯하여 서남방의 하늘을 포함하여 아흔아홉 명의 텡그리 Tengri가 태어났다. 그런 다음에 천상의 신은 천상신(天上神)을 닮은 마라족 Marat을 지상으로 내려보냈다. 그들은 지상에서 유목 생활을 하면서 평화롭게 지내고 있었다.

그런데 하늘에서 불란(不亂)을 일으켰기 때문에 추방된 아타이 울란 텡그리 Atai Ulan Tengri는 지상에 내려와 살모 칸 Shalmo Khan이라는 마왕(魔王)이 되었다. 그리고 그의 부하들은 만가타이 Mangathai라는, 아주 두려운 마신(魔神)이 되었는데, 이들은 평화롭게 유목생활을 하고 있는 마라족에게 여러 가지 흉악한 짓을 하였다. 그러자 마라 사람들은 델퀜 사간에게 "제발 용맹한 천신을 보내시어 살모 칸을 토벌하고 만가타이를 물리쳐 주십시오" 하고 읍소(泣訴)하고 애원(哀願)하였다.

마라 사람들이 읍소·애원하는 소리를 들은 델퀜 사간은 '이대로 내버려 두었다가는 마라 사람들은 살모 칸과 만가타이 때문에 멸망

---

39) 佐口透 共著 : 1975, 87쪽.

하여 버릴 것이다. 하루라도 빨리 천신(天神)을 보내어 그 흉악한 무리들을 토벌하지 않으면 안 될 것이다'라고 생각하여, 돌론 오둔과 하늘의 동방신 마흔네 명을 비롯해, 그 밖의 하늘의 여러 신들을 포함하여 아흔아홉 명의 주신들과, 천상에 사는 수천의 부르칸Burkan들을 모아서 살모 칸을 정벌할 커다란 회의를 열었다. 처음에 여러 신들 가운데 한 신이 지고신(至高神) 델퀸 칸의 아들 칸 튜마스Khan Tyurmas신을 내려 보내야만 한다고 제안하였다. 하지만 칸 튜마스신은 노령(老齡)을 이유로 그 제안을 거절하면서, 나이가 차지 않은 막내아들 케자르 복도Gesir Bogdo를 보낼 것을 요청하였다. 여러 신들도 이에 찬성하여 네 살 난 복도Bogdo에게 이 일을 맡겼다.

복도는 (1) 전 하늘의 아흔아홉 명의 텡그리들이 갖고 있는 지혜와 (2) 조부(祖父)가 가지고 있는 검은 군마(軍馬), (3) 영웅들의 준비금(準備金), (4) 조부의 제승(蹄繩), (5) 조부의 짧은 창, (6) 한 명의 아내를 요구하였다. 이것들을 손에 넣은 복도는 조부의 말을 타고 살모 칸과 만가타이들이 온갖 악행을 저지르고 있는 지상의 세계를 3년 동안 돌아다니면서 살펴본 다음, 알타이 데다Altai Deda라는 곳에 사는 마라족 선들레이 우구군Sundlei Ugugun이라는 일흔 살의 노인과, 예순 살인 그의 아내 선들러 하미아간Sundler Hamiagan의 아들로 태어났다.[40]

이렇게 태어난 복도는 마라족 사람들을 괴롭히던 지상의 살모 칸과 만가타이들을 퇴치하고, 사즈가이 바인 칸Sazgai Bain Kahn의 딸 상가 고훈Sangha Gohun 사이에서 태어난 아지르 복도Ashir Bogdo에게 이 세상을 물려주는 것으로 되어 있다.

부리야트족의 이러한 게자르 복도 신화는 일찍이 일본 신화학자

---

40) 中田千畝 : 1941, 1-27쪽에서 요약.

들의 관심을 끌었다. 왜냐하면 이 신화가 일본의 천손 강림 신화와 너무도 내용이 비슷했기 때문이었다.

하지만 니시무라 신지(西村眞次)는 이에 대응되는 일본의 신화 자료로 아시하라노나카쓰쿠니(葦原中國)를 정벌하는 이야기 속에 들어 있는 아메노와카히코 신화(天若彦神話)를 들었고, 나카타 치무(中田千畝)는 니니기노미고토 신화(邇邇藝命神話)를 들었다. 그리하여 이들 신화와 앞의 자료 사이의 공통점을 뽑아냄으로써, 일본의 천손 강림 신화가 부리야트족의 케자르 복도 신화와 친연 관계가 있다는 주장을 펼쳤다.[41]

이에 견주어 오바야시 타료는 프랑스의 알타이학자 장-폴 루 Jean-Paul Roux가 거둔, 돌궐(突厥)의 왕권이 지니는 특징에 관한 연구에 주목하였다. 그리하여 그는 "일본의 천손 강림 신화의 경우도 왕권의 기원이 천상(天上)에 있는 것으로 이야기되고 있다. 또 《고사기》와 《일본서기》 천손 강림 조의 1서 제1에는 니니기(노미고토)가 아마테라스(오미카미)에게서 지상을 통치하라는 신칙(神勅)을 받았다. 따라서 이 경우에도 천손과 그 자손은 하늘에서 명령을 받고, 하늘의 의지를 집행하는 자에 가까운 성격을 지니고 있다. 그리고 케자르 (복도)의 경우에도 왕권의 기원이 하늘에 있다고 생각되며, 천명을 받고 강림했던 것이다. 그러므로 케자르 (복도) 전승도 일본의 천손 강림 신화도 고대 돌궐의 왕권 개념과 통하는 것을 가지고 있다고 할 수 있다. 이것은 천손 강림 신화를 북방의 기마 민족 문화와 연결시키는 데 유리하다"[42]고 하여, 이들의 관련성을 한층 더 구체화하였다.

오바야시의 이같은 지적을 한국의 천강 신화에도 그대로 적용해

---

41) 김화경 : 2002, 272-274쪽.
42) 大林太良 : 1986, 190쪽.

도 좋지 않을까 한다. 다시 말해 한국의 천강 신화들도 천손이 하늘에 있는 절대자의 명령을 받아서 이 세상을 지배하게 된다는 돌궐족의 왕권 개념을 그대로 받아들여 만들어졌다는 것이다.

이렇게 보는 경우에는, 한국에 전해지는 천강 신화의 원형이라고 할 수 있는 단군 신화에서 "환웅이 자주 천하에 뜻을 두고 사람 세상을 탐내어 구하였다. 그 아버지가 아들의 뜻을 알아차리고 아래로 삼위 태백을 내려다보니 사람들을 널리 이롭게 할 만했다. 이에 환인은 환웅에게 천부인 세 개를 주고 보내어서 이곳을 다스리게 하였다"[43]고 한 대목도 쉽게 설명할 수 있다. 즉 환웅은 하늘의 명령을 받고 사람 세상을 다스리려고 지상에 내려왔으므로, 단군 신화는 왕권의 기원이 하늘에 있음을 말해준다고 하겠다.

하늘로부터 왕권이 기원했다고 하는 신화로서 무하메트 쥬와이니 Muhammad Juwayni — 그는 징기스칸 Chinggis-Khan의 손자인, 일칸국(伊兒汗國 : Il-Khan)을 세운 훌라구(旭烈兀 : Hulagu)의 밑에서 역사를 기술하는 벼슬을 지냈다 — 가 지은 《세계 정복자의 역사》에 들어 있는, 보우코 칸 Boucou Khan의 출생에 얽힌 이야기가 있는데, 그 내용은 다음과 같다.

[자료 46]

카라코롬 Caracouroum 산에서 발원하는 투골라 Tougola 강과 세렌가 Selenga 강이 만나는 곳에 있는, 코움란듀 Coumlandjou에 인접한 두 그루의 나무가 있었다. 하나는 피스턱 fistouc 이라고 하여 소나무와 비슷한 것으로, 노송나무와 같이 상록(常綠)의 열매를 가지고 있

---

43) "庶子桓雄 數意天下 貪求人世 父知子意 下視三危太伯 乃授天符印三箇 遣往理之"
　　최남선 편 : 1946, 34쪽.

었다. 그리고 또 하나는 야생의 소나무였다. ① 이들 두 나무 사이에 원 모양의 둔덕이 있었는데, 햇빛이 그 위에 비치어 날마다 그것이 커져 갔다.

이 이상한 모습을 본 위굴 사람들이 경외하는 마음으로 가까이 다가가 보았다. 그랬더니 거기에서 사람이 부르는 노래의 곡조와 같은 것이 들렸고, 밤마다 그 주위의 30보 안에는 빛이 번쩍번쩍 비치고 있었다. ② 이윽고 그것이 커지면서 문이 열렸다. 그 안에는 천막을 친 것 같은 다섯 개의 오두막이 나타났는데, 그것들 위에는 한 가닥의 은줄이 걸려 있었다. 그리고 그 오두막마다 한 사람의 아이가 앉아서 입에 물린 관으로 젖을 빨고 있었다.

족장(族長)들은 놀라서 이 기적을 이상하다고 여겨 두려워했다. 다섯 사람의 아이들은 공기에 닿자마자, 움직이기 시작하여 그 방에서 나왔다. ③ 사람들이 음식을 바쳤다. 그러자 그들은 입을 열어, 부모가 누구냐고 물었다. 사람들은 그들에게 두 그루의 나무를 가리켰다. 아이들은 그 나무로 가서, 마치 어린아이가 부모를 대하는 것같이 경의를 표했다. 나무는 입을 열어서 그들에게 아주 존중해야만 할 성질들을 함양하도록 충고하였고, 또 명예를 얻어 오랫동안 살기를 바랐다.

다섯 아이들은 그 지역의 사람들로부터 왕자와 같이 존경을 받았는데, 맏이를 손커–테킨 Souncour-tekin이라 했고, 둘째를 코우터–테킨 Coutour-tekin이라고 했다. 그리고 셋째를 보우칵–테킨 Boucac-tekin이라고 불렀고, 넷째를 오르–테킨 Or-tekin이라고 불렀으며, 다섯째를 보우코–테킨 Boucou-tekin이라고 불렀다. ④ 위굴 사람들은 그들이 하늘에서 파견된 것이라고 여겨, 그들 가운데 하나를 군주로 삼기로 하였다. 보우코Boucou는 아름다웠을 뿐만 아니라, 마음씨도 고왔고 능력도 뛰어났으며, 각 나라의 말도 알고 있었다. 위굴 사람들은 그를 칸으로 선택하고, 커다란 제전(祭典)을 열어 왕위에 앉혔

<u>다</u>.44)

이 자료에 등장하는 신화적 인물들의 출계에 대해 단정적인 해석을 하기는 어려울 것 같다. 왜냐하면 밑줄 친 ①을 중심으로 볼 때는 다섯 아이의 탄생을 햇빛의 감응으로 설명할 수도 있을 것 같고, ③을 통해서는 나무로부터 탄생으로 볼 수도 있을 것 같다. 또 ④에서는 하늘로부터 강탄으로 볼 수도 있기 때문이다. 실제로 야마타 노부오(山田信夫)는 이 신화에 대해 "유목민의 하늘 숭배 사상을 기축(基軸)으로 하면서, 수조(獸祖 : 이 경우에 특히 이리[狼])의 형태를 취하지 않고 수목(樹木)을 모태(母胎)로 삼고 있다는 것이 주목할 만한 특색이다"45)며, 나무로부터 탄생에 무게를 둔 듯한 견해를 제시하기도 하였다.

그러니 ②의 기록은 그들이 하늘에서 내려왔을 것이라는 추정을 가능하게 한다. 그 이유는, 다섯 개의 오두막 위에 걸려 있었다고 하는 은줄이 하늘과 연결된 것으로 볼 수 있기 때문이다. 이렇게 보면, 그 뒤에 이어지는 "다섯 사람의 아이들은 공기에 닿자마자 움직이기 시작했다"는 기록의 해석이 자연스러워지기 때문이다.

그리고 ④에서 위굴 사람들이, 그들 다섯 사람은 하늘에서 파견된 것이라고 믿었다고 하는 기술을 통해서도, 이같은 해석은 그 타당성을 인정받을 수 있다. 다시 말해 이들 다섯의 신화적 인물들은 하늘로부터 나무를 타고 내려온 존재로, 왕이 된 보우코 칸의 왕권이 하늘에서 비롯되었음을 말해주는 신화로 볼 수 있다.

이런 고찰을 거쳐, 하늘에 살고 있는 존재나 그의 자손이 이 지상에 내려와 왕권을 장악하는 한국의 천강 신화들은 고차족(高車族)을

---

44) 山田信夫 : 1989, 95–96쪽.
45) 같은 책, 98쪽.

비롯한 터키계 민족들이 공유하고 있던 신화적 사유와 밀접한 관련이 있다는 사실을 알아냈다. 또 이러한 신화적 사유가 수렵·유목 문화와 관련이 있으므로, 한국의 천강 신화도 이런 문화와 복합되어 한반도에 들어왔다고 볼 수 있다는 추정을 끌어냈다.

2. 일광 감응 신화의 연구

2.1 일광 감응 신화

한편 위에서 살펴본 천강 신화와는 달리, 한국의 건국 신화들 가운데는 나라를 세운 건국주가 하늘과 연계되어 있다는 것을 간접적으로 드러내는 몇몇 이야기들이 존재한다. 이 범주에 들어가는 대표적인 자료로는 고구려의 건국 시조인 고주몽(高朱蒙)의 탄생담을 들 수 있다. 그래서 《삼국사기》 권13 고구려 본기 시조 동명성왕 조에 전해지는 고주몽 신화의 내용을 살펴보기로 한다.

[자료 47]

이때 (금와가) 태백산의 남쪽 우발수에서 한 여자를 만나 (그 사정을) 물어 보았다. (그런 까닭에) 그녀가 "나는 하백의 딸로 유화라고 합니다. 여러 동생들과 더불어 (물가에) 나와 놀고 있을 때, 한 남자가 있어 자칭 천제의 아들 해모수라면서 나를 웅심산 밑의 압록강가에 있는 집안으로 끌어들여 동침을 하고 곧 가서는 (다시) 돌아오지 않았습니다. 내 부모는 내가 중매도 없이 (외간) 남자와 상관한 것을 꾸짖고 드디어 우발수에서 귀양살이를 하게 하였습니다"라고 대답하였다.

금와가 이상하게 여겨 (그녀를) 방안에 가두었더니, 그녀에게 햇빛이 비치었다. 그녀가 몸을 피하면 햇빛이 또 따라와 비치었다. 이로 말미암아 태기가 있어 알 한 개를 낳았는데, 크기가 닷 되들이만하였다.

왕이 그 알을 버려 개와 돼지에게 주었으나 모두 먹지 않았다. 다시 길 가운데 버렸더니 소와 말이 피하면서 밟지 않았다. 나중에는 들판에 버렸더니 새가 날개로 덮어 주었다. 왕이 그것을 쪼개려고 하였지만, 깨뜨릴 수가 없었기 때문에 마침내 그 어머니에게 돌려주었다. 그 어머니가 물건으로 싸서 따뜻한 곳에 두었더니 한 사내아이가 껍질을 깨고 나왔다.

그의 골격과 풍채가 영특하고 기이하였으며, 나이가 겨우 일곱 살인데도 보통 사람들과는 월등하게 달랐다. <u>스스로 활과 화살을 만들어 쏘았는데 백발백중이었다. 부여의 속담에 활을 질 쏘는 것을 주몽이라고 하였으므로 이렇게 이름을 지었다고 한다.</u>[46]

이 자료는 주인공인 고주몽이 비정상적으로 태어나서 기아(棄兒)라는 수난을 겪고 난 다음에 그 능력을 인정받는, 영웅담의 전형(典型)을 보여주고 있다. 그 때문에 이 신화는 한국 영웅담의 원형으로 어겨졌고, 그 뒤에 영웅 소설이 만들이지는 데도 적지 않은 영향을 끼친 것으로 보고 있다.[47]

---

46) "於是時 得女子於太白山 南優渤水 問之曰 我是河伯之女 名柳花 與諸弟出遊 時有一男子自言天帝子解慕漱 誘我於熊心山下 鴨淥邊室中私之 卽往不返 父母責我無媒而從人 遂謫居優渤水 金蛙異之 幽閉於室中 爲日所炤 引身避之 日影又逐而炤之 因而有孕 生一卵 大如五升許 王棄之與犬豕 皆不食 又棄之路中 牛馬避之 後棄之野 鳥覆翼之 王欲剖之 不能破 遂還其母 以物裏之 置於暖處 有一男兒 破殼而出 骨表英奇 年甫七歲 嶷然異常 自作弓矢射之 百發百中 扶餘俗語 善射爲朱蒙 故以名云" 김부식 : 1982, 145-146쪽.

47) 김열규 : 1975, 53-99쪽 ; 조동일 : 1977, 245-261쪽.

그리고 고주몽이 알의 형태로 태어났다는 난생 모티프로 말미암아, 이 신화의 계통을 남방에서 찾으려는 견해가 꽤 널리 받아들여져 온 것도 사실이다. 하지만 이 문제는 그렇게 간단치가 않다. 왜냐하면 왕권을 장악한 집단이 남방으로부터 들어왔다고 한다면, 그들이 남긴 문화적인 자취가 어디에선가 확인되어야 하기 때문이다. 즉 남방에서 들어온 집단이 지배 계층으로 군림하였다면, 그것을 증명할 수 있는 자료들이 있어야 한다. 하지만 그 자취를 확인하는 것이 그리 쉽지가 않다. 이 문제를 해결하려면 위에서 소개한 고주몽 신화의 저본(底本)이 된, 부여국의 동명 신화를 살펴볼 필요가 있다.

[자료 48]

(가) 북쪽의 이족인 탁리국왕의 시비가 임신을 하자, 왕이 그 시비를 죽이려고 하였다. (그러자) 시비가 "달걀만한 크기의 기운이 있어 하늘로부터 내게 내려온 까닭에 임신을 하였습니다"고 대답하였다. 뒤에 (그녀가) 아이를 낳았다(《논형(論衡)》 길험편(吉驗篇) 부여국 동명 신화).48)

(나) 처음에 북쪽 이족의 색리국왕이 바깥에 나가 다니었는데, (그 사이에 왕을 모시는) 여자[侍兒]가 아이를 배었다. 왕이 돌아와서 죽이려고 하자, 그 여자가 말하기를, "앞서 하늘을 쳐다보았더니 달걀 같은 크기의 기운이 있어 나에게 내려온 까닭으로 임신하였습니다"라고 했다. 왕이 (그녀를) 가두어 두었는데, 그 뒤 마침내 사내아이를 낳았다(《후한서》 부여전의 동명 신화).49)

---

48) "北夷槀離國王侍婢有娠 王欲殺之 婢對曰 有氣大如雞子 從天而下 我故有娠 後生子" 今西龍 : 1970, 475–476쪽에서 재인용.
49) "初北夷索離國王出行 其侍兒於後姙身 王還欲殺之 侍兒曰 前見天上有氣 大如雞子

(다) 옛날 북방에는 고리라는 나라가 있었다. 그 왕의 시비가 아이를 배자, 왕이 (그 시비를) 죽이려고 하였다. 시비가 말하기를, "달걀과 같은 기운이 있어 나에게 내려온 까닭에 임신하였습니다"고 했다. 뒤에 (그 시비가) 아이를 낳았다(《삼국지》 부여전에 주석으로 인용된 《위략》의 동명 신화).[50]

(라) 고구려는 부여에서 나왔는데, 자기들끼리는 그 선조가 주몽이라고 말했다. 주몽의 어머니인 하백의 딸이 부여왕에 의해 방안에 갇혀 있던 중, 햇빛이 비치는 것을 몸을 돌려서 피하였으나 다시 햇빛이 따라와 비추었다. 얼마 뒤에 잉태하여 알 하나를 낳았는데, 크기가 닷 되들이 만하였다(《위서》 열전 고구려조의 주몽 신화).[51]

이들 자료는 네 개의 사서(史書)들에 전해지는 동명 신화와 고주몽 신화로부터 임신과 출산 모티프들만을 가려서 옮겨 적은 것이다. 이들 가운데서 (라)는 앞에서 제시한 [자료 47]의 내용과 거의 일치하고 있다. 이로 미루어 보아 위수(魏收)가 《위서(魏書)》를 찬술한 6세기 무렵에는 고구려의 건국 신화가 이미 중국에까지 널리 알려져 있었음을 확인할 수 있다.

그런데 위의 자료들은 두 개의 층위, 곧 난생 모티프를 가지지 않은 것들과 가진 것으로 뚜렷하게 나뉜다. 본디 동명 신화는 난생 모티프를 갖고 있지 않았다. (가)와 (나), (다)에서 보는 것처럼, 시비에게 임신을 시킨 것이 '하늘에서 내려온 달걀만한 크기의 기운'(有氣大如雞子)으로 되어 있다. 그러던 것이 (라)에 이르러 햇빛과 알로 나

來降我 因以有身王囚之 後遂生男" 范曄 : 1975, 2811쪽.

50) "昔北方有高離之國者 其王者侍婢有身 王欲殺之 婢云 有氣如雞子來下 我故有身 後生子" 陳壽 : 1975, 843쪽.

51) "高句麗者出於夫餘 自言先祖朱蒙 朱蒙母河伯女 爲夫餘王閉於室中 爲日所照 引身避之 日影又逐 旣而有孕 生一卵 大如五升" 魏收 : 1976, 2212쪽.

넌다. 바꾸어 말하면 하늘에서 내려온 기운이 햇빛으로 바뀌고, 크기가 달걀만 하다는 표현이 알을 낳는다는 표현으로 바뀐다. 이런 변이는 이 기록들의 저본(底本)이 된 전적(典籍)들이 저마다 달랐던 데서 말미암은 것이라고 볼 수 있고, 또 동명 신화에서 고주몽 신화로 옮겨 적는 과정에서 이루어진 구체화라고도 볼 수 있다.

그러나 이 변이의 원인을 밝히는 데는, 부여족이 송화강(松花江) 유역의 농안(農安)과 장춘(長春) 지역 부근에서 길림(吉林) 지역 일대로 이주한 사실을 상기할 필요가 있다. 이 지역 일대는 길리약족 Gilyak이나 코리약족 Koryak과 같은 고아시아족들 Paleo-Asiatics이 살았던 곳이다. 그들 가운데 일부는 뒤에 이 지역에 들어온 통구스족이나 몽고계의 여러 종족들 Mongolians에게 동화하였고, 그 나머지 일부는 아시아의 극동 북쪽 귀퉁이까지 밀려났다는 것은 이미 널리 알려진 사실이다.[52]

그렇다면 부여족과 그들 사이의 접촉도 쉽게 상정할 수 있다. 특히 지금 캄챠카 반도 Kamchacka Peninsula에 사는 코리약족이 난생 신화를 가지고 있다는 것[53]은, 고주몽 신화가 난생 모티프를 취하게 된 까닭을 밝혀줄 수도 있지 않을까 한다. 물론 코리약족이 가지고 있는 난생 신화의 자료는 1900년에 조사되어 보고된 것이기에, 고주몽 신화와의 시간적 간극(間隙)을 어떻게 설명할 것인가 하는 문제가 제기된다. 그렇지만 이 자료가 애니미즘 animism 사상을 바탕으로 하는, 매우 원시적인 형태를 유지하고 있는 신화[54]이므로 꽤 오래 전부터 그들이 갖고 있었을 가능성도 배제할 수 없다.

요컨대 고주몽 신화에 들어 있는 난생 모티프는 지리적으로나 문화적으로 거리가 먼 남방적인 요소가 아니라는 것이다. 그 대신에

---

52) 孫進己, 임동석 역 : 1992, 424쪽.
53) J. Michael : 1995, 8–9쪽.
54) J. Michael : 1995, 1–2쪽.

부여족이 동쪽으로 이주하면서 먼저 살고 있던 코리약족과 같은 고아시아족들과 문화적으로 접촉함으로써 난생 모티프를 갖게 되어, 일광 감응(日光感應)에 따른 임신과, 알에서 출생이라고 하는 분화가 이루어진 것이 아닐까 하는 가설을 제시한다.

이같은 가설을 제시하면서, 고주몽 신화와 마찬가지로 햇빛의 감응에 따라 잉태하는 모티프를 가진 이야기가 오늘날까지 전해지고 있어, 이 자료도 아울러 소개하기로 한다.

［자료 49］

옛날에 어떤 정승(政丞)의 아들이 아내를 맞이하였는데, 첫날밤에 아내가 아기를 낳았다. 그는 자기가 산파(産婆) 일을 다 한 다음, 아기를 포대기에 싸서 대문 앞에 놓아두었다. 그리고는 머슴들을 깨워서 "문 앞에서 아기의 울음소리가 들리니, 틀림없이 버려진 아기일 것이다. 그러니 빨리 아기를 데려오너라"고 명령했다. 이리하여 아기는 어머니의 손에서 자라나게 되었으나, 그는 아내에게 그 까닭을 묻지 않았다.

그는 뒷날 그 아버지와 마찬가지로 나라의 정승이 되었다가, 나이가 많아 은퇴하였다. 하지만 언제나 첫날밤의 사건이 그의 머리를 어지럽히고 있었으므로, 처음으로 아내를 불러서 그 까닭을 물어 보았다.

그러자 아내는 "제가 처녀였을 때, 언제나 집의 뒤뜰에서 소변을 보았습니다. 그런데 그 소변을 본 곳에는 항상 햇빛이 비치었습니다. 그것이 재미가 있어 언제나 같은 장소에서 소변을 본 것말고는 결코 다른 남자를 접한 적이 없습니다"라고 이야기했다.

그 뒤에 그는 이내 죽고 말았으나, 그 아들은 뒷날에 아주 위대한 사람이 되었다고 한다.[55]

이 설화는 손진태가 1928년에 함경남도 정평(定平)에서 조사한 것으로, 이야기의 내용은 처녀가 햇빛의 감응으로 아기를 잉태하였다는 것이다. 첫날밤에 아기를 낳은 이야기는 이 밖에도 전승되고 있지만,[56] 위의 설화와는 좀 다른 모습을 보여주고 있다. 즉 앞에서는 처녀가 달을 삼키는 꿈을 꾸고 난 다음에 임신을 한 것으로 되어 있으나, 뒤에서는 햇빛의 감응으로 임신했다는 차이가 있다.

이러한 차이가 왜 일어났을까 하는 문제는 앞으로 좀더 살펴볼 필요가 있다. 그렇지만 우선 위의 자료가 동부여 지역으로 여겨지는 데서 그렇게 멀지 않은 곳에 전승되고 있다는 사실은 주목할 필요가 있다. 왜냐하면 이 지역 일대에 일광 감응의 모티프를 지닌 설화들이 전승된다는 것은 고구려의 문화적 전통이 그만큼 강했고, 또 그런 전통이 오래도록 지속되고 있음을 드러낸다고 볼 수 있기 때문이다.

어찌되었든 이 문제는, 고구려의 건국 신화로 자리잡은 고주몽 이야기에서 그 왕권의 기원이 하늘에 있음을 말해주고 있다. 하지만 그러면서도 앞에서 살펴본 천강 신화와는 뚜렷하게 구분되기 때문에, 이 신화가 어떤 문화와 복합된 것인가 하는 문제를 살펴보기로 한다.

〔자료 50〕

금와에게는 아들 일곱 형제가 있어 주몽과 더불어 놀았는데, 그 재주가 모두 주몽을 따르지 못하였다. (그러자) 그의 맏아들 대소가 왕에게 말하기를, "주몽은 사람의 소생이 아닐 (뿐만 아니라 또한)

---

55) 孫晉泰 : 1930, 107-108쪽.
56) 박순호 : 1984, 970-972쪽.

그 사람됨이 용감합니다. 만일 일찍이 도모하지 않으면 후환이 있을까 두려우니, 청컨대 그를 없애십시오"라고 하였다.

ⓐ 왕이 (그 말을) 듣지 않고 주몽에게 말을 기르게 하였다. 주몽은 잘 달리는 말을 알아 먹이를 적게 주어서 여위게 하고, 둔한 말을 잘 길러서 살찌게 하였다. (그랬더니) 왕은 살찐 말을 자기가 타고, 여윈 말을 주몽에게 주었다. ⓑ 그 뒤에 들판에서 사냥을 하는데, 주몽은 활을 잘 쏘았으므로 화살을 적게 주었으나 주몽이 잡은 짐승이 훨씬 많았다.

왕의 아들과 여러 신하들이 또 주몽을 죽이려고 하자, 주몽의 어머니가 가만히 (그들의 책략을) 알아채고 말하기를, "나라 사람들이 장차 너를 죽이려고 하니, 너 같은 재능과 지략을 가지고 어디에 간들 좋지 않겠느냐? 여기서 머뭇거리다가 욕을 당하기보다는 차라리 멀리 가서 (큰)일을 하는 것만 같지 못할 것이니라"고 하였다.

주몽은 이에 오이와 마리, 협보 등 세 사람과 더불어 벗을 삼아, 엄사수까지 가서 물을 건너가려고 하였다. 하지만 다리가 없어 뒤쫓아오는 군사들에게 붙들릴까 염려되었다. 주몽이 물을 향하여 말하기를, "나는 천제의 자손이요 하백의 외손이다. 오늘 도망을 하는 길인데, 뒤쫓는 자들이 따라 닥치면 어떻게 하겠는가"라고 하였다. 이때 물고기와 자라들이 떠올라 다리가 되었기 때문에 주몽은 건널 수가 있었다. 그러나 물고기와 자라들이 곧 흩어져서 말을 타고 쫓아오던 군사들은 건너지 못하였다. (중략)

드디어 주몽은 그들(모둔곡에서 만난 재사와 무골, 묵거 따위를 가리킴 — 인용자 주)의 재능에 따라 저마다 일을 맡기고 그들과 함께 졸본천에 이르렀다. 그 지역의 토지가 비옥하고 산천이 준험함을 보고 마침내 도읍을 정하려고 하였으나, 미처 궁실을 지을 겨를이 없어서 그저 비류수가에서 초막을 짓고 살았다. 나라의 이름을 고구려라 하고, 이로 말미암아 '고'로 성씨로 삼았다.[57]

이것은 [자료 47]의 바로 뒤에 이어지는 고주몽 신화의 후반부로
서, 그가 핍박을 받아오던 동부여를 떠나서 졸본천에 이르러 국가를
창건하기까지의 과정을 기술한 것인데, 여기에서 주몽을 수장(首長)
으로 삼은 집단이 지녔던 문화적 성격의 일단을 엿볼 수가 있다. 우
선 밑줄을 친 ㉠에서는 그가 수렵 내지는 유목 문화 집단의 일원이
었음이 뚜렷하게 드러나고 있다. 이곳에서 그는 말을 기르는 일을
맡는다. 동물을 거주 공간에서 사육하는 것은 수렵을 하면서 이동하
던 생활이 좀더 진전된 결과이다. 과연 ㉡에서는 주몽이 활의 명수
로 그려지고 있다. 이것은 [자료 47]의 줄친 부분과 함께 주몽이 수
렵·유목민적인 문화를 갖는 집단을 이끌었음을 뜻한다. 이렇게 본
다면 한국의 일광 감응 신화가 북방의 수렵·유목민적인 문화와 불
가분의 관계가 있다는 추정은 타당성을 가진다고 보아도 좋다.

2.2 문화사적 의의와 그 원류

햇빛의 감응으로 고주몽이 태어났다고 하는 고주몽 신화가 북방
아시아의 유목·수렵 문화와 깊은 관계가 있음은 틀림없는 것 같다.
이러한 사실은 주몽의 부계 혈통(父系血統)을 하늘에서 구하고 있다
는 사실을 통해서도 증명할 수 있다. 두루 알다시피 시조의 출계를

---

57) "金蛙有七子 常與朱蒙遊戱 其伎能皆不及朱蒙 其長子帶素 言於王曰 朱蒙非人所生
其爲人也勇 若不早圖 恐有後思 請除之 王不聽 使之養馬 朱蒙知其駿者 而減食令
瘦 駑者善養令肥 王以肥者自乘 瘦者給朱蒙 後獵于野 以朱蒙善射 與其矢小 而朱
蒙殪獸甚多 王子及諸臣 又謀殺之 朱蒙母陰知之 告曰 國人將害汝 以汝才略 何往
而不可 與其遲留而受辱 不若遠適以有爲 朱蒙乃與烏伊·摩離·陜父等三人爲友
行至淹㴲水 欲渡無梁 恐爲追兵所迫 告水曰 我是天帝子 河伯外孫 今日逃走 追者
垂及如何 於是 魚鼈浮出成橋 朱蒙得渡 魚鼈乃解 追騎不得渡 (中略) 遂摸其能 各
任以事 與之俱至卒本川 觀其土壤肥美 山河險固 遂欲都焉 而未遑作宮室 但結廬於
沸流水上居之 國號高句麗 因以高爲氏" 김부식 : 1982, 146쪽.

하늘로부터 구하는 것은 중앙 아시아 일대에 거주했던 유목민들의
발상이다. 그들은 처음에 광망 신앙(光芒信仰)을 가졌었다. 그러다가
그들의 동진(東進)과 함께 광선 신앙으로 바뀌면서, [자료 47]의 고
주몽 신화에서와 같이 햇빛의 형태가 되지 않았는가 한다. 그래서
《원조비사(元朝秘史)》에 실려 있는 신화를 살펴보기로 한다.

[자료 51]

그리하여 (아들들이 그 어머니의 출산을 의심하여 — 인용자 주)
그의 어머니 알란코아(阿蘭豁阿)가 말하기를, "벨구누테이(別古訥
台) · 불구누테이(不古訥台) 두 아들들아, (다른 사람들이) 내가 낳은
세 아이를 누구의 아이인지 의아하게 여기고 있으니, 너희들이 의혹
을 품는 것도 마땅하다. 너희들은 (그 내막을) 알지 못할 것이다. (실
은) 매일 밤 황백색(黃白色)의 남자가 천창(天窓) 문설주의 밝은 곳으
로 들어와서 내 배를 쓰다듬고, 그의 광명(光明)이 내 뱃속으로 스며
들었다. (그가) 나갈 때는 해와 달[日月]의 빛을 따라서 마치 누렁개
가 기어가는 것같이 하였다. (그러니) 너희들은 그런 말을 하지 말아
라. 이것을 보면 분명히 하늘의 아들이니, 보통 사람들은 도저히 알
지 못할 것이다. 오랜 뒤에 그(의 후예)가 제왕(帝王) 노릇을 할 터인
데, 그 때 가서야 비로소 (그것을) 알 것이다"고 하였다.[58]

이것은 징기스칸(成吉思汗)의 선조 보돈차르(孛端察兒)의 어머니

---

58) "因那般 他母親阿蘭豁阿說 別古訥台 不古訥台 您而兒子 疑惑我這三個兒子是誰生
的 您疑惑的也是 您不知道 每夜有黃白色人 自天窓門額明處入來 將我肚皮摩挲 他
的光明透入肚裏 去時節隨日月的光 恰似黃狗 般爬出去了 您休造次說 這般看來 顯
是天的兒子 不可比做凡人 久後他每做帝王呵 那時纔知道也者" 李文田 注 : 1986,
20-21쪽.

알란코아가 자신이 아이를 낳게 된 경위를 말한 것으로,《원조비사》
서두에 실려 있는, 푸른 이리[蒼狼]와 흰 암사슴[白牝鹿]의 결합에
따른 시조의 탄생담과는 별개의 계열에 속하는 자료이다.

　이러한 이 전승에서는 사람의 형상을 한 존재가 등장하여 알란코
아에게 접근한다. 하지만 성적인 접촉을 강요하는 것이 아니라, 손
으로는 배를 만지고, 빛으로는 뱃속으로 스며들게[透入] 한다. 이른
바 빛의 감응에 의해 임신을 하고, 그렇게 하여 태어난 삼 형제를
하늘의 아들[天的兒子]이라고 하였다. 따라서 이 존재는 하늘을 표
상하는 인물이라고 해도 좋을 것이다.

　이처럼 하늘을 대표하는 존재의 빛에서 위대한 인물이 태어난다
고 하는 신화가 몽고에만 국한되어 전해지는 것은 아니다. 선비족이
세웠던 북위(北魏)의 태조인 도무제(道武帝)의 탄생담도 이같은 부류
의 신화로 되어 있으므로, 그 내용을 살펴보기로 한다.

　　　[자료 52]

　태조 도무 황제(道武皇帝)의 휘는 규(珪)이고 소성 황제(昭成皇帝)
의 적손이며 헌명 황제(獻明皇帝)의 아들이다. 어머니는 헌명하 황후
(獻明賀皇后)라고 하였다. 처음에 옮겨감으로 말미암아 운택에서 지
냈는데, 이미 하던 일을 멈추고 잠자리에 들었다. 해가 방안을 지나
가는 꿈을 꾸고 깨어나 보니 빛이 창으로부터 하늘에 닿아 있었고
갑자기 감응함이 있었다. 건국 34년 7월 7일에 합피북(合陂北)에서
태조를 낳자, 밤에 다시 광명이 있어 소성 황제가 크게 기뻐하였으
며, 군신들이 경사를 치하하였고 대사면이 있었다.59)

---

59) "太祖道武皇帝　諱珪　昭成皇帝之嫡孫　獻明皇帝之子也　母曰獻明賀皇后　初因遷徙
　　遊于雲澤　旣而寢息. 夢日出室內　寤而見光自牖屬天　欻然有感　以建國三十四年七月
　　七日　生太祖於參合陂北　其夜復有光明　照成大悅　群臣稱慶　大赦" 魏收 : 1976, 19쪽.

그리고 거란족이 세웠던 요(遼)의 태조 아보기(阿保機)의 탄생담도
이와 비슷한 내용이므로 그것도 아울러 살펴보기로 하겠다.

[자료 53]

태조 대성 대명신열천 황제는 (중략) 글안(契丹) 질자부(迭剌部) 하
뢰익석열향(霞瀨益石烈鄕) 야율미리(耶律彌里)의 사람이다. 덕조 황
제(德祖皇帝)의 장남으로 어머니는 선간황후(宣簡皇后) 소씨(蕭氏)라
고 하는데, 당나라 함통(咸通) 13년에 태어났다. 처음에 어머니는 해
가 품안에 떨어지는 꿈을 꾸고 임신을 하였다. 태어남에 미쳐 방안
에 신비로운 광채와 이상한 향기가 있었고, 몸은 세 살 먹은 아이와
같아서 능히 기어다닐 수 있었다.[60]

위에서 소개한 세 자료들은 저마다 약간의 차이를 보여주고 있다.
곧 (1) [자료 51]에서는 보돈차르(孛端察兒)가 햇빛의 감응으로 태어
난 것으로 되어 있고, (2) [자료 52]에서는 도무 황제 규가 태몽이 있
은 다음 햇빛의 감응으로 태어난 것으로 되어 있다. 그리고 (3) [자
료 53]에서는 아보기가 해가 품안에 떨어지는 태몽을 꾼 뒤에 잉태
된 것으로 되어 있다.

이와 같은 차이는 햇빛의 감응으로 영웅이 태어났다고 하는 신화
적 사유가, 사람의 지혜의 발달과 더불어 더욱 합리적이라고 할 수
있는 태몽(胎夢)으로 바뀐 결과가 아닐까 한다. 다시 말해 역사 시대
에 접어들어, 합리적인 사유가 발달하면서, 일광 감응의 모티프가
태몽으로 바뀌었다는 것이다.

---

60) "太祖 大聖大明神烈天皇帝 (中略) 契丹迭剌部霞瀨益石烈鄕耶律彌里人 德祖皇帝
    之長男 母曰宣簡皇后蕭氏 唐咸通十三年生 初母夢日墮懷中 有娠 及生 室有神光異
    香 體如三歲兒 卽能匍匐" 脫虎脫 : 1976, 1쪽.

　이렇게 말하면 6세기에 기록된 [자료 52]가 13세기에 기록된 [자료 51]보다 시대적으로 앞서지 않느냐 하는 의문이 제기될 수 있다. 그렇지만 후자는 징기스칸이 원나라를 세우고 나서, 그 조상의 비정상적인 탄생담을 만들려고 북방 아시아 일대에 퍼져 있던 일광 감응의 모티프를 차용했을 가능성이 높다.

　어쨌든 이상의 자료들을 볼 때, 북방 아시아, 특히 몽고 일대의 수렵·유목민들 사이에 왕이나 그의 선조가 햇빛의 감응으로 태어났다고 하는 전승이 상당히 널리 퍼져 있었음을 알 수 있다. 따라서 [자료 47]의 고주몽 신화 또한 이와 같은 북방 아시아에 살고 있던 수렵·유목민의 신화들과 그 계통을 같이한다고 보는 것이 타당하지 않을까 한다.

　그런데 건국주나 왕권을 장악한 인물의 출계를 햇빛과 연계시키는 사상은 태양신의 숭배와 밀접한 관련이 있는 것 같다. 인류 역사의 초기 기록을 보면, 당시의 사람들은, 신과 지상에서 그의 대리자인 왕을 아울러 숭배하고 있었을 가능성이 짙다. 그렇지만 오늘날까지 지식으로는 신의 숭배가 왕의 숭배보다 앞섰다고 주장할 아무런 근거가 없다. 아마 어떠한 왕도 신이 없이는 존재하지 못했고, 또 어떠한 신도 왕이 없이는 존재하지 못했을 것이다. 예를 든다면 고대 이집트에서 왕을 신과 같게 여기는 군주제의 관념이 있었다든지, 슈메르Sumer의 도시 국가들에서는 왕을 신이 보낸 구세주로 즉 신들의 대리자로 믿고 있었다든가, 그리고 히타이트족Hittite이 왕을 항상 태양으로 이야기하고 있었다든가 하는 따위의 것들은, 고대인들의 왕에 대한 신앙을 말해준다고 볼 수 있다.[61]

　이러한 그들의 신화적 사유는 왕들의 출계를 태양에서 찾는 많은 신화들을 만들어냈다. 그래서 그러한 신화를 하나 소개하기로 한다.

---

61) A. M. Hocart : 1927, 7-8쪽.

[자료 54]

이 당시 페르시아의 왕은 한(漢)나라에서 아내를 맞이하였다. 그녀는 한나라에서 쭉 호위를 받아 왔다. 그 때 반란이 일어나서 동서를 연결하는 길이 폐쇄되어 버렸다. 그 때문에 그들은 그녀를 아주 높고 위험한, 외딴 산봉우리에 데려다 놓았다. 거기는 사다리로만 접근할 수 있었다. 거기에다가 그들은 그녀를 보호하려고 밤낮으로 경비를 섰다. 3개월 뒤에 혼란은 평정되었다. 평온함을 되찾았으므로 (페르시아로) 여행을 다시 시작하려고 했을 때, 그들은 그녀가 임신을 했다는 사실을 알았다. (중략) 몸종이 말했다. "물어볼 것도 없습니다. 그녀를 임신시킨 것은 정령spirit입니다. 매일 정오에 태양의 표면으로부터 수장chief-master이 말을 타고 그녀를 만나러 왔습니다." (중략) 때가 되자 그녀는 대단히 아름다우면서도 모든 재능을 다 갖춘 아이를 낳았다. (중략) 그는 하늘을 날고 바람과 눈을 제어할 수 있었다. 그 때부터 지금까지 그의 자손들은 어머니 쪽에서 한나라 황실의 혈통을, 아버지 쪽에서는 태양신sun-god의 혈통을 이어받았다고 전해지고 있다.62)

이 자료는 현장(玄裝)의 《서역기(西域記)》에 실려 있는 것인데, 여기에서는 사람으로서 남편인 왕이 있는데도 줄친 부분에서 보는 바와 같이 태양의 정령, 곧 태양신이 사람의 형상을 하고 나타나서 왕후를 임신을 시키는 것으로 되어 있다.

그런데 이런 신화적 표현을 햇빛의 감응으로 볼 수 있을까 하는 의문이 제기된다. 다시 말해 앞에서 살펴본 [자료 51] 보돈차르(孛端察兒)의 탄생담이나 [자료 52] 도무제(道武帝)의 탄생담과는 다소 다

---

62) 같은 책, 18-19쪽 재인용.

른 신화적 기술로 표현되어 있다. 하지만 위의 [자료 54]에서 정령이 태양의 표면으로부터 왕후에게 다녀갔다고 하는 기술도 일광 감응의 다른 표현으로 보아도 좋지 않을까 한다. 왜냐하면 정령이 말을 타고 태양에서 왔다는 것은 햇빛이 비치는 것과 불가분의 관계에 있기 때문이다.

이렇게 보면, 히타이트족의 왕권 사상과 같은 것이 동쪽으로 전해지는 과정에서 일광 감응 신화를 만들어냈고, 이것이 북방 아시아의 수렵 내지는 유목 문화와 함께 만주(滿洲) 방면으로 이동하여 한국의 고대 건국 신화에 등장하는 일광 감응 신화를 만들어내게 되었다고 해도 좋지 않을까 한다. 다시 말해 한국의 고주몽 신화와 같은 일광 감응 신화는 북방 아시아로부터 들어왔다고 보아도 크게 잘못은 없을 것이다.

그리고 이 신화를 가진 집단은 그들의 유목·수렵 문화와 뛰어난 기동력을 바탕으로 하여 먼저 살고 있던 종족들을 제압하고 새로운 모습의 나라를 세웠다. 그와 같은 사실을 신화의 형태로 표현한 것이 고구려의 건국 신화라고 보아도 좋을 것이다.

3. 수조 신화의 연구

3.1 웅조 신화의 연구

3.1.1 웅조 신화(熊祖神話)

한국 신화를 문화사적인 처지에서 고찰한 미시나 아키히데는 한국에는 짐승을 조상으로 받드는 수조 신화가 없으나, 만몽(滿蒙)에는 이것이 있다고 보았다. 그러면서 그는 그 까닭을 한국은 농경 중심인 데 견주어, 만몽은 유목과 수렵 위주였기 때문이라고 하였다.[63)

그러나 이와 같은 미시나의 주장은 타당성을 가진다고 보기는 어려울 것 같다. 우선 그가 깊이 있게 고찰한 견조 신화(犬祖神話)가 한국에도 구전되고 있을 뿐만 아니라, 단군 신화에서 곰을 조상으로 받들었던 흔적을 찾을 수 있다. 실제로 김정학(金廷鶴)은 단군 신화가 태양 신화와 곰 토테미즘 신화를 가진 두 부족이 정치적·사회적으로 통합된 것이기 때문에, 여기에 두 부족의 신화가 혼효(混淆)되어 있다는 견해를 제시한 바 있다.”[64] 이러한 그의 주장은 상당한 타당성을 지니고 있다. 왜냐하면 동북 아시아 지역에는 곰을 신성하다고 믿었던, 많은 민족들이 있었기 때문이다.[65]

그래서 이런 연구 성과를 받아들인다면, 웅녀(熊女)로 대표되는 선주 집단은 곰을 조상으로 하는 수조 신화(獸祖神話)를 가졌을 것으로 여겨진다. 그런데 이처럼 곰과 사람 사이의 관계를 서술하는 이야기는 현재까지도 전승되고 있어 관심을 끈다. 이런 유형에 귀속되는 이야기로는 웅·인 교구담(熊人交媾譚)이 있으므로, 그 내용을 살펴보기로 한다.

［자료 55］

공주 시내에서 서북쪽으로 약 4킬로미터 정도 가면 웅진 — 곰나루 또는 고마나루라고도 한다 — 이란 나루터가 있다. 이 지명에 관한 전설을 보면 다음과 같다.

아득한 옛날의 일이다. 연미산(燕尾山)에 큰 굴이 하나 있었는데, (거기에는) 암곰이 살고 있었다. 어느 날 그 곰은 금강에서 고기잡이를 하고 있던 어부를 잡아다가 굴속에 가두고 남편으로 삼았다. 그

---

63) 三品彰英 : 1971ⓐ, 438-440쪽.
64) 김정학 : 1954, 287쪽.
65) 같은 글, 281-282쪽.

리고 곰은 날마다 맛있는 음식을 구하여 그 남편에게 주었다. 바깥에 나갈 때는 반드시 굴 입구를 큰 바위로 막아 놓았기 때문에 어부는 도망칠 수가 없었다.

그 사이에 자식까지 둘을 낳게 되었다. 이제는 안심이 되었는지, 하루는 곰이 입구를 열어둔 채 외출했다. 어부는 그 틈을 타서 달아날 수 있었다. 암곰이 돌아오다가 이것을 보고, 새끼 두 마리를 내다보이며 다시 집으로 돌아오기를 간청하였다.

그러나 어부는 이를 거절하고 강을 건너 도망쳐 버렸다. 암곰은 절망한 나머지 새끼 두 마리와 더불어 금강에 몸을 던져 죽고 말았다. 이로 말미암아 사람들은 (이곳을) 웅진(熊津), 곧 곰나루라고 부르게 되었다.

<u>그런데 곰이 물에 빠져 죽은 뒤로는 풍랑이 심하여 나룻배가 뒤집히는 일이 잦아졌다. 이러한 불상사를 막으려고 부근에 제단(祭壇)을 만들고 봄가을로 위령제를 지낸 다음부터는 아무런 사고도 일어나지 않았다고 한다.</u>(66)

이 자료는, 밑줄 친 부분에서 보는 것처럼 곰나루 일대에서 벌어지는 제의(祭儀)의 연원이 이야기되고 있는, 지명 연기담(緣起譚)으로 자리잡은 것이다. 이처럼 지명과 연계되어 전해진다는 사실은 이 설화가 꽤 오래 전에 만들어졌음을 말해준다.

이런 이 자료에서는 단군 신화에서처럼 곰이 여자로 변신하지도 않고, 또 암곰과 한때나마 동거하는 자가 신(神)이 아니라 사람으로 되어 있다. 다시 말해 금강에서 고기를 잡던 사람이 암곰에게 붙잡혀 같이 살았다는 것이다. 이것을 통해서 신과 동물 사이의 교구담(交媾譚)에 반영되었던 종교적 색채가 퇴색되고, 사람과 동물의 교구

---

66) 임헌도 : 1973, 69-71쪽.

담으로 바뀌었음을 확인할 수 있다. 이러한 변화는 역사 시대에 접어들면서 신화적 사유도 바뀌었음을 말해준다.

그리고 이 설화에는 암곰과 동거를 한 남자가 금강에서 고기를 잡아먹으면서 살아가는 어부로 나온다. 이것은 이 설화가 어로 생활을 꾸려나가던 집단과 관련이 있음을 드러내는 것이 아닐까 한다.

그런데 이와 같은 설화가 충청남도의 웅진 지방에만 전해지는 것은 아니다. 전라남도 구례(求禮)지방에 있는 곰소에도 이와 비슷한 내용의 이야기가 전해지고 있다.

[자료 56]

구례 섬진강의 동방 천에 곰소라는 곳이 있다. 이곳에는 듬성듬성 건너뛸 만한 바위가 물 속에 징검다리 마냥 놓여 있어 곰의 다리라고 불리는데, 여기에는 이런 얘기가 전해지고 있다.

그 강 건너 편에 사는 사람이 지리산으로 약초를 캐러 갔다. 그는 산 속을 헤매다가 바위 밑에 굴이 하나 있는 것을 발견하고 그 속에 들어가 보았다. 그 속에는 수곰은 죽고 암곰이 혼자서 살고 있었다.

그는 그 곰에게 붙잡혀 같이 살게 되었다. 곰은 그에게 사람이 먹는 음식을 가져다 주면서 나갈 때는 언제나 큰 반석(盤石)으로 입구를 막아 두었다. 이러한 생활이 계속되는 사이에 암곰은 사람도 아니고 곰도 아닌 새끼를 낳았다.

그러자 그는 이렇게 살다가 죽을 수는 없다고 생각하고 도망을 치기로 결심하였다. 그리하여 강을 건너 수풀 속에 숨어서 보니까, 곰이 어떻게 알았는지 새끼를 데리고 와서 다시 건너오라고 손짓하였다. 그렇지만 그는 다시 건너가지 않았다. 이렇게 되자, 곰은 산에 올라가서 돌을 굴려서 다리를 놓기 시작했다. 그러나 곧 지쳐서 다리를 완성할 수 없게 되자, 제 새끼를 돌에다 내팽개쳐 버리고는 지리산으로 들어가 버렸다.

그래서 그는 고향으로 무사히 돌아오게 되었는데, 그 후손들이 지
금도 살아 있다고 한다.[67]

이 자료도 곰소라는 지명과 관련되어 있고, 또 물 속에 징검다리
마냥 놓여 있는 바위에 얽혀 전해지고 있는 것이므로, [자료 55]와
마찬가지로 전설적인 성격이 강한 이야기라는 것을 알 수 있다. 단
지 이 설화의 경우는 한때나마 곰과 동거했던 사람의 후손들이 지금
도 생존하고 있다고 하여, 이야기에 대한 신뢰도를 한결 높여 주고
있다는 점이 특이하다.

이 자료에 등장하는 주인공은 지리산에서 약초를 캐는 사람으로
되어 있다. 이것은 오늘날도 산촌에서 흔히 볼 수 있는 것으로, 채집
경제 생활의 문화적 산물로 보아도 좋을 것이다.

한편 경상북도 고령(高嶺)지방에는 다음과 같은 이야기가 전승되
고 있다.

[자료 57]

고령군(청) 소재지에서 동쪽으로 약 5킬로미터쯤 가면 유유히 흐
르는 낙동강 중류가 눈앞에 나타나고, 고령교라고 부르는 큼직한 철
교가 보인다. 이곳에서 서쪽으로 눈을 돌리면 우뚝 솟은 해발 약
300킬로미터쯤 되는 외톨박이 산이 있는데, 이 산은 옛날에는 봉화
를 올리던 산이라 하여 봉화산(峰火山)이라 부르고 있다. 봉화산 꼭
대기의 널찍한 터, 지금은 잡초만 우거져 옛날을 잊고 있는 듯 아무
말이 없지만, 언제이던가 수백 년 묵었던 큰 소나무 한 그루가 서

---

67) 최내옥 : 1981, 781-783쪽 요약.

있었다고 한다.

이야기는 이 소나무에 대한 것이다. 옛날 이곳에 사람으로 되어 보고자 하던 늙은 암곰 한 마리가 살고 있었는데, 1백 일 동안 기도를 한 끝에 드디어 소원이 이루어져 어여쁜 처녀로 바뀔 수 있었다. 처녀가 된 곰은 먹이를 구할 때는 편리한 대로 다시 곰으로 되돌아갈 수 있었다. 곰으로 되돌아간 그 처녀는 그 뒤에도 줄곧 그 곳 소나무 주위에 살았는데, 그러던 어느 해 봄에 때마침 사냥을 나왔다가 그만 길을 잃고 무작정 며칠을 헤매던 한 사냥꾼이 그녀를 발견하였다.

나이 서른을 갓 넘었을, 그 사냥꾼은 사람의 그림자도 볼 수 없는 산속에서 굶주림에 지쳐 헤매다가 드디어 사람을 보게 되었다는 안도감에 그만 정신을 잃고 쓰러지고 말았다. 이를 본 처녀는 재빨리 물을 가져다 먹이고 청년이 깨어나기를 기다렸다. 잠시 뒤 정신을 차린 청년은 겨우 눈을 떠서, 자기를 지켜보고 있는 처녀를 보고는, 그 아름다움에 한참 말을 잃고 물끄러미 바라보기만 하다가, 가까스로 먹을 것을 좀 주면 고맙겠다고 입을 열었다.

이에 처녀가 입을 열어, "당신이 먹을 것이라면 삽시간에 마련할 수 있으나"라며 잠시 망설이다가, "이 음식을 먹게 되면 당신은 평생을 저와 같이 살아야지 그렇지 않으면 죽게 되실 것입니다"라고 말했다.

이 말을 듣고 부모 형제와 처자가 생각났다기보다 우선 어이가 없었지만, 승낙하는 수밖에 어쩔 도리가 없었다. 이에 처녀는 두 볼을 붉히며 살며시 미소를 짓고는, "잠깐만 기다려요" 하고 어디론지 사라지더니, 얼마 안 되어 맛 좋은 음식을 가득 담은 바구니를 들고 나타났다.

이렇게 하여 사냥꾼과 처녀는 서로 스스로의 과거를 잊고, 근처의 굴속에서 오순도순 행복한 살림을 꾸미고 있었다. 이럭저럭 1년이 지난 어느 봄날, 너무도 집이 그리웠던 청년은 여인과 행복한 새살림도 좋았지만, 처자(妻子) 또한 보고 싶은 마음이 간절하여 죽음을 각오하고, 마침 여인이 "굴 밖으로 나가면 죽음을 면하지 못한다"는 말을 남긴 채 밖으로 먹이를 구하러 간 틈을 타, 굴을 빠져나와 산을 내려왔다. 때마침 먹을 것을 준비하여 행복한 마음으로 굴속으로 들어간 여인은 깜짝 놀랐다. 일시에 절망감이 전신을 엄습했다. 즉시 굴 밖으로 나선 여인은 며칠을 두고 사랑하는 젊은이를 찾아 헤매었지만, 달아난 청년이 찾아질 리 없었다. 다시 며칠을 두고 헤매며 부르다 지친 여인은 그만 그 곳 늙은 소나무에 목을 매고 숨을 거두고 말았다.

지금부터 오십여 년 전만 해도 빨리 시집가기를 바랐던 처녀들이 하루에 한 번씩 백 일 동안 남모르게 그 곳에 올라가서는 빨리 시집가기를 빌었고, 또 그렇게 하여 시집간 처녀는 꼭 멀리 시집을 가야 이혼을 당하지 않는다는 미신이 있었다고 한다.68)

이 자료는 이야기꾼이 서술한 그대로의 설화가 아니고, 편자(編者)가 많은 부분 윤색한 것 같다. 하지만 이야기의 줄거리가 크게 바뀐 것 같지 않기 때문에 인용하였다.

이 설화는 밑줄 친 부분에서 보는 것처럼, 나무에 기도를 드리면 소원이 이루어진다는 속설(俗說)과 함께 전해지고 있다. 이것은 이승휴(李承休)의 《제왕운기(帝王韻紀)》에 실려 있는 단군 신화를 연상시키는데, 여기에 등장하는 주인공은 사냥을 하여 생활을 꾸려나가는 사람으로 되어 있다. 따라서 이 이야기는 수렵 경제의 생활 형태와 관련이 있다고 하겠다.

또 강원도 인제(麟蹄)지방에는 다음과 같은 내용의 이야기가 전승

---

68) 유증선 : 1971, 451–453쪽.

되고 있어 관심을 끈다.

[자료 58]

남자는 강원도 인제 사람으로 자식도 아내도 있는 나무꾼이었다. 어느 날 산에 들어가자, 커다란 곰이 나타나서 그를 쓰러뜨렸으나, 잡아먹으려는 기색은 보이지 않았다. 그래서 곰이 하는 대로 맡겨 두었더니, 곰은 그의 옷소매를 물고 어둑컴컴한 굴로 데리고 갔다. 그리고는 그 속에 가두고 밖에서 큰 돌을 쌓아 올려 한 발자국도 나 갈 수 없게 한 뒤, 산 속의 맛있는 과일들을 가득 가지고 와 말은 못 하지만 그것을 먹으라는 시늉을 했다.

그는 처음에는 그것이 두려워 머뭇거렸다. 그렇지만 밤이 되어도 굴 밖으로 내보내지 않고, 이튿날도 또한 그대로 가두어 두고 있었기 때문에, 마침내 배가 고픈 나머지 그것을 먹을 수밖에 없었다. 그랬더니 곰은 아주 즐거운 듯이 과일을 차츰 더 많이 갖고 오면서도 가두어 둔 채 밖으로는 조금도 못나가게 하였다.

그는 이제 어떻게 할 수 없게 되었다. 이렇게 된 이상 그는 일생 동안 곰과 같이 살아야 할지도 모른다고 체념하고는, 그렇다면 차라리 더 나은 것을 먹어야겠다는 생각에, 곰에게 "나는 집에 있을 때 곡식과 고기, 채소 등을 요리하여 먹었기에 과일만으로는 살 수 없으며, 또 사람에게는 옷과 그 밖의 일상용품들이 필요한 데도 이 굴에는 그런 것이 없으니 어쩌지?" 하고 물었다. 그러자 이상하게도 곰은 알아들었다는 듯이, 그 뒤로 옷과 도구 그리고 쌀, 고기, 간장을 비롯하여 술까지 가져왔다. 그러나 곰은 엄중하게 감시를 하여 도망칠 수 없게 하였기 때문에, 그는 뜻하지 않게 만 3년 동안 굴에서 곰과 같이 살았다.

어느 날 그는, 앞으로 언제까지 이렇게 지내도 끝이 없을 테니 어떻게 해서든 이 굴을 빠져나갈 궁리를 하지 않으면 안 되겠다 싶었다. 그리하여 생각에 생각을 거듭한 끝에 하나의 방책을 내어 곰을 속여, "지금까지 내 이름도 사는 곳도 말하지 않았지만, 실은 춘천의 아무 마을에 사는 아무개라고 한다. 집을 나와 이미 3년이 되어 고향의 일이 참으로 마음에 걸리는데 이 편지를 우리 집에 보내주지 않겠는가? 그러면 우리 집에서도 안심을 할 터이니 나는 오래도록 이 굴에 살 수가 있다"고 하였다.

곰도 벌써 3년을 같이 살았기 때문에 안심을 하고 그 편지를 전달하러 갔다. 그는 '이때다'라고 생각하고 곰이 멀리 갔을 때 몰래 빠져 나와 제 집으로 도망쳐 왔다. 집에서는 남편의 행방을 알 수 없었으므로, 이는 흘도산(汔度山)에서 호랑이에게 물려서 죽었을 것으로 생각하고 있었다. 그러다가 그가 갑자기 산 사람의 모습을 하고 돌아왔기 때문에, 집안 사람들은 유령이 나타났는가 하여 놀랐지만, 그 사정을 듣고서야 비로소 그 전말을 알게 되었다.

한편 곰은 춘천에 갔다가 서둘러 굴에 돌아와 보니, 남자의 모습이 보이지 않자 미친 듯이 부근의 마을을 찾아 헤맸지만 찾을 수 없었다. 그렇게 사흘 밤낮을 찾아 헤맨 끝에, 마침내 단식을 하여 죽어 버렸다고 한다.[69]

이 설화는 앞에서 소개한 자료들과는 달리 민담에 가깝다는 특징이 있는데, 여기에 등장하는 주인공은 산에서 나무를 하여 생활하고 있는 사람이다. 대개 산촌에서 나무를 하는 것은 땔감으로 사용하려는 것이 아니라 팔겠다는 목적이 강한 것이기 때문에, 이 설화 또한 [자료 56]과 마찬가지로 채집 경제의 형태와 관련이 있음을 알 수 있다.

---

69) 山崎日城 : 1920, 189~192쪽.

이렇게 볼 때 [자료 55]는 어로 생활과 연관이 있고, [자료 57]은 수렵 생활과 관계이 있으며, [자료 56]과 [자료 58]은 채집 경제의 형태를 반영하고 있음을 확인할 수 있다. 이러한 변화는 이 유형의 이야기를 가지고 있던 사람들의 환경과 밀접한 관계가 있을지도 모른다. 그렇지만 이런 설화들은 일정한 곳에 자리를 잡지 않고 이동 생활을 꾸려나가던 형태의 문화, 곧 수렵이나 어로 문화와 깊은 관련이 있다고 보아도 좋을 것이다. 그리고 이 설화들이 [자료 58]을 제외하고는 다 같이 산과 강을 그 배경으로 하고 있다는 것도 이와 같은 문화적인 성격과 무관하지는 않음을 나타낸다고 하겠다.

어쨌든 한국에서 조사 보고된 웅·인 교구담의 경우는 수렵이나 어로 문화적인 성격이 짙은 것으로 보아, 이 설화들을 한반도에 가지고 들어온 집단은 수렵 문화나 어로 문화를 지닌 채집 형태의 경제생활을 꾸려나갔던 것이 아닌가 한다. 그리고 그들은 곰이 사람과 같이 생활할 수 있다는 신화적 사유를 지니고 있었을 것으로 여겨진다. 따라서 단군 신화에 반영되었던 신화적 사유, 곧 곰이 사람으로 변신할 수 있다는 생각은 역사 시대에 접어들어 사람들의 지혜가 발달하면서 사람과 더불어 살아갈 수 있다는 것으로 바뀌게 되었으나, 곰과 사람의 교구는 결국 비극적인 결말을 불러올 수밖에 없다는 인식에 이르렀던 것 같다.

3.1.2 문화사적 의의와 그 원류

그러나 네 개의 자료만을 가지고 이끌어낸 이같은 추단이 타당성을 지닌다고 보기에는 어딘지 미흡한 데가 있다. 그래서 이 설화들과 비슷한 내용의 외국 설화들을 살펴볼 필요가 있다. 물론 이러한 예화(例話)들은 한국 문화의 형성과 관계가 있다고 여겨지는 외국의 설화이지 않으면 안 된다. 이와 같은 필요조건과 충분조건을 다 충족시킬 수 있는 것으로는 중국의 설화들이 있으므로, 우선 그것들의 내용부터 소개하기로 하겠다.

[자료 59]

우리 집에서 동남쪽으로 약 5마일쯤 되는 곳에 후민 Humin이라는 마을이 있는데, 그 곳의 농부들은 이 이야기를 〈왕펑 Wang Ping의 귀가(歸家)〉라고 부르고 있다. 그 마을의 거의 모든 주민들은 왕씨이며, 그들은 그들 자신에 대한 다음과 같은 이야기를 하고 있다.

그들의 조상 왕펑은 젊었을 때 장사를 떠났다. 어느 날 바다에서 광풍을 만나 그의 배는 이리저리 길을 잃고 헤맸다. 마침내 배가 산으로 거슬러 올라가다가 왕펑은 암곰에게 붙잡혀 굴속으로 유괴를 당했다. 그 곳에서 그들은 부부가 되었다.

날마다 곰 부인은 왕을 동굴 속에 가두어 두고 먹을 것을 찾아나섰다. (그리고) 돌아와서는 그가 원하는 음식을 고르라고 말했다. 이런 식으로 몇 년의 세월이 흘렀다. 그래서 두 아이도 태어나게 되었다. (그러자) 곰 부인은 왕펑이 더 이상 중국에 대한 향수를 가지고 있지 않은 것으로 여기고, 또 도망치는 것이 거의 불가능했기 때문에, 그녀는 그를 밖으로 나가게 했고 더 이상 동굴 속에 그를 가두어 두지 않았다.

어느 날 곰 부인이 사냥을 나가고 없을 때, 왕펑은 아이들을 데리고 해변으로 내려왔다. 갑자기 그는 바닷가에 배가 한 척 있는 것을 보았다. 선원들이 전부 중국 사람들이라는 것을 알고, 그는 그들에게 제 체험을 이야기했다. 그리고는 되도록 빨리 떠나자고 졸랐다. 선원들은 그가 요청하는 대로 하였다. 그러나 얼마 가지 않아, 그들은 커다란 동물이 바닷가에서 손짓을 하면서 소리치는 것을 보았다. 왕펑은 처음에는 별로 관심을 나타내지 않았다. 그러자 곰 부인이 바다로 뛰어들어 배 쪽으로 헤엄쳐 왔다. 그러자 왕은 두려워서 바다의 신에게 기도했다. "바다의 신이여! 우리에게 순풍을 보내주십시오. 제가 무사히 도망칠 수 있다면, 저를 구해주신 은공을 갚기 위해 큰 사당을 짓겠습니다. 그리고 저와 제 아들, 손자들이 영원히 당신을 숭배할 것입니다." 그가 말을 마치자 마자 바람이 일어났다. 선원들은 닻을 올리고 배는 쏜살같이 달아났다.

집에 이르자 왕펑은 사당을 세웠는데, 그것이 아직까지 마을에 남아 있다. 하지만 그 사당을 왕이 지은 것인지, 뒷날 다른 사람이 지은 것인지는 알 수가 없다. 바다의 신을 경배하는 사당은 그 어떤 곳에도 없었던 것이다.[70]

위와 같은 중국의 구전 자료는 한국의 [자료 55], [자료 56]과 매우 밀접한 관련이 있는 듯한 인상을 준다. 즉 후민Humin이라는 마을에 사는 사람들이, 그들의 선조가 몸소 겪었던 이야기로 믿고 있다는 점에서는 곰에게 붙잡혀 갔던 사람의 후손들이 살아 있다는 [자료 56]과 비슷한 양상을 띠고, 수신(水神)의 존재를 인정하고 그의 사당을 지었다는 점에서는 수신의 제단(祭壇)을 만들었다는 [자료 55]와 비슷한 모습을 보여주고 있다. 특히 이 자료 또한 바다와 산을 이야기의 공간적 배경으로 삼고 있다는 점이, 강과 산을 배경으로 하고 있는 한국의 설화들과 갖는 관계를 엿볼 수 있게 하는 듯하다.

그러나 한국의 [자료 55]에서는 곰이 금강에 빠져 죽은 다음에 풍랑이 일어나 나룻배가 전복되는 사고가 자주 일어났기 때문에, 이미 수신으로 승격된 듯한 인상을 주는 곰의 영혼을 위로하려고 제단을 만들고 제의를 시작한 것에 견주어, 중국의 [자료 59]에서는 곰의

---

70) W. Eberhard : 1965, 68-69쪽.

추적을 물리치는 데 수신이 바람을 일으켜 도와주었다고 하는 이질적인 요소도 실려 있다. 또 한국의 자료들에서는 주인공이 고기를 잡거나 약초를 캐어 생활을 하지만, 이 자료에서는 장사를 하는 주인공이 등장하고 있다. 이러한 차이는 설화가 뿌리내리는 과정에서 파생된 것으로, 이 설화의 전승지가 바닷가에 접해 있고 그 곳 사람들의 생업이 장사를 주로 하고 있었다는 것을 반영한다고 하겠다.

한편 중국의 구전 자료들 가운데는 [자료 59]와는 줄거리의 전개가 다소 다른, 다음과 같은 설화도 보고된 바 있다.

[자료 60]

리양 Li-yang 문 밖에 있는 리쉬 Li-shui시에 한 농부가 살았는데, 그의 이름은 잊었다. 그는 매우 정직하고 열심히 일했다. 게다가 그는 독신이었다. 어느 날 그는 나무를 하러 산에 갔다가, 암곰을 만났다. 곰은 그를 붙잡기는 했으나 잡아먹으려고 하지는 않았다. 곰은 그를 조심스럽게 제 동굴로 끌고 갔다. 그리고 그들은 거기서 부부가 되었다.

2년의 세월이 흘러 곰은 아들 하나와 딸 하나를 낳았다. 1년 넘게 날마다 굴 속에 앉아 있기만 한 그는 몸이 매우 쇠약해졌다. (그리하여) 그는 곰에게 "곰 부인, 여기 동굴 속에 (이렇게) 앉아 있기만 해서 몸이 몹시 쇠약해졌소. 그래서 애들과 함께 산보를 나가고 싶소"라고 말했다.

곰은 이 소리를 듣고 그를 나가게 했다. 농부는 아이들을 데리고 나가게 되자 매우 기뻤다. 그는 애들에게 "애들아. 북쪽 성벽의 다리 가까이에 있는 절에 가 기다려라. 밖으로 나가지 말고"라고 했다. 농부가 이렇게 말하자, 아이들은 그 곳으로 갔다. 농부는 많은 과일을 따서, 그것을 길바닥에 흩뿌린 다음, 곰 부인에게 "서두르시오. 여기에 많은 과일들이 있소. 이것들을 빨리 주워요"라고 소리쳤다. 곰은 이 소리를 듣고 빨리 뛰어왔다.

그러나 곰은 농부가 어디론가 가는 것을 보고는 곧 그를 뒤쫓아 왔다. 곰은 한 동안 그를 뒤따라 와서, 그가 절로 도망치는 것을 보았다. 곰도 거기까지 따라왔다. 그가 (과일들을 주우라고) 곰을 불렀을 때는 천천히 걸었지만, 지금은 매우 빨리 걷고 있었다. 곰은 그를 뒤따라 잡았다. 절의 암벽에는 구멍이 하나 있었다. 그래서 그는 그의 아들을 데리고 도망쳤다. 곰은 아직도 그의 딸이 바깥에서 기다리고 있는 것을 보고, 그녀를 데리고 농부를 뒤쫓아 왔다.

농부는 리양 문에 이르렀다. 하지만 문은 막 닫혀지고 있었다. 그래서 그는 그들이 들어갈 수 있게끔 문을 천천히 닫으라고 소리쳤다. 문지기는 이 소리를 듣고 문을 다시 열어서 그들을 들여보냈다. 농부가 문안으로 들어왔을 때, 곰 또한 문 입구에 다다랐다. 곰 부인은 그가 하는 짓을 보고 어찌할 바를 모르고 있다가 문에다 제 몸뚱이를 들이박았다. 농부가 그 소리를 듣고 문을 열자 딸은 거기에서 있었지만, 곰은 이미 죽어 있었다. 그리하여 그는 곰을 한 그루의 녹나무 밑에다 묻고 딸은 집으로 데려왔다. 이것이 내 이야기이다.[71]

이상과 같은 [자료 60]은 열두 살 먹은 제보자로부터 조사한 것이기 때문에, 동화적인 요소가 더해졌을 가능성이 있다. 따라서 줄거리에 보이는 약간의 변화는 어린이들의 호기심을 채우려고 이루어졌는지도 모른다. 그렇지만 이 문제는 중국의 다른 많은 설화들을 살펴볼 필요가 있으므로, 여기서는 하나의 가설로 제시하는 데 그치기로 한다.

어쨌든 이 설화에서는 농부가 주인공으로 등장하여 정착된 농경

____

71) W. Eberhard : 1970, 94~95쪽.

생활의 한 단면을 보여주면서도, [자료 58]과 같이 산에 나무를 하러 갔다가 곰에게 붙잡혀 한때나마 동거를 하였다는 것은 앞에서 끌어냈던 한국 설화의 문화적인 성격과도 상당히 밀접한 관련이 있는 듯한 인상을 준다.

한편 중국의 경우는 청나라 때 주매숙(朱梅叔)이 지은 《매우집(埋憂集)》 권1에 다음과 같은 문헌 설화로 전해지는 자료도 있다.

　[자료 61]

명나라 선덕 연간(1426~1455)에 섬서성(陝西省)의 신목현(神木縣)에 사는 진종악(秦鐘岳)의 아버지가 종군을 하여 오룡산(五龍山)을 지나다가, 사냥을 나가 길을 잘못 들어, 곰에게 유괴되어 동굴에 갇히게 되었다.

곰에게 부양(扶養)되어 몇 달을 함께 사는 사이에, 곰은 아들 하나를 낳았다. 아이의 허리 아래는 강모(剛毛)로 덮여 있었다. 남자는 곰이 밖에 나갔을 때, 아이를 데리고 탈출하여 사냥꾼을 만났다. 그 사이에 아이는 무적(無敵)의 장사로 자라나, 어느 날 곰 어머니를 엎고 왔다. 그래서 남자는 곰 아내와 재회했다. 그 때 그 아이, 곧 진종악의 나이는 열 두 살이었다. 그는 무훈(武勳)으로 승진에 승진을 거듭하여, 홍치 연간(1488~1505)에 화사(花篩)가 월경하여 침입해 온 것을 쳐부수어 좌도독동지로 승격하였다.

그는 천자에게 곰 어머니를 위해 고봉(誥封)을 청해서 고명(誥命)을 받았다. 곰 어머니는 사람과 마찬가지로 의례에 따라 몸을 굽혀 은혜에 감사했지만, 단지 무릎을 굽혀 앉는 것과 말을 하는 것이 되지 않을 뿐이다. 뒷날 태후가 이것을 듣고, 진(秦)의 집으로 행차하여 그녀를 만나 보고 웅태군(熊太筆)의 호를 내리었다. 이로부터 사람들은 웅태태(熊太太)라고 부르게 되었다고 한다.[72]

이 자료는 진종악이란 실존 인물의 탄생담으로 자리잡은 것이다. 이렇듯 영웅의 탄생담으로 뿌리 내린 것으로 보아, 중국의 설화에서도 주인공이 비범한 능력을 가질 수 있는 근거를 신비한 탄생 과정에서 찾고 있었음을 확인할 수 있다.

그런데 구전되던 자료가 문헌 설화로 자리잡을 때도 편자의 의도에 따라 변화가 일어나기 마련이다. 이 설화의 경우에도 진종악의 어머니인 곰이 비극적인 운명을 맞이하지 않고 태후로부터 웅태군이란 작호를 하사받아 영광을 누리는 것으로 바뀌어 있다.

이러한 변화가 일어났음에도 불구하고, 이 자료에서는 진종악의 아버지가 종군 도중에 사냥을 하였다고 해서, 이 유형의 설화들이 처음부터 지니고 있었던 수렵·어로 문화적인 성격을 그대로 잇고 있다. 이런 뜻에서 이 설화는 한국의 설화들과 상통하는 데가 있다고 하겠다.

이제까지 중국의 설화들을 검토하였다. 그렇지만 중국의 웅·인 교구담들은 북방 아시아의 유목 민족들로부터 전래되어 온 것이거나, 아니면 그들의 문화적인 영향을 받은 것으로 추정되기 때문에, 곰 숭배 사상이 널리 퍼져 있는, 아무르강가에 살고 있는 퉁구스계의 비라트족들 사이에 전승되고 있는 설화를 살펴보기로 한다.

　　　　[자료 62]

먼 옛날 아이군 마을의 남자들이 부레이야 산맥의 모하다산으로 사냥을 나가 많은 짐승들을 잡았으나 마지막에 동료 한 사람의 행방을 알 수 없게 되었다. 그들은 며칠 동안 이 남자를 찾아 헤맸지만, 잃어버린 친구 때문에 대단히 괴로워하면서 귀가하였다.

---

72) 大林太良 : 1984, 367쪽에서 재인용

한 마리의 암곰이 이 남자를 만나, 그를 포로로 만들었던 것이다. 암곰은 남자를 동굴 속에 가두었다. 이 남자는 오랫동안 엄격하게 감시를 받으면서, 여기에 머무르지 않을 수 없었다. (그 사이에) 그의 체모(體毛)와 손톱은 길게 자라났다. 암곰은 그에게 먹거리로 날고기를 가져다 주었는데, 나중에는 제 포로를 좋아하게 되었다. 그녀는 전만큼 엄격하게 감시도 하지 않았고, 나와 결혼하지 않겠는가 하고 제안까지 하였다. 남자가 동의를 하여 (함께 사는 사이에 이들) 부부에게서 두 아이가 태어났다. 이때부터 포로는 완전한 자유를 얻어 사냥을 나가게 되었고, 암곰은 그를 위해 장과(裝果)를 따왔다.

그의 체재(滯在)가 벌써 3년째 접어든 어느 날 저녁 무렵, 이 사냥꾼은 집으로 돌아오는 길에 사람을 태운 나룻배가 모하다산의 강 언덕에 닿은 것을 보고, 오랫 만에 사람들을 보아 기뻐하며 그들이 있는 곳으로 달려갔다. 그러나 낯선 사람들은 매우 두려워하는 눈치였다. 왜냐하면 이 남자는 털이 많이 나서 텁수룩한 털가죽으로 뒤덮여 있었기 때문이다. 그래서 그가 제 운명을 이야기한 다음에야 비로소 그들은 그를 친근하게 대하였다. 그리하여 그들은 밤늦게까지 떠들다가, 아이군에서 온 여행객들을 함께 고향으로 데려가겠다고 포로에게 약속했다. 이튿날 아침 그들은 함께 출발했다.

그러나 암곰은 하룻밤 사이에 제 남편의 성실하지 못함을 깨닫고 강가로 달려갔다. 그녀는 이미 나룻배가 강 언덕을 떠난 것을 보고, 대단히 노하여 집으로 돌아와 두 아이를 데리고 아무르강으로 뛰어갔다. 그리고 그녀는 성이 난 나머지 배를 탄 사람들이 보는 곳에서 아이들을 찢어 아무르강에 던져 넣었다.

이 비극적인 사건이 있은 뒤로 이 산을 악산(惡山)이라고 부르게 되었다. 지금도 비라르 퉁구스인들은 지난날 그 친구가 유폐되어 있던 동굴을 가리키기도 하는데, 이 동굴에는 바위의 갈라진 틈바구니를 햇빛이 조금 들어갈 뿐이라고 한다.[73]

이상과 같은 [자료 62]는 한국의 설화들, 특히 [자료 55], [자료 56]과 비슷한 사건들로 되어 있다. 즉 주인공과 곰이 한때나마 동거를 하는 동안 아이(새끼)를 얻었다든가, 도망치는 남편을 보고 새끼들을 강물에 던졌다고 하는 따위의 내용은, 이 설화와 한국 설화들 사이에 친연성이 있음을 암시해 준다.

그렇다고 이 설화가 [자료 55]나 [자료 56]과 완전히 일치한다는 말은 아니다. [자료 55]의 주인공은 어부이고, [자료 56]의 주인공은 산에서 약초를 캐어 생활하는 사람이다. [자료 62]는 사냥꾼으로 되어 있어, 한국의 [자료 57]과 같은 양상을 보여주고 있다.

그러나 앞에서도 말한 것처럼, 주인공의 직업은 변화 가능성이 있는 변체 variable에 해당된다. 그리고 변체의 변화는 그 설화를 전승시켜 왔던 집단의 문화나 경제 형태, 사회 제도 등과 밀접한 관계가 있다. 하지만 변체들의 변화에 제한이 없는 것이 아니다. 그것들의 변화에도 일정한 범위가 있게 마련이다.[74]

이러한 사실을 헤아린다면, 지금까지 살펴본 웅·인 교구담들 사이에서 보이는 주인공들의 직업 변화에서 공통되는 성격, 곧 수렵·어로 문화적인 요소를 이끌어낼 수 있다. 또 이렇게 본다면, 한국의 설화들을 살펴보면서 이끌어냈던 추정의 타당성도 확인하였다고 하겠다.

그렇지만 여기에서 문제가 제기된다. [자료 61]만 문헌 설화이고, 그 밖의 자료들은 전부 구전 설화이다. 그런데도 이들의 선후 관계를 결정할 수 있겠는가 하는 것이 문제로 되지 않을 수 없다. 이를 해결하려면 이 설화들을 전승시켜 왔던 집단들이 어떠한 문화를 지니고 있었는가 하는 것부터 검토해야 한다.

---

73) 같은 책, 348–349쪽에서 재인용
74) 김화경 : 1987, 215–218쪽 참조

이런 점에서 아무르강 유역으로부터 호카이도(北海島)에 이르는 동북 아시아 지역에 사람과 곰 내지는 호랑이 사이의 교구를 이야기 하는 설화들이 널리 퍼져 있고, 또 이 지역의 주민들이 수렵과 어로 를 주된 생업으로 삼았다는 점은 많은 것을 시사해 준다. 그래서 한 국과 중국의 웅·인 교구담들은 [자료 62]가 전승되던 지역으로부터 전래되었을 것이라는 상정이 가능해진다.[75]

그런데 이같은 추정은 이 설화를 만들어 냈던 집단이 고아시아족 Paleo-Asiatics이 아니었을까 하는, 새로운 문제를 던진다. 김정배(金 貞培)의 연구는 단군 신화를 고아시아족의 문화적인 유산으로 보았 고,[76] 또 고아시아족들 사이에 곰 숭배 사상이 보편화해 있다는 사 실[77]을 생각할 때, 이러한 의문이 제기되는 것은 당연한 귀결인지도 모른다. 그렇지만 고아시아족들 사이에서 보이는 설화들은 이들과 는 뚜렷히 구별되는 형태이다.[78] 그래서 이들 사이에 문화 교류가 있었다는 사실을 인정할지언정, 이 설화가 고아시아족들 사이에서 생성되었다고 보기에는 미흡하다고 하겠다.

그러므로 지금까지 전해지는 웅·인 교구담들의 계통적인 연구를 통해서, 이 설화들은 수렵·어로 문화를 지닌 퉁구스계 집단들 사이 에 전승되고 있으며, 한국의 설화들 또한 이들로부터 전래되었을 것 이라는 결론을 얻을 수 있다고 해도 좋을 것이다.

따라서 이같은 일련의 고찰을 거쳐 얻어진 결론에서 본다면, 단군 신화를 신석기 시대에 한반도에 살았던 고아시아족들의 것으로 보 는 데는 문제가 있음을 알 수 있다. 왜냐하면 먼저 살던 고아시아족 들이 현재의 한민족으로 교체되면서도 아직까지 전승되고 있는

---

75) 大林太良, 375쪽 참조.
76) 김정배 : 1973, 211쪽.
77) 같은 책, 236-257쪽에 번역된 A. P. Okladnikov의 논문 참조.
78) 大林太良 : 1984, 358-356쪽.

웅·인 교구담들을 남겼다고 보기에는 근거가 충분치 않다. 그 뿐만 아니라 이 설화가 고아시아족들의 설화들과 관계가 있다고 하기보다는 퉁구스인들의 그것과 관계가 있다는 사실을 확인하였기 때문이다.

그러나 이러한 문제점의 지적은 자료를 충분하게 확보하지 못한 상태에서 이루어진 연구 결과에 바탕을 둔 것이다. 그러므로 앞으로 더 많은 자료를 보충하여 본 연구 성과를 검증할 필요가 있음을 지적해 둔다.

3.2 견조 신화의 연구

3.2.1 견조 신화

미시나 아키히데는 한국의 신화를 남방계 신화 요소와 대륙계 신화 요소로 양분하였다. 그리고 앞의 고찰에서는 난생 신화와 방주 표류 신화(方舟漂流神話)로 구분하여 다루었으나, 뒤의 고찰에서는 수조 신화만을 다루었다.

그러나 앞에서 이미 곰을 조상으로 받드는 웅조 신화가 한국에 있다는 것을 살펴보았다. 이 웅조 신화는 다행히 문헌에 기록되는 행운을 얻은 자료에 해당된다. 하지만 이렇게 문헌에 자리잡지 못한 채, 구전되고 있는 수조 신화(獸祖神話)의 하나로 개를 조상으로 받드는 견조 신화(犬祖神話)를 들 수 있다.

견조 신화가 문헌에 기록될 수 없었던 것은 그 나름의 충분한 원인이 있었다. 다시 말해 성리학(性理學)을 지배 이데올로기로 삼았던 조선 사회에서 개를 조상으로 받드는 시조 신화는 용납될 수가 없었을 것이다. 그 대신에 교린(交隣)의 대상이었던 오랑캐에 연루된 이야기로 구전되었을 가능성이 그만큼 커지지 않았는가 한다. 우선 이마니시 류(今西龍)가 1914년 함경북도 길주(吉州)에서 직접 조사한,

이 유형의 자료부터 소개하기로 한다.

　　　[자료 63]

　　옛날에 두만강 가의 한국 사람 마을에 한 처녀가 스무 살이 넘도록 시집을 가지 않고 있었다. 어느 날 강가에 빨래를 하러 갔는데, 강물에서 다섯 개의 불알을 가진, 큰 개가 나오는 바람에 그녀는 기절을 하고 말았다. 한참 있다가 정신을 차려 보니, 개는 그녀 옆에 죽어 있었다.

　　그녀는 이상한 인연이라고 생각하여 이 개를 모래에 잘 묻어 주고, 그 일을 입 밖에 내지 않았다. 10개월이 지나자, 아이가 태어났다. 그런데 그 머리털이 노란 것은 개와 같았다. 또 눈이 크고, 몸은 우람했다. 그녀는 개의 자식인 것을 알면서도, 그것을 숨기고 오랑자(五閭子)라는 이름을 지어주었다.

　　아이가 7, 8세가 되자, 어머니는 감추어 둘 수만은 없어, 살짝 그 사실을 이야기하였다. 그 아이는 아버지가 묻힌 강가로 가서, 개의 형상을 한 백골을 파냈다. 그는 이것을 가지고 명산(名山)을 찾아 사방을 돌아다니다가, 어떤 산의 연못에서 서기(瑞氣)가 비치는 것을 발견했다. 그 연못 가운데 조그만 섬이 있었는데, 정말로 훌륭한 명당 자리였다. 그는 이 섬으로 헤엄쳐 건너가 유골을 묻었다.

　　그 다음에 집으로 돌아와 어머니에게 이 사실을 알리고, 오랑캐(五閭犬)라는 이름을 붙인 뒤에 고향을 떠났다. 두만강이라는 큰 강을 건너 곡식이 잘 되는 곳으로 이사를 하였다. 그는 거기에서 아내를 얻어 살았는데, 자손이 번창하였다고 한다.

　　이 종족은 힘이 세었다. 그리하여 오랑캐는 옛날에 한국에서 서당의 아이들로부터 학대를 받았던 것을 복수하려고 몇 번이고 변경을 침범하였다.[79)

　이것은 함경도 일대에 전해지는 오랑캐(兀良哈)의 종족 기원 설화이다. 오랑캐란 올낭개(嗢娘改)라는 이름으로 요대(遼代)에 처음으로 사서(史書)에 나오지만,[80] 한국에서는 두만강 부근에 살던 여진족을 일컬었던 것 같다. 따라서 이 설화는 한국에 전해지는 오랑캐에 얽힌 견조 신화라고 해도 좋을 것이다.

　이 설화는 그 내용으로 보아, 다분히 민간어원적인 설명이 덧붙여진 듯한 인상을 받는다. 즉 오랑캐를 오낭견(五閬犬)이라는 한자로 표기한 데서 보듯이, 다섯 개의 불알을 가진 개라는 뜻으로 보았다. 이것은 함경도 주변에 살던 여진족 일파를 경멸하는 태도를 은연중에 드러내는 이야기임을 말해준다.

　그러므로 한국에 개를 조상으로 삼는 신화가 전해지고 있었는데, 이것을 그들 주변에 살던 오랑캐의 기원 설화로 이야기하기에 이르렀던 것이 아닌가 하는 추정을 할 수 있다. 다시 말해 이미 전해지고 있던 것을 여진족의 종족 기원 신화로 이야기함으로써, 이 설화를 오랑캐들을 멸시하는 데 이용하였을 가능성이 높다고 하겠다.

　그런데 이마니시 류(今西龍)는 위의 설화를 소개한 논문에서 이 유형에 속하는 또 다른 이야기를 하나 더 들고 있다. 그것은 용정(龍井)에 많이 살고 있던 한국 사람들 사이에서 조사되어 〈간도시보(間島時報)〉에 실렸던 것으로, 그 내용은 다음과 같다.

　　　［자료 64］

　옛날에 황제(黃帝) 헌원씨(軒轅氏)에게 아주 사랑하는 딸 하나가 있었다. 그 (딸에게 어울리는) 사위 감을 고르려고 새끼로 만든 큰

---

79) 今西龍 : 1915, 108-109쪽. 이 설화에 나오는 조선(朝鮮)이란 표현은 한국으로 바꾸었음을 밝혀 둔다.
80) 三品彰英 : 1971ⓐ, 417쪽.

북을 문 앞에다 걸어 두었다. 그런 뒤에 이 북을 쳐서 그 소리가 집 안에까지 들리게 만드는 사람이 있으면, 그를 사위로 삼겠다고 공고(公告)하였다.

어느 날 북소리가 들렸다. 나가보았더니 개가 그것을 치고 있었다. 더욱이 그것을 치는 개는 두 다리를 들어 치고 있었는데, 가죽으로 만든 북과 같은 소리를 내고 있었다. 그래서 그 딸을 개에게 주었다.

개는 여자를 데리고 가서 낮에는 개로 지냈으나, 밤에는 아름다운 청년으로 변해서 말하는 것이나 대하는 것이 사람과 조금도 다를 바 없었다. 어느 날 아내에게 "내일 밤에는 사람의 모습으로 바뀌기 위해 방안에서 문을 잠그고 있을 테니, 어떤 고통스러운 소리가 들리더라도 결코 방안을 엿보아서는 안 되오"라고 말했다.

이튿날 밤에 과연 방안에서 너무도 고통스러운 소리가 들렸다. 그러자 아내는 약속을 잊어버리고, 방안을 들여다보았다. (거기에는) 개가 털가죽을 벗고 거의 사람의 모습으로 바뀌고 있는 중이었는데, 얼마 되지 않는 머리의 털가죽만 남겨 놓고 있었다. 이것을 아내가 엿보았기 때문에, 더 이상 털가죽을 벗을 수 없게 되었다.

지금 만주 사람들은 이 자의 후손이어서, 머리에 장발을 남겨 표(標)를 한다는 것이다.[81]

이 이야기는 당시에 용정에 살던 한국 사람들 사이에 전승되던 만주족 시조 설화인데, 임석재(任晳宰)도 이와 비슷한 설화를 보고한 바 있으므로 그 내용을 소개하기로 한다.

---

81) 今西龍 : 1915, 110쪽.

[자료 65]

옛날에 황제(黃帝) 헌원씨(軒轅氏)에게 아름다운 딸이 있었다. (황제는 그 딸에게) 좋은 배필을 얻어주고 싶었다. 그래서 수백 자[尺]의 장대를 세우고, 그 위에 큰 북을 달아 두었다. 그리고는 그것을 울리게 하는 자에게 딸을 주겠다고 온 세상에 알렸다.

세상에 남자란 남자는 모두 와서 시험을 해 보았으나, 누구도 성공을 거두지 못했다. 그 가운데 개 한마리가 와서 뛰어올라 꼬리로 북을 치자, 그 북이 울렸다. 그러자 황제는 어쩔 수 없이 개를 사위로 삼을 수밖에 없었다.

개는 딸을 데리고 산 속으로 들어가 새끼를 많이 낳았다. 몇 년 뒤, 황제는 딸의 소식이 알고 싶어 산 속으로 들어가 보았다. 딸이 개의 새끼를 많이 낳았으므로, 불쌍하게 여겨 그들을 사람으로 변신시켜 주려고 했다.

그 때 황제는 딸에게 방에 들어가 있으면서, 밖에서 어떤 소리가 나더라도 내다보아서는 안 된다고 단단하게 일러두었다. 딸은 부왕(父王)의 명령대로 방안에서 꼼짝 않고 기다리고 있었다. 하지만 한참 있다니까 벼락이 떨어지는 듯한 큰 소리가 들렸기 때문에, 놀라서 문을 열고 내다보았다. 개의 새끼들은 사람의 모습으로 변하는 중이었는데, 머리 꼭대기만은 아직 변하지 않고 있었다. 그렇지만 딸이 엿본 탓으로 긴 털이 머리에 남고 말았다. 이렇게 개에서 변한 사람들은 만주족의 조상이어서, 지금도 머리에 남겨둔 장발은 그 흔적을 나타내는 것이라고 한다.[82]

이것은 임석재가 1930년에 발간된 《조선 민속(朝鮮民俗)》 3호에

---

82) 任晳宰 : 1930, 55쪽.

실은 것으로, 어디에서 조사되었는가는 뚜렷하게 밝혀져 있지 않다. 하지만 앞에서 소개한 [자료 64]와 크게 다르지 않은 것으로 보아, 당시에 이와 비슷한 이야기들이 전승되었음은 틀림없는 것 같다.

이같은 설화는 [자료 64]와 마찬가지로 중국의 문헌에 기록으로 남아 있는 반호 신화(盤瓠神話)와 매우 비슷한 내용으로 되어 있다. 그렇지만 앞의 것이 만주족의 기원 신화로 서술되고 있다는 점에서, 중국의 반호 신화와 구별된다고 하겠다.

그런데 이러한 견조 설화는 만주와 인접한 지역에서만 조사되는 것이 아니라, 경기도 일대에서도 나오고 있다. 그래서 조희웅(曹喜雄)이 채록한 자료를 소개하기로 한다.

[자료 66]

옛날에 중국에 어떤 주점(酒店)이 있었다. 그 집의 과부는 개를 한 마리 기르고 있었다. 그런데 과부가 그 개와 상종하여 자식을 하나 낳았다. 그 아이는 해변에 나가면 물 속에 들어가 놀기를 좋아하였다. 마침내 그는 물 속에서 한 시간이나 참는 재주를 배우게 되었다.

그런데 과부가 집을 비운 사이에, 마을 사람들이 그 개를 잡아먹고는 뼈를 마당에 흩뿌려 놓았다. 그녀가 집에 돌아와서 그 광경을 보고, 뼈들을 주워 모아 굴뚝 밑에 매달아 두었다.

그 때 어떤 사람이, 자손이 용상(龍床)에 앉을 묘 자리를 구하러 다니다가 이곳에까지 오게 되었다. 이곳의 물속에는 미륵이 있었다. 그는 가지고 온 부친의 뼈를 이 미륵의 바른쪽 귀에다 걸어 두면 바라던 바를 이룰 수 있다는 것을 알았다. 그리하여 이 일을 개의 아들에게 맡겼다.

개의 아들은 제 아버지인 개의 뼈 주머니를 미륵의 바른쪽 귀에 걸고, 일을 시킨 사람의 아버지 뼈 주머니는 왼쪽 귀에 걸었다. 그리하여 그는 천자(天子)가 되었으므로, 중국 사람들은 오랑캐라고 하면 개의 자손이라고 해서 아주 질색을 하게 되었다.[83]

위에서 제시한 네 개의 견조 설화는 모두가 한국 사람들 사이에서 전해지는 것이다. 또 그 내용은 두만강 부근에 살고 있던 여진족의 일파인 오랑캐의 기원에 관한 것이다.

이같은 사실은 한국에도 개에 얽힌 수조 신화가 전승되고 있는데, 개를 조상으로 하는 집단은 한국의 어떤 집단이나 성씨가 아니라 오랑캐였음을 알 수 있다. 그리고 이것은 한국에 곰을 조상으로 받드는 신화를 가진 집단이나 종족은 있었으나, 개를 조상으로 하는 집단이나 종족은 없었음을 나타낸다.

이처럼 개를 조상으로 하는 설화가 전해지면서도, 그것이 한국보다 문화 수준이 낮으면서 자주 변방을 침범해 왔던 오랑캐의 기원 설화로 전승되었다는 것은 한국 사회의 문화가 상당히 발달되고 난 다음의 변화였을 것으로 보인다. 왜냐하면 개를 조상으로 한다는 것은 이미 발달된 문화를 누리던 한국 사회에서 받아들이기 어려웠을 것으로 여겨지기 때문이다.

이로 미루어 보아, 한국에 수조 신화가 전승되지 않는 까닭을 한국이 농경을 주로 하던 사회였다는 데서 찾던 미시나 아키히데의 견해는 수정되어야 할 것이다. 또 문화의 정태적인 특성을 농경 문화 탓으로 돌리는 재래의 한국 문화론도 재고되어야 마땅하다.

3.2.2 문화사적 의의와 그 원류

위에서 살펴본 것처럼, 한국에도 개를 조상으로 하는 수조 신화가 전해지고 있다. 따라서 이런 설화들이 어디로부터 어떤 문화와 함께

---

83) 조희웅 : 1981, 739-742쪽.

들어왔는지도 당연히 밝혀져야 한다.

우선 견조 신화로 널리 알려진 것으로는 중국의 반호 신화(盤瓠神話)가 있다. 그래서 그 내용부터 알아보기로 하겠다.

[자료 67]

옛날에 고신씨(高辛氏) 때, 방왕(房王)이 반란을 일으켜 나라의 존망(存亡)이 걸린 사태에 처하게 되었다. 고신 왕은 천하에 힘 자랑을 하는 사람들을 모아서, "방왕의 머리를 자를 수가 있는 자에게는 상금으로 황금 일천 금(金)을 주는 것과 함께 미녀를 주겠다"고 말했다. 하지만 군신(君臣)들은 방왕의 장병들이 용감한 것을 목격했기 때문에, 방왕을 잡아오는 것은 지극히 어렵다고 생각하였다.

고신 왕은 개를 한 마리 기르고 있었다. 반호(盤瓠)라고 했고 오색을 띠었으며, 언제나 고신 왕과 행동을 같이 하고 있었다. 어느 날 반호의 모습이 보이지 않게 되어, 사흘 동안이나 찾아 헤맸다. 그렇지만 행방을 알 수가 없어, 고신 왕은 대단히 이상하게 생각했다.

(그 사이에) 놀랍게도 반호는 방왕에게 가 있었던 것이다. 방왕은 반호가 자기에게 도망쳐 온 것을 보고 대단히 기뻐하며, 측근의 신료(臣僚)들에게 "고신씨는 곧 망할 것이다. 놈의 개까지도 그를 포기하고 내게 왔다. 그러니 내 소원은 반드시 이루어질 것이다"고 말했다. 그리고 큰 잔치를 베풀어, 반호가 온 것을 축하하였다. 그 날 밤에 방왕이 술에 취해 잠에 떨어지자, 반호는 방왕의 머리를 물어뜯어 가지고 되돌아 왔다.

고신 왕은 반호가 방왕의 머리를 물고 있는 것을 보고, 고기 덩어리들을 많이 주었다. 그러나 반호는 전혀 먹으려고 하지 않았다. 그렇게 하루가 지나갔으므로, 고신 왕이 반호를 불렀으나 반호는 꼼짝도 하지 않았다. 고신 왕이 "어째서 마시지도 않고 먹지도 않으며,

불러도 오지 않는 것인가? 설마 네게 상금을 주지 않는 것을 원망하고 있는 것은 아니겠지? 처음에 약속한 상금을 주면 좋겠는가?"라고 말하자, 반호는 기쁜 듯이 뛰어 일어났다. 고신 왕은 반호를 회계후(會稽侯)로 봉하고, 다섯 사람의 미녀를 하사하였다. 그리고 회계군〔會稽郡 : 현재 절강성(浙江省) 소흥시(紹興市)를 중심으로 하는 지역〕의 1천 호(戶)를 내렸다.

그 뒤에 반호는 아들 셋과 딸 여섯을 낳았다. 사내아이는 태어나면서 사람의 모습을 하고 있었지만, 개의 꼬리를 가지고 있었다. 그 자손들은 번성하자 견융국(犬戎國)이라고 불렀다고 한다.[84]

이 자료는 명대(明代)에 정영(程榮)이 편찬한 《한위총서(漢魏叢書)》에 기록된, 동진대(東晉代)의 간보(干寶)가 지었다고 하는 《수신기(搜神記)》 권3 반호(盤瓠) 조에 실린 것이다. 그런데 이것은 20권으로 전해지는, 같은 《수신기》의 권14 반호 자손(盤瓠子孫) 조에 남아 있는 자료의 내용과는 얼마간의 차이를 보여주고 있다.[85] 하지만 줄거리는 크게 다르지 않으므로, 원가(袁珂)의 《중국 신화 전설 대사전》에 있는 것을 고찰의 대상에 넣었다. 이같은 자료는 당시에 절강성(浙江省) 일대에 전해지던 견조 신화라는 것을 알 수 있다.

그런데 이보다 먼저 기록된 문헌으로 범엽(范曄)이 찬술한 《후한서(後漢書)》 남만 서남이전(南蠻西南夷傳)에 전해지는 다음과 같은 견조 신화가 있다.

---

84) 袁珂, 鈴木博 譯 : 1999, 565-566쪽.
85) 干寶, 黃鈞 注譯 : 1996, 482-485쪽.

[자료 67]

　옛날 고신씨(高辛氏 : 제곡(帝嚳)을 가리킴) 시대에 견융(犬戎)의 침입이 있었다. 황제는 그 침탈이 흉포함을 걱정하여 견융을 정벌하였으나 이기지 못했다. 이에 천하에 공고하기를, "능히 견융의 장수인 오 장군(吳將軍)의 머리를 가져오는 자에게는 황금 천 일(鎰)과 만가(萬家)의 읍(邑)을 내리고, 딸을 아내로 삼게 하겠다"고 하였다.

　이때 황제가 개를 기르고 있었는데, 그 털이 오색을 띠었으며 이름을 반호(盤瓠)라고 했다. 명령을 내린 다음에 반호가 마침내 사람의 머리를 물고 와서 궐 아래 이르렀다. 군신들이 이상하게 생각하여 살펴보니, 오 장군의 머리였다.

　황제는 크게 기뻐하였다. 그렇지만 반호에게 딸을 아내로 줄 수도 없었고, 벼슬을 봉하는 길도 없었으며, 의논하여 보답하려고 했으나, 마땅한 방법을 찾지 못하였다. 이것을 들은 딸이 "황제가 명령을 내리고는 약속을 어길 수가 없으므로, 그대로 행하기를 청합니다"고 말했다.

　황제는 부득이 딸로 하여금 반호의 배필이 되게 하였다. 반호는 공주를 얻자, 등에다 태우고 남산(南山)으로 달려 들어가 돌로 된 굴 안에서 멈추었다. 거처하는 곳이 험하고 가팔라서 사람의 발자취가 이르지 못했다.

　이에 공주도 입고 있던 옷을 벗어버리고, 복염(僕鹽)의 띠를 하였으며, 독력(獨力)이라는 옷을 입었다. 황제가 불쌍하게 여겨, 사신을 보내 찾아 보았지만, 갑자기 비바람과 먼지〔震晦〕 따위를 만나 사자(使者)가 나아가지 못하였다.

　3년이 지나면서 아이를 열둘을 낳았는데, 아들과 딸이 여섯씩이었다. 반호가 죽은 다음에, 이 아이들은 서로 부부가 되었다. 그들은 나무껍질을 짜서 옷을 만들고, 나무 열매로 물감을 들였으며, 오색의 의복을 좋아하였고, 옷을 마르는 데는 다 꼬리 모양이 있었다.

어머니는 그 뒤에 (궁궐로) 돌아와, 황제에게 그 동안의 사정을 다 말했으므로 사신을 보내어 아이들을 궁중으로 맞아 들였다. (아이들의) 옷은 화려했고 만이(蠻夷)의 말만 하였으며, 산 구렁에 들어가기를 좋아하고 평야에 있기를 좋아하지 않았다. 황제도 그 뜻을 알고, 명산(名山)과 광택(廣澤)을 하사하였다.

그 뒤에 이 자손들이 불어나 만이(蠻夷)라는 이름을 붙였다. 그들은 겉모습은 어리석은 듯하지만 내심은 약았으며, 땅을 잘 다스리고 옛날의 관습을 존중하는 풍습이 있었다. 그들의 아버지 반호는 공로자였고 어머니는 황제의 딸이었으므로, 농사를 짓고 장사를 해도 관문(關門)이나 교량을 통과하거나 병부(兵符)나 역말〔驛遞〕의 조세 일체가 면제되었다. 촌락에는 군장이 있어, 모두 표장(標章)을 받았으며, 그 관에는 수달의 가죽을 사용하였다. 거수(渠帥)를 일러 정부(精夫)라 불렀고, 동지들끼리 앙도(姎徒)라고 불렀다. 지금 장사(長沙)의 무릉만(武陵蠻)이라고 하는 것이 이들이다.[86]

이것이 남만 서남이전의 기록으로 남아 있다는 것은 이 이야기가 이들 민족이 가지고 있었다는 것을 말해주는 증거일지도 모른다. 그

---

86) "昔高辛氏有犬戎之寇, 帝患其侵暴, 而征伐不剋. 乃訪募天下 有能得犬戎之將吳將軍頭者, 購黃金千鎰, 邑萬家 又妻以少女. 時帝有畜狗,其毛五釆 ,名曰槃瓠. 下令之後, 槃瓠遂銜人頭造闕下臣怪而診之 乃吳將軍有也. 帝大喜 而計槃瓠不可妻之以女 又無封爵之道 ,議欲有報而未知所宜. 女聞之 以爲帝皇下令 不可違信 因請行. 帝不得已 乃以女配槃瓠. 槃瓠得女 ,負而走入南山 止石室中. 所處險絶 人跡不至. 於是女解去衣裳 爲僕鑒之結 著獨力之衣. 帝悲思之 遣使尋求 輒遇風 雨震晦, 使者不得進. 經三年 生子一十二人 六男六女. 槃瓠死後 因自相夫妻. 織績木皮 染以草實好五色衣服 製裁皆有尾形. 其母後歸 以狀白帝 於是使迎致諸子. 衣裳班蘭 語言侏離 好入山壑不樂平曠. 帝順其意 賜以名山廣澤. 其後滋蔓 號曰蠻夷. 外癡內黠 安土重舊. 以先父有功 母帝之女 田作賈販 無關梁符傳 租稅之賦. 有邑君長 皆賜印綬. 名渠帥曰精夫 相呼爲姎徒. 今長沙武陵蠻是也" 范曄 : 1975, 2829~2830쪽.

리고 이 기록에는 "오색의 의복을 좋아하고, 옷을 만들고 마르는 데
는 다 꼬리 모양[尾形]이 있다"고 하였다. 또 《수신기(搜神記)》에는
반호계(盤瓠系)의 종족에 관해, "지금의 양한·파촉·무릉·장사·
여강군의 오랑캐들이 이들이다. (중략) 세상에서 허벅지를 드러내고
치마를 허리에 두른 것은 반호의 자손이라고 이른다(今則梁漢·巴
蜀·武陵·長沙·廬江郡夷是也. (中略) 世稱 赤髀橫裙 盤瓠子孫)"[87]
라고 하여, 민족지적인 특징을 적은 바 있다. 이같은 복식 상의 특징
은 오늘날 인도차이나Indochina와 미얀마에 사는 여러 종족의 그것
과 일치한다고 하여, 견조 신화가 남방 문화와 밀접한 관련이 있는
것으로 보는 학자도 있다.

그러나 중국의 학자 양관(楊寬)은 다음과 같은 이유로 이것을 남
방 민족의 이야기가 아니라, 북방의 이적(夷狄) 민족의 이야기라고
하였다.[88]

1. 반호가 개이기 때문에, 그 자손은 개와 관계가 깊은 민족이지
않으면 안 된다. 그런데 묘(苗)·요(猺)·여(畬) 등의 여러 민족은 남
만(南蠻)에 속하고, 개와 관계가 있다고는 여겨지지 않는다.

2. 고대에 개와 가장 밀접하게 관계하던 것은, 이른바 견융(犬戎)
인 북방의 민족이다. 실제로 《수신기》에는 분명하게 반호의 자손은
견융이라고 하고 있다.

3. 이로 미루어 본다면, 《후한서》 남만전에서 남만을 반호의 자손
이라고 한 것은 잘못된 전승이다. 또 오늘날 묘·요·여 따위의 남
만 민족이 스스로 반호의 자손이라고 자처(自處)하고 있는 것은 이
《후한서》의 오전(誤傳)을 믿은 결과일 따름이다.

---

87) 干寶, 黃鈞 注譯 : 1996, 483쪽.
88) 森三樹三郎 : 1969, 132-133쪽에서 재인용.

이같은 양관의 주장은, 고대 중국 사회에서 개와 가장 관계가 깊은 것은 견융이라는 데 바탕을 두고 있다. 이런 견융족은 본디 티베트족에 속하는 민족으로, 감숙성(甘肅省) 부근이 그 근거지였다. 이곳은 주(周) 나라의 수도에 가까웠으므로, 견융족은 자주 수도를 침입하여 한민족(漢民族)을 괴롭혔다. 반호 신화가 견융의 침입에서 비롯된 까닭도, 이러한 역사적 사실에 바탕을 두고 있기 때문인 것 같다. 그리고 그 이름이 견융이라고 불린 것은 예부터 몽고 지역이 명견(名犬)의 산지로 알려졌기 때문일 것이다. 본디 북적(北狄)에 속하는 여러 민족에는 짐승 종류를 나타내는 이름을 붙인 경우가 많은데, 이것은 '적(狄)'이라고 하는 글자 그 자체가 견변(犬邊)인 것을 보아도 알 수 있다.[89]

이렇게 볼 때 양관의 견조 신화 북방 기원설은 어느 정도 타당성이 있다고 하겠다. 실제로 만주족(滿洲族)을 비롯하여 몽고족(蒙古族), 부리야트족 사이에서도 개를 조상으로 하는 이야기가 전해지고 있으며, 앞에서 살펴본 것처럼 한국에도 이 유형의 이야기가 전승되고 있기 때문이다.

또 이처럼 개를 조상으로 받드는 신화를 가진 집단은 개를 사육하거나 사냥에 개를 이용하였을 것이다. 그러므로 이들은 수렵이나 유목 문화를 가졌을 것으로 상정해도 크게 잘못은 없지 않을까 한다.

---

89) 같은 책 : 1969, 133쪽.

4. 난생 신화의 연구

4.1 난생 신화

한국의 난생 신화(卵生神話)로는 고주몽 신화와 박혁거세 신화, 수로 신화, 석탈해 신화 등이 전해지고 있다. 이 자료들 가운데서 앞의 네 자료는 알의 출처가 하늘과 연계되어 있어, 그 출계(出系)를 밝히는 데 어려움이 뒤따른다. 이와 달리 석탈해 신화에서는 이 자료가 실린 《삼국사기》와 《삼국유사》에 다 같이 그의 집단이 출발한 곳을 명기하고 있어, 그 계통의 재구가 어느 정도 가능한 것 같다. 그래서 이 신화가 어떤 문화와 함께 어디로부터 한국에 들어오게 되었는가 하는 문제를 살펴봄으로써 난생 신화가 가지는 원류 문제의 일단을 해결하고자 한다.

두루 알다시피 석탈해 신화는 《삼국사기》 권1 신라 본기 탈해 이사금(尼師今) 조와 《삼국유사》 권1 기이편(紀異編) 탈해왕 조에 전해지고 있다. 이들 두 자료는 그 내용에서 그다지 큰 차이를 보이지 않고 있어, 본 연구에서는 《삼국유사》를 자료로 이용하기로 한다.

［자료 68］

(1) 남해왕 때 — 옛 책에 임인년에 왔다고 한 것은 잘못이다. 가까운 일이라면 노례왕의 즉위 초년보다 뒤의 일인데 (그 때는) 양위를 다툰 적이 없었고, 먼저 일이라면 혁거세왕 때의 일이므로 임인년이 아니란 것을 알 수 있다 — 에 가락국의 바다에 배가 와서 닿았다. 그 나라의 수로왕이 신하와 백성들과 함께 북을 치고 떠들면서 맞아들여 머물러 두고자 했다. 그러나 배는 빨리 달아나 계림의 동쪽 하

서지촌 아진포 — 지금도 하서지란 촌 이름이 있다 — 에 이르렀다.

(2) ㉠ <u>그 때 갯가에 한 늙은 할멈이 있어 이름을 아진의선이라고</u>
<u>했는데, 그녀는 혁거세왕 때 바다에서 고기잡이를 하는 사람의 어머</u>
<u>니였다.</u> (그녀가) 배를 바라보고 "이 바다 가운데는 본디 바위가 없
는데 어찌된 까닭인지 까치가 모여들어 울까?"라면서, 배를 끌어당
겨 (무엇이 있는가를) 찾아보았다. 까치가 배 위에 모여들고 그 배
안에는 궤가 하나 있었다. 길이가 20자나 되고 넓이가 13자나 되었
다. 그 배를 끌어다가 어떤 나무 숲 아래에 두고 흉한 것인가 길한
것인가를 알지 못하여 하늘을 향해 맹세를 하였다. 조금 있다가 궤
를 열어 보니 단정한 사내아이가 들어 있고, 아울러서 일곱 가지의
보물과 노비 등이 그 속에 가득 실려 있어, 그들을 7일 동안이나 대
접하였다.

(3) 이에 사내아이는 "나는 본디 용성국 — 또는 정명국 또는 완하
국이라고도 하는데, 완하는 화안국이라고도 한다. ㉡ <u>용성은 왜국의</u>
<u>동북 1천리에 있다</u> — 사람이오. 우리나라에는 일찍이 28용왕이 있
었소. 모두 사람의 태에서 났으며, 대여섯 살 때부터 왕위에 올라 만
민을 가르쳐 성명을 바르게 했소. 팔품의 성골이 있었으나 선택하는
일이 없이 모두 왕위에 올랐소. 그 때 우리 부왕 함달파가 적녀국의
왕녀를 맞아서 왕비로 삼았는데, 오래도록 아들이 없으므로 기도하
여 아들을 구했더니, 7년 뒤에 알 한 개를 낳았소. 이에 대왕이 여러
신하를 모아 묻기를 '사람으로서 알을 낳은 일은 고금에 없는 일이
니 아마 좋은 일은 아닐 것이다'고 하시면서, 이에 궤를 만들어 나를
그 속에 넣고, 일곱 가지 보물과 종들까지 배 안에 실어 바다에 띄
우면서, ㉢ <u>'인연이 있는 곳에 네 마음대로 닿아 나라를 세우고 가문</u>
<u>을 만들라'고 축원했소. 문득 적룡이 나타나 배를 호위하여 이곳으로</u>
<u>왔소"라고 하였다.</u>

(4) 말을 마치자, 그 사내아이는 지팡이를 끌며 두 종을 데리고 토

함산 위에 올라가 돌무덤을 만들고 7일 동안 머물면서 성안에 살 만
한 곳이 있는가를 찾아보았다. 마치 초생달처럼 생긴 산봉우리 하나
가 보이는데, 가히 오래도록 살 만하였다. 이에 내려가 알아보았더
니 곧 호공의 집이었다. ㉣ (그는) 곧 꾀를 써서 남몰래 그 집 옆에
숫돌과 숯을 묻고는 이튿날 아침에 그 문 앞에 가서, "이곳은 우리
조상 대대로 살던 집이다"라고 하였다. (그러자) 호공은 그렇지 않다
고 하여 시비를 따지다가 결판을 못 내고, 필경은 관가에 고발을 하
였다. 관리가 말하기를, "무슨 증거로 이것을 네 집이라고 하느냐?"
고 하니, 그 아이가 "우리 조상은 본디 대장장이인데 잠시 이웃 지방
으로 나간 사이에 다른 사람이 빼앗아 여기에 살았습니다. 땅을 파서
조사해 주십시오"라고 하였다. 그 말대로 (땅을 파) 보았더니, 과연
숫돌과 숯이 나왔다. 이리하여 그 집을 빼앗아 살게 되었다.[90]

이상과 같은 석탈해 신화는 ㉢의 내용으로 보아, 이것이 본디 부
족 국가의 성립에 연루되어 전승되던 이야기였던 것이, 신라가 부족

---

[90] "南解王時−古本云壬寅年至者謬矣 近則後於努禮卽位之初 無爭讓之事 前則在於赫
居之世 故知壬寅非也−駕洛國海中有船來泊 其國首露王 與臣民鼓譟而迎 將欲留之
而舡乃飛走 至於雞林東下西知村阿珍浦−今有上西知 下西知村名−時浦邊有一嫗 名
阿珍義先 乃赫居王之海尺之母 望之請曰 此海中元無石嵓 何因鵲集而鳴 拏舡尋之
鵲集一舡上 舡中有一櫃子 長二十尺 廣十三尺 曳其船 置於一樹林下 而未知凶乎吉
乎 向天而誓爾 俄而乃開見 有端正男子 幷七寶奴婢滿載其中 供給七日 迺言曰 我
本龍城國人−亦云正明國 或云玩夏國 玩夏或作花廈國 龍城在倭東北一千里−我國嘗
有二十八龍王 從人胎而生 自五歲六歲繼登王位 敎萬民修正性命 而有八品性骨 然
無揀擇 皆登大位 時我父王含達婆 婚積女國王女爲妃 久無子胤 禱祀求息 七年後
産一大卵 於時大王會問群臣 人而生卵 古今未有 殆非吉祥 乃造櫃置我 幷七寶奴婢
載於舡中 浮海而祝曰 任到有緣之地 立國成家 便有赤龍 護舡而至此矣 言訖 其童
子曳丈率二奴 登吐含山 作石塚 留七日 望城中可居之地 見一峰如三日月 勢可久之
地 乃下尋之 卽瓠公宅也 乃設詭計 潛埋礪炭於其側 詰朝至門云 此是吾祖代家屋
瓠公云否 爭訟不決 乃告于官 官曰 以何驗汝家 童曰 我本冶匠作出隣鄕而人取居之
請掘地撿看 從之 果得礪炭 乃取而居焉" 최남선 편 : 1946, 47쪽.

연맹의 형태로 통합되면서 그 건국 신화의 일부로 편입되었음을 알 수 있다.

이러한 이 자료에 대해 미시나 아키히데는 "신라의 탈해왕 신화는 불교 설화가 민족 고유의 난생 관념에 이끌려 채택된 것이라고 생각하고 싶다. 물론 불교 설화에서 차용했다 하더라도, 그것을 채택할 소지로서 이미 민족적인 시조 난생 관념이 앞서 있었던 것이다. (좀더) 자세하게 말한다면 그들 스스로가 가지고 있던 시조 신화를, 불교 설화를 빌려서 자연스럽게 성장시켰던 것이라고 해야만 할 것이다"91)라는 견해를 제시하였다.

여기에서 그가 지적하고 있는 불교 설화의 내용을 간단히 소개한다면 다음과 같다.

[자료 69]

왕비[반차라국(般遮羅國)의 왕비 — 인용자 주]가 오 백 개의 알을 낳고 부끄러워하면서 (이것이) 재변(災變)이 될까 두려워하여, (그것들을) 조그마한 함에 넣어 긍가하(殑伽河)에 버렸더니 강을 따라 떠내려갔다. 이웃 나라의 왕이 있다가 (그) 강물을 보고, 사람을 보내어 가져오게 하였다. 그랬더니 (그가) 알들을 보고 (그것을) 가지고 돌아왔다. 며칠이 지나서 열어 보니, 저마다 하나씩 아이가 나왔는데, 자라나면서 대단히 용감하여 가는 곳마다 모두 복종하였다.92)

이 자료는 그 내용이 석탈해 신화의 그것과 매우 비슷하다. 이런 점에서 석탈해 신화가 불교 설화의 영향을 받았다는 미시나의 추정

---

91) 三品彰英 : 1971ⓐ, 381쪽.
92) 같은 책, 339-340쪽에서 재인용.

은 타당성이 있는 듯하다. 그렇지만 그가 선재(先在)했다고 주장하는, 민족적인 시조의 난생 관념의 형성에 관한 추론에는 문제가 있음을 지적하지 않을 수 없다. 그는 52개의 난생 신화 자료들을 가지고 '하강형(下降型)'과 '조란형(鳥卵型)', '화생형(化生型)', '인태적 출산형(人態的出産型)' 등 네 가지로 나눈 뒤에, 고주몽 신화와 석탈해 신화가 귀속되는 인태적 출산형의 난생 신화에 관해 다음과 같은 견해를 제시했다.

인태적 출산형의 난생 신화는 두 가지 점에서, 즉 그것이 인도네시아를 중심으로 하는 해양 방면과 중국 대륙과 접촉하는 경역(境域)에서 발견된다고 하는 분포상의 특징과, 한편으로는 이것이 적지 않게 진보된 신화적 관념을 지닌 채 이야기되고 있다고 하는 내용상의 특징 등 두 가지 점에서, 강하·조란·화생의 세 유형들과는 아주 다른 양상을 보이고 있다. 시조 난생 신화가 중국 대륙의 내부에는 하나도 없고, 앞에서 본 것과 같은 분포상의 특징(주로 남방의 자료들을 소개한 것을 가리킴 ― 인용자 주)을 가지고 있는 것은, 내용적인 특징과 함께 이 종류의 신화의 요소와 구상이 인도네시아계와 대륙계 사이의 접촉과 결합으로 이루어졌다고 예견하게 한다. 원칙적으로 말한다면, (이것은) 인도네시아적인 요소이다. 더구나 그 속에 진보된 구상에서 이야기되고 있는 부분도 인도네시아적 요소 자체의 발전된 모습이라고 여겨진다. 그리고 별개의 새로운 요소가 첨가되어 있다면, 그 부분에 관해서는 대륙계의 영향에 따른 결과라고 생각해도 크게 잘못은 없다.[93]

한국 난생 신화의 남방 기원설을 펴기 위한, 미시나 아키히데의

---

93) 같은 책, 369-370쪽.

이같은 추론이, 남부 지방의 한족(韓族)이 남방의 해양 문화와 밀접한 관계가 있음을 강조하려는 저의에서 마련되었다는 것은 두말할 나위 없다.

그러나 그의 가설은 첫째 [자료 68]에서 ㉡의 내용을 무시하였고,[94] 둘째로 서구 열강의 제국주의자들이 식민지를 개척하면서 조사한 남방의 자료들만을 이용하였으며, 셋째로 일제의 분할 통치라는 식민지 지배 정책에 따라 미리 설정한 틀, 곧 한국의 남쪽과 북쪽을 문화적·민족적으로 구별하겠다는 뜻에서 연구되었다고 하는 문제점이 있음을 짚고 넘어가지 않을 수 없다.

사실 석탈해의 출계를 밝히는 데는 [자료 68]의 ㉡부분이 그 해결의 실마리를 제공한다고 볼 수 있다. 이렇게 말하는 까닭은 석탈해 신화가 전해지는 《삼국유사》에는 말할 것도 없고, 《삼국사기》에도 "탈해는 본디 다파나국의 출생인데 그 나라는 왜국의 동북 1천리에 있다"[95]고 되어 있기 때문이다. 정사(正史)에도 이렇게 씌어 있다는 것은 이 기록이 신화적인 허구가 아니라, 어떤 사실(史實)을 반영한다고도 볼 수 있기 때문이다.

---

94) 三品彰英은 처음에는 "왜국의 동북 1천리라고 하는 곳은 분명히 동해 가운데 있어야 하고, 또 그것이 용성국이라고 하는 다른 이름을 가지고 있으며(그는 《삼국사기》에 실린 석탈해 신화의 자료를 살펴보았으므로 이렇게 표현하였다 — 인용자 주), 일찍이 28용왕이 있었다고 한다면, 그 나라는 동해 용왕국이라고 하는 신화적 관념에서 나왔다고 보는 것이 타당할 것이다"고 하였다. 그러나 그 뒤에는 "《사(삼국사기)》에서는 《유(삼국유사)》의 용성국이 다파나국으로 바뀌어 있다. 다파나국의 이름은 《위지(魏志)》 세종기(世宗紀) 영평(永平) 원년 3월 기해 조에 서역의 우전(于闐)과 함께 보인다. 아마 서역의 한 소국이었을 것이다. 그러므로 여기에 보이는 다파나국은 지리적으로는 전혀 맞지 않지만, 용성국의 함달파왕이 서역의 악신(樂神) 건달파(乾達婆) 신앙에서 비롯되는 것으로 여겨지기에 불경에 따른 문화 전파의 경로에서 말한다면, 용성국과 다파나국과의 일치를 인정하여도 좋지 않을까" 하여 서역 지방으로 보았다. 三品彰英 : 1971ⓐ, 328쪽 및 1973, 490-491쪽.

95) "脫解 本多婆那國所生也 其國在倭國東北一千里" 김부식 : 1982, 6쪽.

　그렇다면 이것을 어떻게 해석해야 할까 하는 문제가 제기된다. 여기에서 왜국[96]의 동북이란 것은 방위를 가리키고, 1천 리라는 것은 구체적인 거리가 아니라 아주 먼 거리를 나타낸다고 볼 수 있다.[97] 만약 이런 해석이 가능하다면, 이곳은 캄챠카 반도가 있는 동북 시베리아 일대에 해당된다.

　그런데 현재 이 부근에 살고 있는 고아시아족 Paleo-Asiatics 계통의 코리약 Koryak 족이 난생 신화를 가지고 있다는 것은 많은 점을 시사한다.

[자료 70]

　큅킨나쿠(Quipkinna'qu : 까마귀의 일종)는 버드나무 껍질을 모으려고 밖에 나갔고, 그의 아내 미티 Miti는 집안에서 강아지들에게 먹이를 주느라고 바빴다. 큅킨나쿠가 없는 사이에 박-딤틸란(Vak'-thimtilan : 까치 사람)이 개집에 와서 강아지들과 함께 먹이를 먹었다. 그러면서 (그는) 미티의 얼굴을 귀엽다는 듯이 부리로 콕콕 쪼아댔다.

　큅킨나쿠는 집에 돌아와서, 즉시 코가 어떻게 해서 (그렇게 되었느냐)고 물었다. 아내가 개집의 뾰족하게 튀어나온 곳에 스쳐서 벗겨졌다고 하자, 큅킨나쿠는 개집의 튀어나온 곳을 모두 잘라냈다. 이튿날 큅킨나쿠가 다시 버드나무 껍질을 구하러 나가고 없는 사이에 박-딤틸란이 다시 찾아왔다. 이때 미티는 박-딤틸란을 집으로

---

96) 왜(倭)의 문제는 상당히 복잡한 양상을 띠고 있다. 왜냐하면 《삼국사기》 신라 본기에 등장하는 왜를 오늘의 일본열도라고 상정하는 데는 무리가 있다. 그렇다고 한국의 남해안과 일본의 큐우슈(九州) 일대로 보려는 일본 학자들의 견해를 그대로 받아들이는 것도 문제가 있기 때문이다. 따라서 이 문제는 앞으로 학제간 연구를 통해 좀더 면밀하게 살펴보아야 할 것이다.

97) 한글학회 : 1992, 4058쪽.

끌어들였다. 그리고 그들은 정사(情事)를 시작했다. 하지만 쿱킨나쿠가 갑자기 돌아오는 바람에 그들의 정사는 중단되었다. 쿱킨나쿠는 바깥에서 버드나무 껍질을 가지러 나오라고 소리쳤지만, 미티는 나무껍질을 밟는 데 바쁘다고 외쳤다. 쿱킨나쿠가 다시 한번 외치자, 이번에는 튼튼한 껍질 끈을 사용하여 버드나무 껍질을 집안으로 끌어들였다.

이상한 생각이 든 쿱킨나쿠는 집안으로 들어가 불을 지폈다. 그리고는 굴뚝을 막아서, 연기가 침실로 가득 들어가게 하였다. 박-딤틸란은 숨을 헐떡거리면서 침실에서 나와 겨우 도망을 쳤다. 그러나 미티는 박-딤틸란의 아이를 배었다. 이윽고 미티가 두 개의 알을 낳았는데, 거기에서 사람과 같은 어린아이가 태어났다.

세월이 지난 어느 날, 모두가 잡아온 물고기들을 저장하려고 바쁘게 일하는 사이에 쌍둥이 가운데 한 아이가 미티에게 배가 고프다며 칭얼거렸다. 쿱킨나쿠가 쌍둥이들에게 저마다 훈제(薰製) 연어를 통째로 주었다. 그래도 이들은 여전히 만족하지 않았다. 쿱킨나쿠는 "저들은 까치의 도둑 자식들이기 때문에 거의 놀라지도 않는다"고 했지만, 아이들은 단지 울기만 할 뿐이었다. 그러자 미티는 그들을 초지(草地) 여행용 가방에 넣어 박-딤틸란의 집으로 데리고 갔다. 미티는 그들을 마루에 집어던지고는 아이들 아버지와 함께 살기로 하였다.

쿱킨나쿠는 외로워지면 미티를 찾아가서 음식을 얻어 먹고는 집으로 돌아갔다.[98]

이 자료는 미국 자연사 박물관의 후원 아래, 스웨덴의 민족학자 발드마르J. Waldemar가 1900년 제섭Jesup 북태평양 조사 때 캄챠카

---

98) J. Michael : 1993, 9-10쪽.

반도의 카멘즈코이Kamenskoy라는 해변 마을에서 조사한 것으로,
이야기의 후반부가 상당한 혼란을 보이고 있을 뿐만 아니라 요점도
빠져 있는 듯한 인상을 준다. 그렇지만 미첼J. Michael이 지적한 것
처럼,99) 이 신화는 동물이나 새도 사람의 모습으로 나타날 수 있는
영(靈)적인 힘을 가지고 있다는, 샤머니즘 사회의 일반적인 생각을
그대로 드러내고 있다.

이같은 자료는 석탈해 신화와 비슷한 모티프를 거의 갖고 있지
않다. 그러므로 이들 두 신화가 직접적인 관계가 있다고 보기는 어
려운 것 같다. 그렇지만 이 자료를 통해서 중요한 단서 두 개를 찾
을 수 있다. 하나는 《삼국사기》와 《삼국유사》에서 다파나국이나 용
성국(龍城國)이 있다고 가리키는, 이 지역 일대에 난생 신화가 전승
되고 있다는 사실이다. 그리고 또 다른 하나는 이 자료에서 알을 낳
는 미티Miti에게 임신을 시키는 주체가 까치magpie라는 점이다.

첫 번째 단서는 난생 신화가 남방 문화의 전유물이 아니란 것을
드러내고 있다. 다시 말해 동북 아시아의 시베리아 지역에도 난생
신화, 그 가운데서도 미시나 아키히데가 주장하는 가장 원초적인
'조란형(鳥卵型)'의 자료가 발견된다는 사실이, 이 일대에 그들 고유
의 난생 관념이 있었다는 것을 말해준다고 보아도 큰 무리가 없을
것이다. 이런 뜻에서 시베리아 동북부 지방의 야쿠트Yakut 자치 공
화국에서 그 주민의 대부분을 이루고 있는 야쿠트족이 난생 신화를
가지고 있다는 것은 좋은 참고가 될 것이다.

[자료 71]

솔개미는 샤먼shaman으로 될 숙명을 가진 한 아이의 혼을 집어

---

99) 같은 책, 1-2쪽.

먹은 뒤 여름철 태양이 떠오르는 방향인 남동(南東)으로 날아갔더니, 거기에 해가 묵은 초목이 우거진 백화(白樺)와 낙엽송이 솟아나 있었다. 이 두 나무 가운데 하나에 솔개미는 알을 낳아서 까고, 그 유아를 나무 밑 풀밭에 놓아서 축류(畜類)에게 양육을 맡겼다.[100]

이 자료는 야쿠트인들 사이에 전해지고 있는 샤먼의 기원 신화인데, 그들은 가장 위대한 샤먼을 솔개미가 보낸 것으로 믿고 있다.[101] 시베리아 일대에 사는 여러 종족들의 샤먼은 그들의 실질적·정신적 지도자였음을 고려한다면,[102] 야쿠트인들이 이런 난생 신화를 가졌다는 사실은, 사제자(司祭者) 내지는 지배자들이 비정상적으로 알에서 태어났다는 관념이 그들 사이에 널리 퍼져 있었을 것이라는 추정을 가능하게 한다.

그런데 야쿠트족은 바이칼 호수 부근에 살다가 오늘날의 위치로 이동한 것으로 알려져 있다.[103] 이렇게 이동을 한 그들이 [자료 71]과 같은 신화를 가졌다는 것은 야쿠트족이 처음부터 난생 신화를 가졌거나, 아니면 이동을 하면서 먼저 살고 있던 고아시아족들과 문화적으로 접촉함으로써 난생 신화를 가지게 되었던 것이 아닌가 한다. 하지만 어느 경우이든 이것은 동북 시베리아 지방에 난생 신화가 있었음을 말해주는 데는 변함이 없다.

다음으로 미티에게 임신을 시킨 주체가 까치라는 것은 [자료 68] 석탈해 신화 사이의 관계를 밝히는 데 중요한 실마리가 될 수 있다. 두루 알다시피 《삼국유사》에는 그가 석씨라는 성을 갖게 된 까닭으로 "까치 때문에 궤짝을 열었으므로 [까치 작(鵲)에서] 새 조(鳥)를

---

100) G. Nioradze, 이홍직 역 : 1976, 16.쪽
101) 같은 곳 : 1976, 16쪽.
102) H. Mihaly, 村井翊 譯 : 1998, 22쪽.
103) 加藤九祚 : 1986, 105-106쪽.

떼어버리고 석(昔)씨로 하였다"[104]고 적혀 있으며, 《삼국사기》에는 "이 아이는 성을 알 수 없으나 처음에 궤가 떠올 때 까치 한 마리가 울면서 날아 따라왔으니 까치 작(鵲)자를 생략하고 옛 석(昔)자로써 성씨를 삼았다"[105]고 씌어 있다. 이것은 [자료 70]에서 찾을 수 있는 애니미즘animism적 사유가, 문화가 발달된 신라 사회에 들어와 합리적인 사유로 바뀌면서 이렇게 기록되었음을 말해주는 것이 아닌가 한다.

이러한 두 가지 사실로 미루어 보아, 석탈해 집단은 동북 시베리아 일대로부터[106] 한국의 동해안으로 들어왔다고 보아도 좋을 것이다. 좀더 구체적으로 말한다면, [자료 68]의 ㉡에서 말하는 왜국의 동북 1천리에 있다고 하는 용성국은 캄챠카 반도가 있는 동북 시베리아 일대에 해당된다. 그런데 거기에 사는 코리약족Koryak이 애니미즘적인 난생 신화를 가지고 있고, 또 이 신화에 등장하는 까치가 석탈해 신화와 공통성이 있다는 점에서, 석탈해 집단은 이 지역에서 배를 타고 남하하여 신라로 들어왔다고 볼 수도 있다는 것이다.[107]

이같은 추정이 설득력을 가진다면, 난생 신화의 후대적인 변형으

---

104) "因鵲開櫃 故去鳥字 姓昔氏" 최남선 편 : 1946, 47쪽.
105) "此兒不知姓氏 初櫃來時 有一鵲飛鳴而隨之 宜省鵲字 以昔爲氏" 김부식 : 1982, 7쪽.
106) 현재 Kamchatka 반도에 사는 Koryak족이 난생 신화를 가지고 있다고 해서 그 범위를 확대하여 동북 시베리아 일대라고 한 것은, Koryak족과 Gilyak족과 같은 고아시아족이 본디 만주와 연해주를 비롯한 이 지역 일대에 살다가 뒤에 들어온 퉁구스족이나 몽고계의 여러 종족들에 밀려서 Kamchatka 반도와 그 아래 지역으로 이주하였기 때문이란 것을 밝혀 둔다. 孫進己, 임동석 역 : 1992, 424쪽.
107) [자료 55]의 단락 (1)에는 석탈해가 가락국에 들렀다고 되어 있어, 그의 집단이 남하했다고 보는 데는 문제가 제기될 수 있다. 하지만 그들의 원향(原鄕)이 동북 시베리아 일대라고 본다면, 한국의 동해 연안을 따라서 내려온 것을 남하라고 보아도 좋을 것이다.

로 생각되는, 홍만종의 《순오지(旬五志)》에 실린 여용사(黎勇士)에 얽힌 전설은 이들 두 지역을 연계시키는 데 중요한 매개 구실을 할 수 있다.

[자료 72]

예국(穢國)의 한 시골 노구(老嫗)가 시냇가에서 빨래를 하고 있었다. 알[卵] 한 개가 물 위에 떠내려 오는데 크기가 마치 박[瓠]만 하였다. 노구는 이상히 여겨 이것을 주워서 제 집에 가져가서 두었더니, 얼마 안 되어 그 알이 두 쪽으로 갈라지면서 속에서 사내 아이 하나가 나왔는데 얼굴 모습이 보통 사람이 아니었다. 노구(老嫗)는 더욱 기특하게 여겨 그 아이를 애지중지 잘 길렀다. 그 아이는 나이 7, 8세가 되자 키가 8척이나 되었고, 얼굴빛은 거무스름하여 마치 성인과 같았다. 그리하여 나중에는 얼굴빛이 검다 하여 검을 여(黎) 자를 성으로 하고, 이름을 용사라고 불렀다.[108]

이런 탄생담을 가진 여용사는 그 뒤에 사람들을 괴롭히는 호랑이를 퇴치하고, 무게가 만 근(斤)이나 되는 큰 종을 옮겨 달아 조정으로부터 상객(上客)의 대우를 받는다.[109] 이같은 이야기의 줄거리는 영웅담의 전형[110]을 보여주는 것으로, 석탈해 신화와 상통하는 데가 있다. 즉 알로 들어와서 아이로 태어난다는 것과, 그를 데려다 기르는 사람이 노구라는 점에서, 이들은 같은 계통의 비슷한 이야기로 여길 수 있다는 것이다.

이처럼 예국이 있었던 지역에도 난생 모티프 설화가 있었다는 사

---

108) 홍만종, 이민수 역 : 1971, 78쪽.
109) 같은 책 : 1971, 78-79쪽.
110) L. Raglan : 19651, 145쪽.

실은, 앞에서 한 추론 ― 곧 시베리아 동북부 일대로부터 한국의 동해안으로 이어지는 지역에 난생 신화를 가진 집단의 이동이 있었다는 추론 ― 이 타당성을 지님을 나타낸다고 볼 수 있다.

4.2 문화적 성격과 그 의의

만약에 위에서와 같은 추정이 가능하다고 한다면, 그들이 어떤 문화를 가지고 이 지역으로 들어왔으며, 또 그 흔적은 어디에 남아 있을까 하는 문제도 아울러 밝히지 않으면 안 된다.

그런데 오늘날 한국학계에서는 석탈해 집단이 철기 문화와 관련이 있었을 것이라는 견해가 주류를 이루고 있다. 이런 주장은 김열규(金烈圭)가 제기했다. 그는 [자료 68] ㉣의 내용과 '탈해'라고 하는 이름의 발음이 북방 퉁구스족의 야장(冶匠) 내지는 야장무(冶匠巫)를 뜻하는 '타르하드 Tarxad' 또는 '타르쿠안 Tarquan'과 친근성을 보여 주고 있다는 점에 착안하여, 흉노(匈奴)계의 철기 문화와 더불어 도래한 인물로 파악하였다.[111]

이것을 한결 더 진척시킨 천관우(千寬宇)는 "(석탈해는) 아마도 한강 일대 어디서인가 해로(海路)로 남하하여 처음에는 김해에 정착하려다가 다시 경주로 가서 자리잡게 되었던 듯하다"[112]고 하여 그의 남하 경로까지 재구하려고 하였다.

그러나 이같은 추정은 [자료 68]의 단락 (3)의 신화적인 문맥의 내용을 무시하고, ㉣에서 석탈해가 제 조상이 대장장이였다고 말한 것에 바탕을 두고 있다. 하지만 그렇게 하여 호공의 집을 빼앗았다고 하는 것은 그가 지략으로 상대방을 속이는 트릭스터 Trickster적인

---

111) 김열규 : 1977, 51쪽.
112) 천관우 : 1976, 26쪽.

성격을 가졌음을 나타내는 것이지, 그의 출계와는 무관한 것이라는 점에서 이 견해는 수긍하기 어려운 데가 있다.

한편 나경수(羅景洙)는 석탈해 신화가 서언왕(徐偃王) 신화와 비슷한 모티프를 가지고 있다는 데 착안하여, 이들을 견주면서 그 계통을 재구한 바 있다. 그는 이 논문에서 석탈해라는 이름이 고유 명사가 아니고, 옛날[진(秦)나라 때―인용자 주]부터 그 학정에 못 이겨서 탈출을 하여 해방된 사람들[脫解]을 뜻하는 것으로 해석하면서,113) 서언왕 신화를 가지고 있던 회이족(淮夷族)이 진시황(秦始皇)의 천하 통일로 비롯된 혼란을 틈타 철기 문화와 함께 황해를 건너서 가야 지방을 거쳐 신라로 들어왔을 것이라고 상정하였다.114)

그렇지만 가야 지방의 철기 문화가 회이족115)으로부터 전래되었다고 한다면, 이들 두 지역의 철기 문화에 대한 좀더 철저한 비교·검토가 있어야 마땅하다. 그리고 석탈해 집단이 발달된 철기 문화를 가졌다면 수로왕에게 패하여 신라로 갈 까닭이 없었으며, 더욱이 신라 지역에 들어가 왕이 되어 지배 계층으로 군림하였다면 가야에 견주어 신라의 철기 문화가 더욱 발전된 양태를 보여주어야 한다. 그런데도 지금까지 이루어진 고고학의 발굴 성과로는 이같은 가설을 충분히 뒷받침해 주지 못하고 있다. 이런 점들을 헤아린다면, 나경수의 주장도 받아들이기 어렵다.

석탈해 집단이 가졌던 문화의 성격을 밝히는 데는 [자료 68]에서 밑줄을 친 ㉠과 ㉡ 부분이 좋은 참고가 된다. 먼저 ㉠에서 석탈해가 바다에서 고기잡이를 하는 사람의 어머니[海尺之母]에게 발견된 것

---

113) 나경수 : 1995, 148-149쪽.

114) 같은 글, 159쪽.

115) 미시나 아키히데(三品彰英)는 회이족과 예맥족(고구려도 여기에 넣음)이 근접하여 있었다고 하여 서언왕 신화가 고주몽 신화와 관계가 있을 것이라고 암시하면서도, 앞의 것을 해양계(海洋系)의 자료로 보았다. 三品彰英 : 1971ⓐ, 345-346쪽.

은 이들 사이에 문화적인 동질성이 있었을 가능성을 말해준다. 실제
로 《삼국사기》에는 "탈해가 처음에는 고기잡이하는 것을 생업으로
삼아 그 어머니를 공양하는 데 게을리하는 기색이 없었다"[116]고 적
고 있어, 그가 어로(漁撈)를 주업으로 하던 집단의 일원이었음을 일
러주고 있다.[117]

또 ㉢에서 적룡(赤龍)의 호위를 받았다는 것도 이들이 용신 신앙
(龍神信仰)을 가진 어로 집단이었음을 명확하게 해 준다고 볼 수 있
다. 이런 뜻에서 석탈해가 죽어서 토함산의 동악신(東岳神)이 되었다
는 것은 어쩌면 당연한 귀결이었는지도 모른다.

그래서 [자료 55] 다음에 이어지는, 동악신(東岳神)으로 뿌리내리
기까지 과정에 얽힌 신화의 내용을 간단히 살펴보기로 한다.

　　　　[자료 73]

왕위에 있은 지 23년인 건초 4년 기묘(己卯)에 세상을 떠나, 소천
의 언덕 가운데 장사지냈다.

그 뒤에 신의 명령이 있기를 "내 뼈를 조심해서 묻어라"고 하였
다. 그 두골(頭骨)의 둘레가 3자 2치나 되었고, 몸 뼈의 길이는 9자
7치나 되었다. 그리고 이는 엉키어 뭉쳐서 하나가 된 듯하고, 골절
은 모두 연이어 맺어져 있어서, 이른바 천하에 대적할 사람이 없는
역사의 골격이었다. 뼈를 부수어 소상을 만들어 대궐 안에 안치했
다. 신이 또 말하기를, "내 뼈를 동악에 안치하라"고 하였으므로, 그
곳에 모시게 했다.[118]

---

116) "脫解始以漁釣爲業　供養其母　未嘗有懈色"　김부식 : 1982, 7쪽.
117) 김철준도 탈해를 중심으로 하는 석씨 부족은 어로를 주요한 생활 수단으로 삼았
　　 던 것으로 보았다. 김철준 : 1975, 75쪽.
118) "在位二十三年　建初四年己卯崩　葬疏川丘中　後有神詔　愼埋葬我骨　其頭骨周三尺

《삼국유사》에는 위에서 인용한 자료말고도 또 하나의 이설(異說)을 싣고 있다. 이들 두 개의 자료는, 석탈해가 동악신이 되는 과정에서 약간의 차이를 보이고 있기는 하나, 궁극적으로 그가 동악신이 되었다는 것에 대해서는 완전한 일치를 보여준다. 따라서 이같은 자료의 이중성은 석탈해가 동악신으로 변했다는 믿음이 신라 사회에 널리 퍼져 있었고, 또 그것에 관한 설화가 여러 개 있었다는 사실을 반영한다고 해석할 수 있다.

어쨌든 이러한 내용의 〔자료 68〕에 대해 미시나 아키히데는 "우리들은 이들 소전(所傳)에서 본디 탈해는 해상에서 온 신령이었으며, 또 토함산의 신이었음을 알 수 있다. 탈해 전설 속에도 '그 아이는 지팡이를 끌고 두 종을 데리고 토함산 위에 올라가 돌무덤을 만들어 7일 동안 머물렀다'(其童子曳丈率二奴 登吐含山 作石塚 留七日)라는 기록이 있고, 또 신라 본기에도 '왕이 토함산에 오르니 검은 구름이 우산과 같이 피어서 왕의 머리 위에 퍼져 있다가 오랜 뒤에 흩어졌다(王登吐含山 有玄雲如蓋 浮王頭上 良久而散)'는 기록이 실려 있는 것을 보더라도, 처음부터 탈해가 토함의 악신(岳神)이었다는 것을 알 수 있다. (중략) 돌이켜 보면, 토함산은 왕성의 동남쪽에 우뚝 솟아 있고, 동해에 면한 이 지방의 고봉(高峰)이며, 동해 용신이 살기에는 적당한 영산(靈山)이다. 해룡계의 신인(神人)이 산악의 신이라고 하면 일견 부자연스러운 감을 불러일으킬지도 모르지만, 일본 와다노미야 유키사치(海宮遊幸)의 히코호호데미노미고토도 본디 야마사치히코였음을 떠올리면 좋을 것이다. 좀더 간단히 말해, 용은 바다에도 산에도 있는 영적 존재이다"[119]고 하여, 석탈해가 해신적·산신적 성격을 함께 지닌 것으로 보았다. 또 오바야시 타료도 미시나 아

二寸 身骨長九尺七寸 齒凝如一 骨節皆連瑣 所謂天下無敵力士之骨 碎爲塑像 安闕內 神又報云 我骨置於東岳 故令安之" 최남선 편 : 1946, 48쪽.

119) 三品彰英 : 1972, 274쪽.

키히데와 마찬가지로 "탈해의 경우에는 그 한 몸에 바다와 육지의 양 원리 — 바다가 주(主)고, 육지가 종(從)이지만 — 를 나타내고 있다"[120]고 하여, 그의 이중적인 성격을 지적한 바 있다.

그러나 용신의 경우는 그것이 있는 장소에 따라 그 성격을 결정할 것이 아니라, 어떤 구실을 하는가에 따라 결정하는 것이 합당할 것이다. 실제로 한국의 농촌에서 신봉되는 용신 신앙은 농경신의 성격을 띠고 있고, 또 어촌에서 신봉되는 그것은 수신의 성격을 띠고 있다는 사실을 떠올릴 필요가 있다. 이같은 민속 신앙을 헤아린다면 동해에 면해 있는 토함산의 동악신은 바다를 지켜주는, 그러면서도 어촌의 생업을 보호해 주고 도와 주는 수신적인 성격이 짙었을 것으로 본다.

이러한 추정은 《삼국유사》 왕력편(王曆編)에 "왕이 죽자 미소소정의 구렁 속에 수장하였다가, 뼈로 소상을 만들어 동악에 안치하니 지금의 동악 대왕이다"[121]라는 기록을 통해서도 그 타당성을 인정받을 수 있다. 삼국 시대의 경우 수장(水葬)에 관한 기록이 거의 없다는 것을 염두에 둔다면, 이 기록은 석탈해 집단의 수신 신앙이 어느 정도였는지 여실하게 보여주는 자료라고 하지 않을 수 없다.

이렇게 본다면 석탈해 집단이 떠나온 곳의 여러 가지 이름들 가운데 용성국이란 이름이 있는 것도 쉽게 설명될 수 있다. 바꾸어 말하면 그가 죽어서 용신으로 받들어질 정도의 용신 신앙에 철저했던, 석탈해 집단은 이러한 신앙의 반영으로 용성국이라는 신화적 관념의 이름을 만들어냈다고 볼 수 있다.

이처럼 용신 신앙을 믿으면서 어로를 주업으로 하던, 석탈해 집단의 이주 경로는 당연히 해로(海路)였을 것으로 상정된다. 두루 알다

---

120) 大林太良 : 1975, 64쪽.
121) "王崩 水葬未召疏井丘中 塑骨安東岳 今東岳大王" 최남선 편 : 1946, 4쪽.

시피 어로 문화를 가진 집단은 계절풍과 해류(海流)를 이용한 항해술에 뛰어난 재능을 보인다. 그런데 그쪽 지역에서 불어오는 계절풍으로는 북서풍이 있고, 또 거기에서 내려오는 해류로는 리만 한류가 있다. 이 해류는 베링 해협에서 시작되는 오야시오 한류(親潮寒流)가 호카이도(北海島) 인근에서 갈라져 한국의 동해안으로 들어오는 것인데, 그들이 이 한류를 이용하여 동해안 연안을 따라서 이 지역으로 진출하였다는 것은 쉽사리 짐작이 가고도 남는다.

여기에서 동북 시베리아 일대로부터 리만 한류와 북서 계절풍에 편승하여 동해안 지역으로 들어온 주민의 이주는 일회적인 사건으로 끝난 것이 아니었다는 데 유의할 필요가 있다. [자료 72]에서 본 것처럼 옛날의 예국 지방으로 온 집단도 있었다는 사실을 감안하면, 그들의 이주는 장기간에 걸쳐서 간헐적으로 부단히 계속되었다고 보아야 한다. 이런 과정에서 상당한 세력을 가졌던 석탈해 집단의 이주가 있었다고 보는 것이 사리에 맞지 않을까 한다.

그렇다면 이들 어로 문화 집단이 남긴 문화의 유적을 생각하지 않을 수 없다. 이 문화 유적으로 동해안 일대와 남해안 일부 지역에 분포되어 있는 암각화(岩刻畵)의 존재를 생각할 수 있다. 이 일대에서는 중요한 곳만 들어도 무려 14곳에서 암각화가 발견되어 학계의 관심을 끌어 왔다.[122] 울산시 대곡리에서 암각화를 최초로 발견하여 조사·연구한 황수영과 문명대는 《반구대(盤龜臺) 암각 조각》이란 연구 보고서에서 이곳의 암각화를 스칸디나비아에서 시베리아에 걸쳐 있는 무늬 토기들의 분포·교류와 관계가 있는 것으로 보고, 청동기의 교류와 관련시켜서 우리 민족의 기원 문제를 추구한다면 문제의 해결이 쉬워질 가능성이 있다는 것을 지적하였다.[123]

---

122) 임세권 : 1994, 18쪽. 〈암각화의 분포 현황 지도〉 참조.
123) 임장혁 : 1991, 174쪽에서 재인용.

이 대곡리 암각화에는 고래와 물개, 거북 등 바다짐승이 75개가 있는데, 그 가운데서 고래가 48개로 절대 다수를 차지하고 있다. 고래의 생태는 오호츠크해 부근에서 지내다가 겨울에는 시베리아 해안을 따라 남하하여 한반도의 남쪽에서 생식(生殖)을 하는 것으로 알려져 있어,124) 이곳의 암각화 유적이 동북 시베리아 일대의 어로 문화와 무관하지 않음을 나타내고 있다.

또 대곡리와 천전리, 벽연리 암각화에는 배가 새겨져 있다. 이들 가운데서 천전리의 암각화에 나오는 배는, 꼬리와 머리를 위로 치솟아 올린 용선(龍船)으로 거대한 돛을 달고 있는데, 겉모습이 범선임을 드러내고 있는 것도125) 동북 시베리아의 어로 문화 집단이 한국의 동해안 일대로 들어왔음을 말해주고 있다. 그 뿐만 아니라 [자료 68]의 ⓒ에서 적룡(赤龍)이 나타나서 석탈해가 탄 배를 호위하여 주었다고 하는 것 또한 이러한 암각화의 그림과 관련시키면 쉽게 설명될 수도 있을 것이다.

그리고 대곡리 암각화에는 2개의 탈의 모습도 새겨져 있다. 임장혁(任章赫)이 시베리아의 수렵민들(동물들만을 잡는 것이 아니라, 물고기들도 잡는 어로까지 포함하는 것으로 보임 — 인용자 주) 가운데는 고래나 바다표범을 잡았을 때 여러 가지 바다 동물을 나타내는 가면을 쓰고 춤을 추기도 한다는 견해를 받아들여 이것을 해석한 것은126) 이들의 상관관계를 암시한 것으로 해석할 수 있다.

그런데 청동기 시대의 암각화에는 암각의 대상으로 주로 인물과 배, 농경 광경, 전투 광경, 수렵 광경, 어로 광경, 수렵 대상 동물, 물고기, 새 등이 묘사되는 일반적인 특징이 나타난다고 한다.127) 실제

---

124) 木村秀雄 : 1974, 115쪽.
125) 장명수 : 1996, 223쪽.
126) 임장혁 : 1991, 186–187쪽.
127) 황용혼 : 1987, 22쪽.

로 장명수(張明秀)는 한국 암각화의 제작 단계별 편년의 설정에서 대곡리와 천전리의 암각화를 청동기 시대와 초기 철기 시대로 잡고 있다.[128] 따라서 석탈해 신화를 이런 암각화 문화와 연계시키는 것이 용인된다면, 이 신화는 동북 시베리아 일대로부터 들어오는 어로 문화 집단들 가운데서 발달된 청동기 문화를 가지고 있던 탈해 집단이 신라에 들어와서 왕권을 장악하였던 사실을 말해준다고 보아도 무난할 것이다.

거듭 말하지만 남방 문화가 구로시오(黑潮) 난류를 타고 올라오듯이, 북방 문화의 일부는 오야시오 한류에서 갈라지는 리만 한류와 북서 계절풍을 이용하여 한반도의 동해 연안을 따라 내려오면서 들어와 한국의 동해안 문화를 이루는 데 적지 않게 이바지하였을 것이다. 그리고 이러한 문화의 유입 양상이 석탈해 신화에 반영되었다고 보는 것이 타당하기 때문에, 한국 문화의 형성 과정을 재구하는 작업에서도 이 점이 고려되어야 한다는 것을 지적해 둔다. 그러면서 한국의 난생 신화가 남방에서 들어왔다고 주장한 미시나 아키히데의 견해도 수정되어야 함을 밝혀 둔다.

5. 고찰의 의의

이제까지 한국의 고대사에서 지배 계층으로 군림하였던 집단들이 가지고 있던 신화들을 살펴보았다. 그리하여 이 부류에 들어가는 자료들로는 (1) 천강 신화와 (2) 일광 감응 신화, (3) 수조 신화 (4) 난생 신화 등이 존재한다는 사실을 확인하였다. 그런데 여기에서 (1)과 (2)는 다 같이 하늘이라는 우주 영역과 관계를 가진다는 공통점을

---

128) 장명수 : 1996, 193쪽.

가지고 있었다. 하지만 신화에서는 천강 신화가 터키계 민족들의 신화와 친연성을 보이고 있는 데 견주어, 일광 감응 신화는 몽고계 민족들의 신화와 긴밀성을 보이고 있었다. 그래서 이들을 별개의 항(項)으로 나누어 살펴보았다. 지금까지 논의한 것들을 간단히 요약하면 다음과 같다.

먼저 천강 신화의 고찰에서는 이 유형에 귀속되는 단군 신화와 해모수 신화, 박혁거세 신화, 수로 신화 등을 살펴보았다. 그리하여 이들 신화가 하늘에 있는 절대자의 자손이나 하늘에서 출계된 신화적 인물들이 나라를 세우는 건국주(建國主)가 된다는 사실은 알아냈다. 그리고 하늘에서 출계를 구하는 이들 신화는 동북 아시아 지역에 살면서 수렵과 유목 문화를 가지고 있던 집단들의 세계관과 복합되었다고 보았다. 또 이러한 세계관과 신화를 가졌던 민족들은 대개 터키계의 종족들이었다는 사실을 참작하여, 이들 문화가 한국에 들어와 지배 계층의 문화로 정착되었을 가능성이 짙다고 보았다.

다음으로 일광 감응 신화의 고찰에서는 이 유형의 신화에 들어가는 고주몽 신화를 집중적으로 살펴보았다. 이 유형에 들어가는 고주몽 신화는 햇빛의 감응으로 태어난 신화적 인물인 고주몽이 나라를 세운다는 내용으로 되어 있다. 이와 같은 일광 감응 신화 또한 하늘로부터 출계를 구하는 천강 신화와 마찬가지의 세계관을 반영하고 있으나, 이것은 막연한 하늘이 아니라 그 가운데서도 태양과 밀접한 관계가 있었다. 그리고 이렇게 일광 감응의 모티프로 이루어진 신화들이 몽고족 계통의 종족들 사이에 퍼져 있다는 사실에 바탕을 두고, 이 유형의 신화가 그들로부터 전래되었을 가능성이 높다는 결론을 이끌어냈다.

또 수조 신화의 고찰에서는 곰을 조상으로 받드는 신화와 개를 조상으로 받드는 신화로 나누어 살펴보았다. 한국의 경우에는 앞의 것이 단군 신화에 왕권 신화의 일부로 정착된 것에 견주어, 뒤의 것은 두만강 부근에 살던 오랑캐의 시조 신화로 자리잡았다. 그리고 앞의 것은 동북 아시아 지역에 사는 퉁구스족으로부터 수렵·어로 문화와 함께 한반도에 들어왔다면, 뒤의 것은 북방 아시아의 이적(夷狄) 제 민족들 사이에 전승되던 것이 수렵·유목 문화와 함께 들어왔을 것이라고 상정하였다.

마지막으로 난생 신화를 고찰하였다. 한국의 고대 건국 신화들 가운데서 난생 신화에 귀속되는 것으로는 고주몽 신화와 박혁거세 신화, 수로 신화, 석탈해 신화 등이 있다 그렇지만 앞의 네 자료는 알의 출처가 하늘과 연계되어 있어, 그 출계를 밝히는 데 어려움이 있다. 그래서 출계가 뚜렷한 석탈해 신화를 대상으로 하여, 난생 신화의 계통을 밝혔다.

이 과정에서 필자는 이 신화가 전해지는 《삼국유사》에 석탈해가 출발한 "용성국(龍城國) ─《삼국사기》에는 다파나국(多婆那國)으로 되어 있다 ─ 은 왜국(倭國)의 동북 1천리에 있다"는 기록을 문제 해결의 실마리로 여겼다. 그리하여 왜국의 동북이라는 신화적 기술은 방향을 나타내고, 1천리라는 것은 지원 거리(至遠距離)를 나타내는 것으로 보았다. 이렇게 하여 비정(批正)한 곳이 캄챠카 반도인데, 이 일대에 사는 코리약족이 마침 난생 신화, 그것도 미시나 아키히데가 지적한 가장 원초적 형태인 조란형(鳥卵型)에 들어가는 자료가 구전되고 있었다.

이같은 사실들을 바탕으로, 석탈해 신화는 리만 한류와 북서 계절풍을 타고 한국의 동해안을 따라 내려온 어로 문화 집단이 갖고 들어왔을 것이라는 결론을 이끌어냈다. 그리고 이들 집단은 시베리아의 발달된 청동기 문화를 가졌으며, 그들이 남긴 문화적 유적으로는 동해안과 남해안 일대에 남아 있는 암각화가 있다는 사실을 밝혔다.

제5장
결론과 전망

한국의 경우는 일찍이 합리적인 사고가 발달되어, 신화가 체계적으로 정리되지 못하였다. 그 대신에 역사를 기술하는 사서(史書)들 속에 단편적으로 전해진다는 자료상의 제약을 받아 왔다. 이러한 여건은 한국 신화의 총체적인 연구를 어렵게 만들어 왔다. 그리하여 각 신화들에 관한 개별적인 연구는 상당히 진척되었으나, 이것들을 하나의 틀로 정리하지는 못하였다.

본 연구에서는 이같은 자료상의 문제점을 극복하려고 문화사론적인 방법을 원용하였다. 그렇게 하여 (가) 기층 문화의 형성과 관련이 있는 신화군(神話群)에는 (1) 땅에서 사람이 나왔다고 하는 출현 신화와 (2) 곡식의 씨앗을 가져온 곡모신 신화, (3) 시체에서 곡식의 씨앗을 얻었다고 하는 시체 화생 신화가 들어가는 것으로 보았다. 그리고 (나) 지배 계층의 교체와 연관된 신화로는 탄생담을 갖지 않은 국가 양도 신화가 있다는 것을 밝혔다. 그리고 지배 계층의 신화군에는 (1) 주인공의 출계를 하늘에서 찾는 천강 신화와 (2) 햇빛의 감응으로 신화적인 인물이 태어났다고 하는 일광 감응 신화, (3) 짐승을 조상으로 하는 수조 신화, (4) 주인공이 알에서 태어났다고 하는 난생 신화가 귀속된다는 것을 알아냈다.

이처럼 세 부류로 나뉘는 한국의 신화들을 고찰함으로써 얻은 성과를 간단하게 요약하면 다음과 같다.

먼저 기층 문화의 형성 과정을 알 수 있는 신화로 땅에서 사람이 나왔다고 하는 출현 신화들을 살펴보았다. 이 유형의 신화는 거의 연구되지 않았기 때문에, 정확한 실상을 고찰하기보다는 자료 소개에 더 많은 무게를 두었다. 그리하여 동부여의 금와왕(金蛙王) 탄생 신화와 신라의 알영(閼英) 탄생 신화, 그리고 제주도의 삼성(三姓) 시조 신화 등을 중심으로 이 유형의 신화가 중국 내륙의 사천성(四川省) 일대로부터 밭곡식을 재배하던 초기 농경 문화와 복합되어 만주의 동북 지방을 거쳐, 한국의 동해안 일대로 내려왔을 것이라는 가설을 제시하였다.

이같은 가설을 제시한 까닭은 (ㄱ) 4세기 무렵에 쓰인 《포박자(抱朴子)》에 "어와가 땅에서 나왔다"는 기록이 있을 뿐만 아니라, (ㄴ) 《진서(晉書)》에 전해지는 7세기 무렵의 실존 인물인 이특(李特)의 조상 탄생담, 그리고 (ㄷ) 오늘날까지 전해지는 합니족(哈尼族)의 구전 신화들이 존재한다. 이들 자료에서 (ㄴ) 이특의 조상 탄생 신화가 사천성 일대에 살고 있는 파족(巴族)의 것이고, 또 이 신화에 나오는 이수(夷水)가 호북성(湖北省)에 있는 양자강의 지류이기 때문임을 밝혀 둔다.

다음으로 곡식의 씨앗을 가져온 곡모신 신화에 들어가는 자료로는 고주몽의 어머니로 등장하는 유화(柳花) 신화와 《삼국유사》 권3 낙산(洛山) 2대성(二大聖) 조에 전해지는 낙산의 관음굴 전설, 오늘날까지 구전되고 있는 박제상의 아내에 얽힌 은을암(隱乙岩) 전설 등이 있다. 이들 자료는 수락(穗落) 모티프와 결합되어 있고, 또 분포상의 특징으로 보아 출현 신화와 마찬가지로 동부여가 있던 만주의 동북 지방으로부터 한국의 동해안을 따라 내려왔을 것이라고 추정하였다. 또 그 원류는 오바야시 타료(大林太良)가 제시한 견해를 그대로 받아들여, 후직(后稷)의 신화가 중국 서북의 지방 문화를 배경으로 이루어진 주왕조(周王朝)의 시조 신화로 이야기되고 있다는 것을 바탕으로, 이쪽 지방에서 밭곡식을 재배하는 농경 문화와 함께 전래되었을 가능성이 높다고 보았다.

그리고 시체 화생 신화의 고찰에서는 우선 한국에 전해지는 밀의 기원 설화를 근거로 하여, 이 유형의 이야기가 한반도에도 틀림없이 있었을 것이라는 가설을 세웠다. 그리하여 한국의 동해안 문화와 밀접한 관련이 있는 일본의 이즈모 신화(出雲神話)에 이 유형에 귀속되는 오게쓰히메노카미(大氣津比賣神) 신화가 남아 있다는 사실을 참작하여, 박혁거세(朴赫居世)의 오체 분장 신화(五體分葬神話)가 이 계통의 신화가 아닐까 하고 상정하였다. 왜냐하면 뱀이 나타나서 그 유체(遺體)의 합장을 방해하였다는 신화적 기술의 해석에 바탕을 두었기 때문이다. 즉 풍요를 상징하는 뱀이 합장을 방해하였다는 것은 이 합장이 풍요를 가로막는다는 신화적 사유의 표현으로 볼 수 있기 때문이었다. 또 《삼국유사》에 실린 기사들 가운데는 전승되는 이야기의 전부가 아닌, 일부분만을 기록한 것들도 확인되므로, 이렇게 상정하였다는 것도 덧붙여 둔다.

이런 상정을 하면서 이 유형에 들어가는 중국의 신화로 반고 신화(盤古神話)가 있다는 사실을 참조하고, 또 이것에 대한 마훼흔(馬卉欣)의 중원 기원설을 받아들여 그 원류를 추정하였다. 그리하여 중국에서는 화전 경작의 농경 문화와 관련이 있던 반고 신화가 한국에 전래되는 과정에서 맥류(麥類)를 재배하는 농경 문화와 복합되었을 것이라고 추단했다.

한국의 신화에서는 이렇게 하여 이루어진 기층 문화 위에서 벼를 재배하는 농경 문화가 들어오면서, 이 문화를 가졌던 집단이 지배 계층으로 부상한 흔적을 찾을 수가 있었다. 그렇지만 이들이 가진 신화는 시조의 탄생 모티프가 결여된 탓으로 신화로서 대접받지 못하고 전설로 여겨져 왔다.

그러나 이 유형에 들어가는 신화, 즉 해부루(解夫婁)의 부여국 양도 신화와 송양왕(松讓王)의 비류국(沸流國) 양도 신화, 비류(沸流)의 미추홀(彌鄒忽) 양도 신화 등의 고찰을 통해서 하늘의 원리를 신봉하던 수렵·유목 문화를 가진 집단들에게 그들의 삶의 터전을 넘겨 주면서 왕권을 양도하였다는 사실을 밝혔다. 그 때문에 이들 자료를 지배 계층 교체의 신화로 정리하였다는 것도 아울러 밝혀 둔다.

이와 같은 과정을 거쳐 한국의 고대 국가에서 지배 계층으로 군림한 집단의 신화군에 들어가는 것으로는, 주인공의 출계를 하늘에서 찾는 천강 신화와 햇빛의 감응으로 신화적인 인물이 태어났다고 하는 일광 감응 신화, 주인공이 알에서 나왔다고 하는 난생 신화 등이 있었다.

천강 신화를 살펴봄으로써 얻은 성과는 다음과 같다. 첫째, 이 유형에 속하는 단군 신화와 해모수 신화, 박혁거세 신화, 수로 신화는 동북 아시아 지역에 살면서 하늘의 원리를 신봉하는 수렵·유목 문화와 관련된 세계관을 가졌고, 둘째로 이런 세계관과 신화를 지녔던 민족은 터키계 종족들이었으며, 셋째로 이런 터키계 문화의 신화를 가진 집단이 한국에 들어와 지배 계층으로 군림하였다는 결론을 이끌어냈다.

그리고 고구려의 건국주가 된 고주몽의 탄생담으로 자리잡은 일광 감응 신화를 살펴봄으로써 이 신화가 천강 신화와 마찬가지로 하늘에서 그 출계를 찾는 수렵·유목 문화와 밀접한 관계가 있음을 알아냈다. 하지만 이 유형의 신화는 천강 신화와 같이 막연한 하늘이 아니라 태양으로부터 왕권의 기원을 설명하는 몽고 민족 계통의 문화에 가깝다는 사실을 밝혀냈다.

또 수조 신화(獸祖神話)를 고찰하는 데 곰을 조상으로 받드는 웅조 신화(熊祖神話)와 개를 조상으로 받드는 견조 신화(犬祖神話)로 나누어 살펴보았다. 한국의 경우에는 앞의 것이 단군 신화에 왕권 신화의 일부로 자리잡았으나, 뒤의 것이 두만강 부근에 살던 오랑캐의 시조 신화로 뿌리내렸다. 그리고 앞의 것은 동북 아시아 지역에 사는 퉁구스족으로부터 수렵·어로 문화와 함께 한반도에 들어왔다면, 뒤의 것은 북방 아시아의 이적(夷狄) 여러 민족들 사이에 전승되던 것이 수렵·유목 문화와 함께 들어왔을 것으로 추정하였다.

마지막으로 난생 신화를 살펴봄으로써 난생 신화의 남방 연원설이 반드시 타당성을 가지지 않는다는 사실을 뒷받침하려고 애썼다. 그래서 난생 신화들 가운데서 비교적 그 출계가 명확한 석탈해 신화를 연구 대상으로 삼아, 이 신화가 동북 시베리아로부터 들어왔을 것으로 상정하였다. 왜냐하면 이 신화가 전해지는 《삼국유사》에, 석탈해가 출발한 "용성국(龍城國) ─ 《삼국사기》에는 다파나국(多婆那國)으로 되어 있다 ─ 은 왜국(倭國)의 동북 1천리에 있다"는 기록을 문제 해결의 실마리로 삼았기 때문이다. 그리고 왜국의 동북이라는 신화적 기술은 방향을 나타내고, 1천 리라는 것은 지원 거리(至遠距離)를 표현하는 것으로 보았다. 이렇게 하여 비정(批正)한 곳이 캄챠카 반도인데, 왜냐하면 이 일대에 사는 코리약족이 마침 난생 신화, 그것도 미시나 아키히데가 지적한 가장 원초적 형태인 조란형(鳥卵型)에 들어가는 자료가 구전되고 있었기 때문이다.

그리하여 석탈해 신화는 리만 한류와 북서 계절풍을 타고 한국의 동해안을 따라 내려온 어로 문화를 가진 집단으로 말미암아 한국에 들어왔을 것이라는 결론을 내렸다. 또 이들 집단은 시베리아의 발달된 청동기 문화를 가지고 들어와, 먼저 살던 집단과 커다란 충돌을 일으키지 않고 왕권을 장악하였으며, 이들이 남긴 문화 유적으로는 동해안과 남해안 일대에서 발견되는 암각화가 있다는 사실을 밝혔다.

참고문헌

국내 저서 및 논문

김두진 : 1999, 《한국고대의 건국 신화와 제의》 (서울, 일조각)

김부식 : 1982, 《삼국사기》 (서울, 경인문화사 영인본)

김석형 : 1988, 《고대한일관계사》 (서울, 한마당)

김성호 : 1982, 《비류백제와 일본의 기원》 (서울, 지문사)

김열규 : 1975, 《한국민속과 문학연구》 (서울, 일조각)

───── : 1977, 《한국 신화와 무속연구》 (서울, 일조각)

김영일 : 1987, 〈가락국기 서사원리의 구성원리에 관한 일 고찰〉
　　　　《가라문화(5)》 (마산, 경남대 가라문화연구소)

김재붕 : 1971, 〈난생 신화의 분포권〉《문화인류학(4)》 (서울, 한국
　　　　문화인류학회)

김재원 : 1979, 《단군 신화의 신연구》 (서울, 탐구당)

김정배 : 1973, 《한국 민족 문화의 기원》 (서울, 고려대출판부)

김정학 : 1954, 〈단군설화와 토오테미즘〉《역사학보(7)》 (서울, 역
　　　　사학회)

김철준 : 1952, 〈신라 상대사회의 Dual organization(상)〉《역사학보

(1)》 (서울, 역사학회)

────── : 1975, 《한국고대사회연구》 (서울, 지식산업사)

김태준 역 : 1995, 《흥부전/변강쇠가》 (서울, 고려대학교 출판부)

김택규 : 1980, 《한국민속문예론》 (서울, 일조각)

김화경 : 1982ⓐ, 〈민족 문화의 연구와 전통문화 계승방안을 위한 제언〉《민족 문화(8)》 (서울, 민족문화추진회)

────── : 1982ⓑ, 〈인주전설의 연구〉《전주우석대논문집(4)》 (전주, 전주우석대출판부)

────── : 1983, 〈온조 신화 연구〉《인문연구(4)》 (경산, 영남대인문과학연구소)

────── : 1984, 〈신라건국설화의 연구〉《민족문화논총(6)》 (경산, 영남대민족문화연구소)

────── : 1987, 《한국설화의 연구》 (경산, 영남대출판부)

────── : 1989, 〈수로왕 신화의 연구〉《진단학보(67)》 (서울, 진단학회)

────── : 1998ⓐ, 〈고구려건국 신화의 연구〉《진단학보(86)》 (서울, 진단학회)

────── : 1998ⓑ, 《북한설화의 연구》 (경산, 영남대출판부)

────── : 2000ⓐ, 〈석탈해 신화의 연구〉《어문학(69)》 (대구, 한국어문학회)

────── : 2000ⓑ, 〈견훤 탄생담 연구〉《설화와 역사》 (서울, 집문당)

────── : 2002, 《일본의 신화》 (서울, 문학과 지성사)

────── : 2003, 《세계 신화 속의 여성들》 (서울, 도원미디어)

나경수 : 1995, 〈탈해 신화와 서언왕 신화의 비교연구〉《한국민속학(27)》 (서울, 민속학회)

────── : 1993, 《한국의 신화연구》 (서울, 교문사)

노태돈 : 1993, 〈주몽의 출자전승과 계루부의 기원〉《한국고대사

논총(5)》(서울, 가락국사적개발연구원)

────── : 1994, 〈고조선의 변천〉《단군》 (서울, 서울대출판부)

동아대학교 고전연구실 편 : 1987ⓐ,《역주 고려사(1)》 (서울, 태학사)

────────────── : 1987ⓑ,《역주 고려사(5)》 (서울, 태학사)

문일환 : 1993ⓐ,《조선고대 신화연구》 (북경, 민족출판사)

────── : 1993ⓑ,《조선구전문학연구》 (沈陽, 遼寧民族出版社)

박순호 : 1984,《한국구비문학대계(5-4)》 (서울, 고려원)

박원길 : 1998,《북방민족의 샤마니즘과 제사습속》 (서울, 국립민
　　　　속박물관)

박지홍 : 1957, 〈구지가연구〉《국어국문학(16)》 (서울, 국어국문학회)

서대석 : 1980,《한국무가의 연구》 (서울, 문학사상사)

────── : 1982, 〈고대건국 신화와 현대 구비전승〉《한국정신문화
　　　　연구의 현황과 진로》 (성남, 한국 정신문화연구원)

────── : 2001,《한국 신화의 연구》 (서울, 집문당)

서유원 편 : 2002,《중국민족의 창세신 이야기》 (서울, 아세아문화
　　　　사)

성백효 : 1993,《현토완역 시경집전(하)》 (서울, 전통문화연구회)

손낙범 교주 : 1957,《흥부전》 (서울, 문헌사)

손진태 : 1947,《조선민족설화의 연구》 (서울, 을유문화사)

안승모 : 1998,《동아시아 선사시대의 농경과 생업》 (서울, 학연문
　　　　화사)

양주동 : 1955,《증보 고가연구》 (서울, 일조각)

운허용하 : 1961,《불교사전》 (서울, 동국역경원)

유증선 : 1971,《영남의 전설》 (서울, 형설출판사)

육당전집편찬위원회 편 : 1973ⓐ,《육당 최남선전집(2)》 (서울, 현암사)

────────────── 편 : 1973ⓑ,《육당 최남선전집(5)》 (서울, 현암사)

윤철중 : 1997,《한국도래 신화의 연구》 (서울, 백산자료원)

이기동 : 1982, 《한국사강좌(고대편)》 (서울, 일조각)

이병기 공저 : 1963, 《국문학전사》 (서울, 신구문화사)

이병도 : 1959, 《한국사(고대편)》 (서울, 을유문화사)

──── : 1976, 《한국고대사연구》 (서울, 박영사)

이성규 : 2003, 〈중국 고문헌에 나타난 동북관〉(2003년 12월 6일
　　　　자 《조선일보》)

이종욱 : 2004, 《한국사의 1막1장 건국 신화》 (서울, 휴머니스트)

이청규 : 1994, 〈삼성 신화에 대한 고고학적 접근〉《탐라문화(14)》
　　　　(제주, 제주대 탐라문화연구소)

이필영 : 1994, 〈단군 연구사〉《단군》 (서울, 서울대출판부)

임세권 : 1994, 〈한국선사시대 암각화의 연구〉 (서울, 단국대 박사
　　　　학위논문, 미간행)

임장혁 : 1991, 〈대곡리 암벽조각화의 민속학적 고찰〉《한국민속
　　　　학(24)》 (서울, 민속학회)

임종상 : 1989, 〈조선 신화연구에 대한 몇 가지 의견〉《조선 신화
　　　　연구》 (서울, 지양사)

임헌도 : 1973, 《한국전설대관》 (서울, 정연사)

장덕순 편 : 1981, 《이규보작품집》 (서울, 형설출판사)

장명수 : 1996, 〈한국암각화의 편년〉《한국의 암각화》 (서울, 한길사)

장주근 : 1961, 《한국의 신화》 (서울, 성문각)

──── : 1994, 〈삼성 신화의 형성과 문헌정착과정〉《탐라문화
　　　　(14)》 (제주, 제주대 탐라문화연구소)

──── : 1995, 《한국 신화의 민속학연구》 (서울, 집문당)

──── : 1998, 《풀어 쓴 한국의 신화》 (서울, 집문당)

조동일 : 1977, 《한국소설의 이론》 (서울, 지식산업사)

조희웅 : 1981, 《한국구비문학대계(1-4)》 (성남, 한국정신문화연구원)

정인지 공찬 : 1972, 《고려사》 (서울, 아세아문화사 영인본)

조선사학회 편 : 1930ⓐ, 《신증 동국여지승람(2)》 (경성, 조선사학회)

───────── : 1930ⓑ, 《신증 동국여지승람(4)》 (경성, 조선사학회)

진성기 : 1991, 《제주도무가본풀이사전》 (서울, 민속원)

천관우 : 1976, 〈삼한의 국가형성(상)〉《한국학보(2)》 (서울, 일지사)

최길성 : 1978, 《한국무속의 연구》(서울, 아세아문화사)

최남선 편 : 1946, 《삼국유사》 (서울, 삼중당)

─── : 1973ⓐ, 《육당 최남선전집(2)》 (서울, 현암사)

─── : 1973ⓑ, 《육당 최남선전집(5)》 (서울, 현암사)

최래옥 : 1981, 《한국구비문학대계(5-2)》 (성남, 한국정신문화연구원)

─── : 1982, 〈현지조사를 통한 백제설화의 연구〉《한국문화》
        (서울, 한양대학교 한국학연구소)

최명옥 : 1982, 〈월성지방의 음운양상〉 (서울, 서울대 박사학위논문)

최상수 : 1958, 《한국민간전설집》 (서울, 통문관)

최정여 외 공편 : 1985, 《구비문학대계》 (성남, 한국정신문화연구원)

한글학회 : 1992, 《우리말 큰사전(둘째권)》 (서울, 어문각)

현명호 : 1994, 〈고조선의 성립과 수도 문제〉《단군과 고조선 연
        구》 (평양, 사회과학원출판사)

현용준 : 1976, 《제주도 신화》 (서울, 서문당)

─── : 1986, 《제주도무속자료사전》 (서울, 신구문화사)

─── : 1992, 《무속 신화와 문헌 신화》 (서울, 집문당)

홍기문 : 1989, 《조선 신화연구》 (서울, 지양사)

황용혼 : 1987, 《동북아시아의 암각화》 (서울, 민음사)

황패강 : 1992, 《한국문화상징사전》 (서울, 동아출판사) 개구리조

홍만종, 이민수 역 : 1971, 《순오지》 (서울, 을유문화사)

孫進己, 임동석 역 : 1992, 《동북민족원류》 (서울, 동문선)

王充, 이주행 역 : 1996, 《논형》 (서울, 소나무)

袁珂, 전인초 공역 : 1992, 《중국 신화전설(1)》 (서울, 민음사)

Campbell. J, 이진구 역 : 2003, 《원시 신화》 (서울, 까치)

Cotterell. A, 도서출판 까치 편집부 역 : 1995, 《그림으로 보는 세계 신화사전》 (서울, 도서출판 까치)

Nioradze. G, 이홍직 역 : 1976, 《시베리아 제종족의 원시종교》 (서울, 신구문화사)

Richard Erdoes 공저, 백승길 역 : 1993, 《무엇이 그들의 신화이고 전설인가》 (서울, 이가책)

외국 저서 및 논문

干寶, 黃鈞 注譯 : 1996, 《搜神記》 (台北, 三民書局)

陶陽 編 : 1990, 《中國神話》 (上海, 上海人民出版社)

劉城淮 : 1988, 《中國上古神話》 (上海, 上海文藝出版社)

────── : 1992, 《中國上古神話通論》 (雲南, 雲南人民出版社)

譚其驤 : 1982, 《中國歷史地圖集(3)》 (北京, 中國地圖出版社)

房玄齡 共纂 : 1976, 《晉書(下)》 (서울, 景仁文化社 影印本)

范曄 : 1975, 《後漢書》 (서울, 景仁文化社 影印本)

魏收 : 1976, 《魏書》 (서울, 景仁文化社 影印本)

李文田 注 : 1986, 《元朝秘史(1)》 (臺北, 藝文印書館)

李福淸 : 1988, 《中國神話故事論集》 (北京, 中國民間文藝出版社)

李延壽 : 1977, 《北史》(서울, 景仁文化社 影印本)

中國少數民族文學學會 編 : 1986, 《神話新探》 (貴州, 貴州人民出版社)

陳壽 : 1975, 《三國志》 (서울, 景仁文化社 影印本)

脫虎脫 : 1976, 《遼史》 (서울, 景仁文化社 影印本)

加藤九祚 : 1986, 《北東アジア民族學史の研究》 (東京, 恒文社)

高田眞治 : 1968, 《詩經(下)》 (東京, 集英社)

高木敏雄：1924,《比較神話學》(東京, 武藏野書院)

─────：1973,《日本神話傳說の研究》(東京, 平凡社)

今西龍：1908,〈新羅時代の塔に刻ま山た神話〉,《東京人類學雜誌(23)》(東京, 日本人類學會)

─────：1910,〈檀君說話に就いて〉,《歷史地理(朝鮮篇)》

─────：1915,〈朱蒙傳說と老獺稚傳說〉《藝文(6-11)》(京都, 京都大文學會)

─────：1970,《朝鮮古史の研究》(東京, 國書刊行會)

那珂通世：1894,〈朝鮮古史考〉,《歷史雜誌(5-4)》(東京, 日本史學會)

大林太良：1966,《神話學入門》(東京, 中央公論社)

─────：1972,〈琉球神話周圍諸民族神話との比較〉《沖繩の民族學的研究》(東京, 民族學振興會)

─────：1973ⓐ,《日本神話の起源》(東京, 角川書店)

─────：1973ⓑ,《稻作の神話》(東京, 弘文堂)

─────：1975,〈古代日本・朝鮮三王の構造〉《比較神話學の現在》(東京, 朝日出版社)

─────：1979ⓐ,〈水と火, 海と山〉《is》(東京, ポーラ文化研究所)

─────：1979ⓑ,〈說話の比較研究の方法〉《日本昔話大成(12)》(東京, 角川書店)

─────：1984,《東アジアの王權神話》(東京, 弘文堂)

─────：1986,《神話の系譜》(東京, 靑土社)

馬淵東一：1978,《人類の生活》(東京, 社會思想社)

末松保和：1949,《任那興亡史》(東京, 吉川弘文館)

木村秀雄：1974,《鯨の生態》(東京, 共立出版)

山崎日城：1920,《朝鮮の奇談傳說》(東京, ウシボヤ書房)

山田信夫：1989,《北アジア遊牧民族史研究》(東京, 東京大出版會)

森三樹三郎 : 1969, 《中國古代神話》 (동경, 淸水弘文學書房)

三上次男 : 1977, 《古代東北アジア史研究》(東京, 吉川弘文館)

三品彰英 : 1970, 《日本神話論》 (東京, 平凡社)

三品彰英 : 1931, 〈脫解傳說考〉《靑丘學叢(5)》(서울, 靑丘學會)

──────── : 1932, 〈布都之御魂考(上,下)〉《靑丘學叢(10, 11)》(서울, 靑丘學會)

──────── : 1933, 〈古代朝鮮に於ける王者出現の神話と儀禮に就て(上, 中, 下)〉《史林(18-1, 2, 3)》(京都, 京都大學 文學部)

──────── : 1937, 《建國神話論考》 (東京, 目黑書店)

──────── : 1940, 《朝鮮史槪說》 (東京, 弘文堂書房)

──────── : 1948, 《神話と文化境域》 (東京, 大八洲出版株式會社)

──────── : 1970, 《日本神話論》 (東京, 平凡社)

──────── : 1971ⓐ, 《神話と文化史》 (東京, 平凡社)

──────── : 1971ⓑ, 《建國神話の諸問題》(東京, 平凡社)

──────── : 1972, 《日鮮神話傳說の研究》 (東京, 平凡社)

──────── : 1973, 《古代祭政と穀靈信仰》(東京, 平凡社)

──────── : 1975, 《三國遺事考證(上)》(東京, 塙書房)

上田正昭 : 1967, 《日本神話の世界》 (東京, 創元社)

──────── : 1994, 《日本の神話を考世える》 (東京, 山學館)

孫晉泰 : 1930, 《朝鮮民譚集》 (東京, 鄕土研究社)

松前健 : 1986, 《大和國家と神話傳承》 (東京, 雄山閣)

松村武雄 : 1958, 《日本神話の研究(4)》 (東京, 培風館)

松村一男 共著 : 1987, 《神話學とは何か》 (東京, 有斐閣)

依田千百子 : 1991, 《朝鮮神話傳承の研究》 (東京, 瑠璃書房)

任晳宰 : 1930, 〈朝鮮の異類交婚譚〉《朝鮮民俗(3)》 (서울, 朝鮮民俗學會)

井上秀雄 : 1973, 〈朝鮮の神話〉《週刊アルファ大地界百科(132號)》

(東京, 日本メール・オーダー社)

鳥居龍藏：1976,《鳥居龍藏全集(7)》(東京, 朝日新聞社)

佐口 透 共著：1975,《騎馬民族とは何か》(東京, 每日新聞社)

中田千畝：1941,《蒙古神話》(東京, 郁文社)

中村亮平：1979,《朝鮮の神話傳說》(東京, 名著普及會)

出石誠彦：1949,《支那神話傳說の研究》(東京, 中央公論社)

坪井九馬三：1905,〈朝鮮の神話〉《帝國文學(11-1)》(京都, 京都大學)

蒲原大作：1982,〈契丹古傳說の解釋〉《民族學研究 47-3》(東京, 日
　　　　本民族學研究會)

玄容駿：1977,〈日本神話と韓國〉《日本神話と朝鮮》(東京, 有精堂)

─────：1978,《濟州道の民話》(東京, 大日本繪畵)

袁珂, 鈴木博 譯：1999,《中國神話傳說大事典》(東京, 大修館書店)

Coxwell, 瀨澤靑花 譯：1977,《北方民族の民話(上)》(東京, 大日本
　　　　繪畵出版社)

Frazer. J, 星野 徹 譯：1973,《洪水傳說》(東京, 國文社)

Jensen. A. E, 大林太良 共譯：1977,《殺された女神》(東京, 弘文堂)

Jung. C. G. 林道義 譯：1999,《元型論》(東京, 紀伊國屋書店)

Leach. E, 江河 徹 譯：1980,《神話としての創世記》(東京, 紀伊國
　　　　屋書店)

Mihaly. H, 村井 翊 譯：1998,《シャーマニズムの世界》(東京, 靑
　　　　土社)

Propp. V, 齊藤君子 譯：1983,《魔法昔話の起源》(東京, せりか 書
　　　　房)

Elide. M : 1963, *Myth and Reality* (Harper & Row Publishers, New
　　　　York)

————— : 1978, *A History of Religious History* (The University of Chicago Press, Chicago)

Ember C. & Ember M. : 1977, *Anthropology* (Prentice-Hall,Inc, New Jersey)

Eberbard. W : 1965, *Folktales of China* (The University of Chicago Press, Chicago & London)

————— : 1970, *Studies in Chinese folklore and related essagys* (Mouton Co, Hague)

Grimal P. edi : 1973, *World mythology* (Hamlyn, London)

Hocart A. M. : 1927, *Kingship* (Oxford University Press, London)

Jacobs G. edi : 1962, *Dictionary of mythology, folklore and symbols*(1) (The Scarecrow Press Inc, New York)

Lλ vi-Strauss · C : 1976 "The Story of Asdiwal" *The Structural Study of Myth and Totemism* (New York, Tavistock Publication)

Long Charles H. : 1963, *The Myth of Creation* (George Braziller, New York)

Malinowski B. : 1954, *Magic, science and religion* (Doubleday & Company Inc, New York)

Michael J. : 1993, *Myths of the World* (Kyle Cathie Ltd, London)

Raglan L. : 1965, "The Hero of Tradition" *The Study of Folklore* (Prentice-Hall Inc, New Jersey)

찾아보기